당선의 기술 : 이기는 조합장선거 노트

당선의 기술 : 이기는 조합장선거 노트

초판 1쇄 발행 ｜ 2025년 2월 17일
지은이 ｜ 서승하
디자인 ｜ 권성환
펴낸이 ｜ 박종인
펴낸곳 ｜ (사)한국소상공인마케팅협회
전 화 ｜ 02.6339.1670
팩 스 ｜ 0504.142.1670
전자우편 ｜ sbmabiz@naver.com

ISBN   979-11-990016-3-3

당선의 기술 :
이기는 조합장선거 노트

저자 서승하

(사)한국소상공인마케팅협회

프 롤 로 그(prologue)

"조합장 선거는 설득보다는 공감전략으로
유권자의 마음을 얻어가는 과정이다"

선거철이 다가오면 도떼기시장처럼 어수선해진다.
"때 되니까 나온다"는 소리가 유권자 입에서 나온다면 실패한 선거일 가능성이 농후하다.
평소에 참 잘 하더라"는 소리를 들어야 한다.
출마의 결심이 섰다면 체계적인 준비와 함께 실행에 옮겨야 한다. 미리 준비한 후보의 미래가 당선이다.

무엇을 준비하고 해야 하는지, 어떻게 준비하고 해야 하는지, 왜 해야 하는지에 대한 개념 정리가 필요하다. 조합장 선거는 일반 공직선거와 전혀 다르다. 일반적으로 대부분의 후보자들은 주변의 지인들 중에서 공직선거의 경험자들의 도움을 받는 경우가 많다. 그러다가 놓치거나 후회하는 경우를 많이 봐왔다. 조합장 선거를 너무 쉽게 생각하지 말기를 바란다. 선거기획의 경험을 통해 후보자에게 자주 들었던 말이 있다.

"당신이 몰라서 그러는데, 이 동네만의 특징을 무시하면 안된다"
"기획이고, 공보물이고 뭐고 다 필요 없어. 다들 돈을 바래"
돈 싫어하는 사람 어디 있으랴?
그렇다고 금권선거 할 것인가?

그 동네만의 특징에 나름 그들만의 전략이 있는가 싶지만, 들여다보면 결국 경쟁후보 눈치 보는 경우다. 정작 자기 조직관리나 전략부재로 끝나고 만다. 그렇다고 지역적 특색을 무시하자는 것이 아니다. 신년에 사주나 점집에 가는 경우를 본다.

점집에 가서 "내가 왜 왔는지 맞춰보라" 면 되겠는가?

병원에 가서 의사에게

"내가 어디가 아파서 왔는지 맞춰보라" 는 것과 다를 바 없다.

환자가 증상을 이야기하고 의사의 문진에 의해 병명을 확인하고 처방을 받는 것이다.

선거도 마찬가지다.

컨설턴트와 후보자간의 소통이 중요하다.

컨설턴트나 선거기획사는 후보자의 부족한 부분을 채워준다. 무작정 후보자가 기획사에게 맡기는 것도 무책임한 짓이다. 공직선거와 달리 조합장 선거의 유권자는 소수의 연결고리 이어지는 폐쇄성이 짙은 한정된 집단이다. 공직선거는 설득을 통한 전략으로 득표력을 확장해 나간다면, 조합장 선거는 공감전략으로 준비해 나가야 한다. 공감전략은 유권자의 마음을 얻어가는 과정이다. 이는 단기간에 만들기가 쉽지 않다.

급하게 먹는 밥이 체한다.

선거를 준비하는 과정을 이해하고 후보자의 행동수칙이나 마음자세 등을 미리 공부해야 한다. 지난 2015년부터 치러진 전국동시조합장선거와 전국 동시새마을금고이사장선거를 기획하면서 경험을 바탕으로 출마예정자들에게 전해주고 싶은 이야기 중심으로 정리해 본다.

2025년 2월

차례

위탁선거법 사례예시집

선거를 전쟁과 많이 비교한다.
"전쟁은 싸워서 이기는 것이지만,
선거는 이겨놓고 싸우는 것이다"

출마자들을 위한
기초 자가진단 프로그램

2025년 3월 5일에 치러진 제1회 전국동시 새마을금고이사장 선거.

대의원선거제도에서 회원직접 선거로 처음 실시하는 전국동시 선거다보니 출마예정자들의 물밑 전쟁이 만만찮았다.

선거구도의 선점여부가 승패를 가름할 것이다.

선거구도의 선점은 어떻게 할 것인가?

무엇으로 선점할 것인가?

메시지 타이밍은?

전략적 판단이 필요하다.

나는 얼마나 당선 가능성이 있는가?

당선을 위해 어느 정도 준비가 되어 있는가?

출마예정자들의 미래에 대한 궁금증과 불안감을 해소하는 방법은 점(占)을 보는 것이 아니라 후보자 자신의 위치를 제대로 파악하는데서 부터 출발한다. 자신의 위치를 파악하여 대응방안을 세운다.

2019년, 2023년 실시한 조합장 선거와 2025년에 실시한 새마을금고 이사장선거에서 자가진단 프로그램을 활용하여 출마예정자들의 반응이 좋았다.
업계최초 개발한 후보자를 위한 자가진단 무료 프로그램이다.

최초 개발한 기초진단 파워프로그램을 활용한 후보들의 한결같은 목소리는 객관적인 분석을 토대로 대안을 준비할 수 있어서 좋다는 것이다. 그래프를 통해서 한눈에 들여다보고 파악할 수 있다는 것이다.
내가 부족한 것은 무인지,
장점은 무엇인지,
무엇을 준비해야할 것인지를 미리 파악할 수 있다.

후보자를 위한 무료
기초진단 프로그램

※ 휴대폰의 카메라를 켜고
QR코드를 비춰주세요.

Result Sheet Analyzed with nine Section Block

별은 어두울 때
더 잘 보인다.

적막한 시골 밤하늘의 별과 찬란한 야경의 서울 밤하늘의 별.
어느 별이 더 잘 보이는가?
항상 그 자리에 있는 별이지만 느끼는 감흥은 다르다.
별은 어두울 때 더 잘 보이는 법이다.

난세에 영웅이 난다.
힘들수록 영웅을 기다린다.
희망을 찾는 역할은 언론이다.
1997년 IMF 위기 상황에 실의와 절망에 빠진 국민에게 필요한
것은 희망의 메시지였다. 그 영웅이 바로 골프여제 박세리와
코리안 특급 박찬호였다.
그렇게 아젠더를 형성해 나간다. 과거에는 언론이 아젠더를 설
정했다.
이젠 글로벌 SNS 시대다.
커뮤니티의 활성화로 개개인이 아젠더를 이끌어 갈 수 있는 시
대다.

과거에는 오피니언 리더의 메시지가 절대적인 여론을 이끌었다고 해도 과언이 아니었지만, 지금은 꼭 그렇지만은 않다.

지역에서 소위 말하는 지역 유지라 불리는 오피니언 리더의 메시지의 힘이 강하기는 하지만 과거보다는 약해졌다. 페이스북이나 인스타그램, 밴드 등 SNS에서 왜곡된 메시지 하나가 큰 파장을 일으키는 시대이기도 하다.
배달음식 리뷰 하나에 자영업자의 숨통을 쥐락펴락하는 시대다.
후보자의 좋은 스토리텔링으로 SNS를 잘 활용하면 좋은 이슈를 이끌어 가기도 한다.

부동산 경기의 악화를 비롯한 경기침체로 인한 조합의 비상경영 체제라는 어려운 시기에 더더욱 빛을 발할 수 있는 기회다.
난세의 영웅?
멀리 있지 않다.
유권자들이 요구하는 시대정신에 후보자 자신의 차별화된 강점을 바탕으로 스토리텔링을 준비하라. 영웅에게는 스토리텔링이 필요하다. 바로 당신이다.

선거에 임하는
후보자의 기본자세

'이 분은 왜 출마하는지?'
'출마의 목적이 뭔지?'
조합장선거에 관한 문의가 부쩍 늘면서 다양한 출마예정자들
을 만나다 보면 가끔씩 의문이 드는 경우가 있다.
출마의 목적은 당선일 테다.

본인이 왜 출마하는지 논리가 분명해야 하고 당위성이 있어야
한다.
본인이 출마 결단에 대한 설득력 있는 논리가 있어야 한다.
인생관도 분명해야 하고 출마의 동기와 명분이 뚜렷해야 한다.
이 논지를 선거운동을 도와줄 참모들에게 충분히 전달될 수 있
도록 해야 조직원들이 자신감을 얻는다.
분명한 것은 자신의 논리나 명분, 동기가 가까이는 가족, 그리
고 친구와 지인들에게 인정받아야 하고 동의되어야 한다.

조합장선거 출마자에게 필요한 준비자세는?

경쟁후보에 대해 객관적으로 분명히 알아야 한다.

경쟁후보를 알기 위해서는 우선 자신의 강점과 약점을 명확하고 객관적으로 알아야 한다.

최소한 핵심 스태프나 참모, 기획사는 후보자의 아주 깊은 약점까지도 파악하고 있어야 한다.

그래야만 최선의 방어가 가능하다.

경쟁후보에 대해 객관적으로 파악하라.

결코 주관적 판단은 오히려 전략의 혼선만 가져다준다.

자신감을 갖는 것도 좋지만 경쟁자를 결코 무시해서는 안 된다.

나는 '섬기는 사람이다'라는 생각을 잊지 말아야 한다.

유권자 위에 군림하는 후보는 결코 당선되지 못한다.

아무리 천한 사람에게도 '내가 섬겨야 하는 사람'이라는 생각을 잊어서는 안 된다.

누구의 의견이든지 일단은 경청하라.

악수를 하면서도 정성을 다해서 하라.

한눈파는 악수는 안 하는 것만 못하다.

너무 고개 숙이지 말고 상대의 눈을 바라보며 악수하는 것이 좋다.

이런 의미에서 지역민들과의 좋은 관계는 평소에 쌓아 두어야 한다.

선거 때 다가와서 움직이는 인사는 신뢰를 약화시킨다.

수시로 유권자의 의견도 듣고 경조사에 참석도 하면서 호감도를 끌어 올려놔야 한다.

각종 모임에 참석해서도 '내가 섬기는 사람을 위해 무엇을 해야 하는 것인가?'에 중점을 두고 의식적인 발언을 해야 한다.

철저한 준비만이 당선을 보장한다.

선거 준비에 만전을 기하라.

우선 출마 지역에 대한 모든 정보를 입수하여 분석한 후 개인의 자료도 정리하라.

조직과 홍보에 대해서도 철저하게 준비하라.

따뜻한 봄날에, 겨울 사진을 촬영할 수 없다.

조직구성도 하루아침에 만들어지지 않는다.

모든 상황을 판단하여 '카운트타운 계획서'를 작성한다.

'선거 마케팅계획서'를 작성하는 것도 좋다.

사전 계획을 바탕으로 소수 정예의 인원을 확보하고 조직 정비도 하라.

성실한 자세로 끊임없이 노력하는 태도를 보여라.

지속성의 성실함이 똑똑함을 이긴다.

유권자들은 최선을 다하는 모습을 보고 싶어 한다.

그 모습이 신뢰감을 쌓아 가는 것이다.

핵심 조직들에게도 충분히 보여줘야 할 자세이기도 하다.

후보자가 최선을 다하지 않는데 누가 제대로 도와주겠는가?

정견 발표하는 방법, 유권자 만나는 방법, 토론이나 대화하는 방법 등 후보자가 나서는 모든 활동에 대해 참모나 기획사의 조언을 들으며 철저히 준비하라.

모든 공은 참모와 주변인에게 돌려라.

항상 겸손한 자세가 선거운동을 신나게 만든다.

유권자들은 후보자에게 왜 출마하는지 질문했을 때 당당하게 말할 수 있는 후보를 원한다. 후보자는 신뢰와 능력을 바탕으로 유권자에게 다가가야 한다.

.

후보자의
행동 강령10

선거철이 다가오면 도떼기시장처럼 어수선해진다.

'때 되니까 출마 한다'는 소리가 유권자 입에서 나온다면 실패한 선거일 가능성이 높아진다.

"평소에 참 잘 하더라"는 소리를 들어야 한다.

후보자의 PI는 하루아침에 형성되지 않는다.

꾸준한 소통으로 만들어진다.

후보자의 행동 하나하나가 곧 메시지다.

의도하지 않던 잘못된 행동이나 메시지로 후보자 이미지가 나락으로 빠져서는 안 된다.

미리 준비한 후보의 미래는 당선이다!

후보자의 부족한 부분을 채워줄 수 있는 참모와 선거 기획사가 필요하다. 선거기획사에서 후보자 분석이나 유권자 분석, 선거 전략들은 나름대로 도와준다. 선거 전략이니, 이론이니 해도 선거는 후보가 유권자의 마음을 얻어 가는 여정이다. 유권자의 정보를 어떻게 가공하고 활용하느냐가 곧 당선으로 가는 길이 결정된다.

후보에게 체계적인 선거 매뉴얼을 제공하는 것이 기획사의 역할이기도 하다. 후보 이미지는 기획사의 조언은 얻을 수 있지만, 결국 후보자 스스로 만들어 가야 한다. 특히 조직 분야는 오롯이 후보자의 몫이 크다.

긍정적인 후보 이미지를 구축하기 위해 유권자를 만날 때의 행동 강령 10가지를 정리해 본다.

1. 유권자를 만날 때는 반드시 눈을 쳐다보라.

대부분의 유권자들은 후보에게 듣기 좋은 말을 한다.

이 사람이 적극적인 지지자인지 아닌지는 상대의 눈에서 나타난다.

눈은 거짓말을 하지 않는다.

상대를 살피기 위해 눈을 마주치는 것도 필요하지만, 후보가 상대와 눈을 마주치지 못하면 자신감이 결여되고 뭔가 숨기는 사람처럼 느낄 수 있다. 진실해 보이지 않는다는 오해를 받을 수 있기 때문에 시선의 방향은 중요하다.

2. 악수할 때 시선을 집중해 손을 잡고 서너 번만 흔들어라.

악수할 때 손을 너무 많이 흔드는 것은 상대에 대한 결례다.

자신감 있는 모습의 악수는 상체를 곧게 편 자세에서 상대방을 직접 바라보며 미소 짓는 모습을 기억하라.

겸손한 자세를 보이기 위해 악수하는 팔의 각도가 예각(직각보다 작은 각도)이 좋다. 팔을 쭉 뻗어서 악수하면 마지못한 악수거나 건방진 모습으로 비칠 오해를 받을 수 있다. 이는 자신감 결여로 연결될 수 있다.

3. 예비로 작업신발과 구두, 정장을 차에 비치하라.

후보가 움직이는 모든 시간이 선거운동 시간이며, 모든 장소가 선거운동 장소다. 장소에 맞는 복장이 유권자들과 공감대를 형성한다. 언제 어디서 누구를 만날지, 무슨 상황이 생길지 모른다. 갑자기 동선이 변할 수 있다. 미리 준비해 둬라.

4. 지역신문, 방송, SNS 매체의 활용을 강화하라.

재래식 구전 홍보도 중요하다. 빠르게 변하는 디지털 환경의 요즘에는 집단지성보다 개인화가 더 강화된 측면이 있다. 카카오톡이나 밴드, 페이스북 등의 SNS를 활용한 소통이 지역 신문 등의 종이매체보다 강력한 끌어당기는 힘이 있다는 것을 놓치지 말아야 한다. SNS는 하루아침에 관계가 형성되지 않는다. 지속성이 필요하다.

5. 이슈에 대응하라.

선거기간 중에 중대 사건이 발생했을 때 정면 돌파하고 이슈를 전환해 국면 전환하라. 선거를 치르다 보면 실수를 저지를 수도 있다. 위기가 생기면 사과가 먼저다. 대외적으로는 진심을 담은 사과를 비롯한 낮은 자세가 필요하고, 내적으로는 프레임 전환의 전략이 필요하다.

누구나 실수는 한다. 똑같은 실수를 해도 대중의 평가는 획일적이지는 않다. 어떻게 대응하느냐의 문제다.

6. 후보자의 주변인들은 겸손하고 친절하게 행동하게 하라.

유권자에게 후보에 대한 평가는 후보자 본인뿐만 아니라 가족이나 주변인들의 인간적 관계도 영향을 준다. 후보의 성품은 좋은데, 가족의 누구 때문에 인심을 잃어서야 되겠는가.

7. 사무실의 분위기는 아늑하고 편안하게 유지하라.

위탁선거는 공직 선거와 달리 원칙적으로 선거운동 목적의 사무실을 개설할 수 없다. 현수막이나 간판 등으로 선거사무실임을 표시할 수 없다.

후보자의 사업장 등을 활용하는 경우가 많다. 급하게 사무실 개설하다 보면 너무 넓은 사무실에 책상과 소파만 덩그러니 놓여 있어서 휑한 느낌의 사무실을 가끔 본다. 유권자들이 방문하는 사무실의 분위기는 편안함을 줘야 한다.

8. 사조직을 강화하라.

공조직도 중요하지만 끈끈한 유대관계를 맺고 있는 사조직을 더욱 중요하게 생각하라. 위탁선거에서는 사실 공조직보다는 사조직이 더 중요하다. 공직선거와 달리 폐쇄된 인간관계로 연결된 유권자 집단이다. 조합의 동호회나 단체 등의 공조직은 경쟁 후보들의 눈치를 볼 수밖에 없다. 거점별 조직을 잘 구성해서 유대관계를 강화하는 것이 중요하다. 사조직은 공감대 형성이 강한 장점이 있다.

9. 오피니언 리더 조직을 먼저 제압하라.

선거도 곧 나를 알리는 홍보이자, 나를 파는 마케팅이다. 내가 나를 칭찬하는 것은 자기자랑에 불과하지만, 제3자가 나를 칭찬해 주는 것은 신뢰도와 객관성이 높여주는 평가가 된다. 입소문 마케팅의 효과다. 제3자적 관점을 가진 오피니언 리더들의 입이 강력한 힘을 갖고 있다. 그 힘을 이용해야 한다.

10. 유권자의 눈높이를 파악하라.

다양한 유권자를 대할 때는 그때마다 유권자의 눈높이에 맞춰 행동하라. 후보가 유권자를 가르쳐들라고 하지 마라. 악감정만 생긴다.

천재와 바보가 논쟁을 하면 누가 이길까?

당연히 천재가 이긴다.

답답해하는 사람은 누굴까?

당연히 천재일 것이다.

선거 메커니즘은 당연히 후보가 유권자를 뛰어 넘는다.

답답해도 참아라.

유권자는 후보의 시지가 이해 안 되면, 이해하려고 하는 것이 아니라 관심을 버린다. 조합의 현안은 후보가 그 누구보다 더 잘 안다. 아는 것을 유권자들에게 가르쳐들려 하지 마라. 설명해 주면 된다. 생각이 다를 수 있다는 것을 이해하고 유권자 눈높이의 레벨로 움직여야 한다.

후보가 움직이는 모든 활동이 곧 메시지다.

절박하지만 겸손한 자세로 좋은 결과 이뤄 내기를 응원한다.

교통사고와 선거는
오만하면 깨진다.

차를 운전하는 경우와 선거의 공통점은?
목적이 정해져 있다는 것이다.
무작정 운전한다는 것도 머리를 식히기 위한 목적이 내재되어
있다.
뚜렷한 목적을 갖고 행동하다 실수를 범하기도 한다.
대부분의 실수는 오만에서 비롯된다.
교통사고와 선거는 오만하면 깨진다!

내 운명이 상대에게 있을 경우에는
고개를 숙이고 간곡하게 두 손을 모아라!
납작 엎드리는 게 최선이다.
교통위반 딱지 끊을 때 자존심은 의미 없다.
교통경찰을 설득시키는 게 아니라 공감하게 해야 한다.
교통위반의 당위성을 설명하는 것보다는
차라리 감정에 호소하여 경감 받는 게 낫지 않을까?
'제가요, 부득이하게......'

선거도 마찬가지다.
당선이라는 운명을 유권자에게 내던지는 상황에서
겸손처럼 좋은 전략은 없다.
당당하지만 겸손한 태도.

태도가 곧 메시지다!
선거는 지식 싸움이 아니다.
지혜를 찾아가는 것이다.

똑똑한 사람보다
성실한 사람이 이긴다.

바른말 하는 사람보다
빠른 공감하는 사람이 이긴다.

목표를 공표하라!

선거를 준비하는 도전자들은 보통 물밑에서 경쟁상대가 움직이는 것에 맞춰 움직이려는 정중동 행보의 눈치작전이 치열하다.
그러다가 이슈나 선거 구도의 선점을 놓치는 경험을 많이 봐왔다.
전혀 그럴 필요 없다.

출마를 결심했으면 주변에 목표를 공표하라!
그렇다고 사전 선거 운동하라는 것은 결코 아니다.
말은 현실을 만들어낸다.
말은 마음의 알갱이다.
(말을 늘려 쓰면 '마알'이다.)
말은 곧 자기 생각과 마음이다.
말이 바뀌면 생각이 바뀌고,
생각이 바뀌면 행동이 바뀐다.

행동이 바뀌면 습관이 바뀌고,
습관이 바뀌면 현실이 바뀐다.
모든 것이 말한 대로 된다.

단어가 인식을 지배한다.
주부 vs 아줌마
배달기사 vs 딸배
동일 직업군을 지칭하는 말이지만, 어떤 단어를 듣느냐에 따라
당사자의 기분은 다르다. 후보자의 단어 선택은 신중해야 한다.

단어가 인식을 지배한다.
인식은 생각을 지배하고,
생각은 행동을 지배한다.

너의 꿈은 무엇인가?
1953년 미국 예일 대학교에서 졸업생들에게 장차 이루고 싶은
꿈을 말하라고 했다. 단 3%가 인생의 구체적인 목표와 계획을
작성했다고 한다.
20년이 지나 추적조사를 한 연구 결과는 놀랍게도 3%의 졸
업생이 나머지 97%의 졸업생 모두를 합한 것보다 더 큰 부자
가 되어 있었고, 더 높은 사회적 지위를 누리고 있었다고 한다.
1979년 하버드대에서 실시한 조사도 3%가 나머지 97%보다

10배나 많은 수입을 올리는 것으로 나타났다.
뚜렷한 목표를 가진다는 것이 얼마나 중요한지를 여실히 보여준다.

난 할 수 있어!

'자기실현적 예언 효과'라는 것이 있다.
사람은 공개적으로 발언하면 거기에 맞춰 자신의 태도를 변경하려는 경향이 있기 때문에 말한 내용이 현실에서 이뤄질 가능성이 높아진다는 이론이다.
이른바 '피그말리온 효과(Pygmalion Effect)'라고 한다.
이런 효과는 다른 사람에게 건네는 말에서도 나타난다.
긍정적인 말을 건네면 긍정적인 결과를 만들어내고.
부정적인 말을 건네면 부정적인 결과를 낳는다.
유권자를 만날 때 내게 긍정적인 효과를 유도할 수 있는 질문을 하는 것도 하나의 팁이다.

말은 씨가 된다.

씨를 뿌리지 않고 열매를 얻을 수 없다.
뿌린 대로 거둔다.
입에서 나온 말이 자신이나 타인의 운명을 좌우할 수 있다.
말이 다짐이 되고 약속이 되어 꿈이 현실로 다가온다.
결과는 결코 하루아침에 쌓을 수 없다.

수만 년 동안 쌓여있는 퇴적암 속에서 만들어진 석유의 탄소 활동 덕분에 현세에 에너지로 사용할 수 있듯이 오랜 시간과 많은 과정을 통해 결과가 만들어진다.

지금 당장 준비해야 할 것들이 무엇인지 고민하고 계획을 세우고 도움이 필요한 것을 찾아 나서라!

그러기 위해서 먼저, 자신의 목표를 공표하는 것이다.

그리고 유권자들과 소통하는 고민을 해야 한다.

소통의 시간을 늘리고, 채널을 강화해야 한다.

내가 활용하지 않는 채널은 유권자들도 사용하지 않을 것이라는 착각은 장롱 속에 넣어둬라.

조합장선거를 컨설팅하면서 가장 많이 듣는 말이

"우리 조합원 대부분은 카톡 안 하니까, 카톡은 필요 없다."

정작 선거운동이 시작하는 첫날에 돌아오는 말은?

"우리도 카톡 이미지 만들어 주세요!"

"카톡 정지 당했어요."

"왜 카톡이 중요하다는 말 안 해줬어요?"

모두 볼멘소리들이지만 늦었다.

미리 준비해야 한다.

소통의 양도 늘리고 패널의 수도 늘려야 한다.

유비무환이다.

뇌의 심리학,
생각대로!

#회식자리

고위층 분의 앞자리는 비어 있는 경우가 많다.

그 자리는 늦게 나타난 경우나 만만한 사람이 앉는다.

높은 사람의 앞자리에 앉는 걸 왜 꺼리는 걸까?

높은 분이 어려워서 그렇다.

우리 뇌가 피하라고 시키는 것이다.

누군가 나를 정면으로 쳐다보면 경계심을 갖게 된다.

공격할지 모른다는 생각 때문이다.

누군가와 마주 앉는다는 것은 승부에 관한 신호로 생각할 수도 있다.

자리에 앉는 것도 남녀 선호도 차이가 있다.

남성은 좋아하는 사람과 앉기를 원하고,

여성은 나란히 앉는 것을 선호한다.

선거는 유권자와 일련의 소통 과정이다.

소통이라는 측면에서 앞뒤로 앉는다는 것은 최악이다.

상대방에게 뒤통수는 보여주지 마라.
알면서 당하는 것보다 더 자존심 상하는 것이 뒤통수 맞는 것처럼.

마트 진열대에 놓인 상품을 선택해야 하는 상황을 가정하자.
오른쪽과 왼쪽의 물건 중 어느 것을 집어 들까?
대부분의 뇌는 왼쪽보다 오른쪽에 있는 걸 선호하는 경향이 강하다.
심리학자들이 스타킹을 고르는 실험을 했더니,
같은 소재와 같은 색상인데도 대부분이 가장 오른쪽에 있는 걸 선택한다.
우리 뇌는 습관적으로 왼쪽에서 오른쪽으로 시선을 옮기기 때문이다.

우리 뇌는 오래 생각하지 않고 빨리 판단하려는 '인지적 구두쇠'의 성향을 갖고 있다.
처음이 마지막보다 더 중요한 역할을 한다는 실험도 있다.
두 인물에 대해 같은 내용을 다른 방법으로 묘사했더니,
사람들의 호감도가 달라졌다.
첫 번째 인물은
"똑똑하고 부지런한데, 고집 세고 질투심이 강하다"라고 했고,
두 번째 인물은

"질투심이 강하고 고집이 세지만, 똑똑하고 부지런하다"라고
했다.

누구에게 더 호감이 갈까?

실험 참가자 다수가 첫 번째 인물의 호감도가 더 높았다.

먼저 제시된 정보의 영향력이 뇌에 더 강하게 미친다.

오래 생각하지 않고 빨리 판단하려는 '인지적 구두쇠'의 성향
이다.

누군가를 만났을 때 첫인상으로 상대에 대한 호불호를 쉽게 결
정해 버리는 경향이 있다.

"고향이 어디야?"

"취미는?"

"나랑 공통점이 많네?"

우리 뇌는 비슷한 것을 선호한다.

관심사나 취미가 비슷한 사람에게서 친근감을 느낀다.

우리 뇌는 친구와 적, 아군과 적군을 구분하려는 경향이 있다.

아무래도 비슷한 대상에 호감을 느끼는 것이다.

객지에서 동향 사람 만나면 반가운 것도 같은 맥락이다.

선거에서도 상대와 나의 공통점을 찾으려는 노력이 필요하다.

뇌가 현재 상황에 맞춰 과거의 기억을 재구성하는 경향이 있다
는 것도 재밌는 사실이다.

'후견지명 효과'라고 한다.

"내 그럴 줄 알았다!"

"이미 예상했거든"

같은 말이 대표적이다.

언론에서 자주 쓰는 "예견된 참사"라는 말.

관심 있는 것만 기억하고, 듣고 싶은 소리만 듣는 성향도 강해서 편견이나 고정관념에 쉽게 사로잡히기도 한다.

사후확신편향으로도 불린다.

야구나 축구 중계의 해설을 듣다보면, 결과를 바탕으로 이러쿵저러쿵 하면서 원인을 설명하는 경우를 본다.

뒷북편향일 뿐이다.

유권자가 이런 성향을 보일 때, 어떻게 대응할 것인가?

지나친 동조나 공감 또는 비판이나 묵살보다는 그냥 '아, 그런 의견도 있구나!' 정도로 의견을 존중해 주는 정도가 좋다.

나, 너 지금 지켜보고 있다?

CCTV 아래 도로에서 교통질서를 지키는 우리.

누군가 자신을 감시하거나 지켜보고 있다는 것을 인지할 때, 행동이 개선되거나 일의 능률이 상승하는 경우가 있다.

'호손 효과(Hawthorne Effect)'다.

이런 특성을 감안한다면

"너 이것 해"라는 명령형보다는

"너 보니까 이렇게 하고 있더라?"
라고 말하는 것이 더 긍정적인 효과를 이끌어 낸다.

우리 뇌가 좋아하고 싫어하는 것을 알면 여러모로 유리하다.
그래서 요즘 뇌 과학이나 심리학이 점점 더 인기를 끄는지도
모르겠다.
말 잘하는 사람이 되려면 뇌와 심리에 관심을 갖는 것도 나쁘
지 않다.
[참고: 어른답게 말합니다]

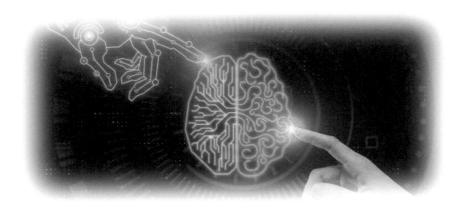

깜깜이 위탁선거,
이것만 제대로 알면 걱정 뚝!

후보자와 후보자 외 1인만 할 수 있는 위탁선거운동.
망망대해에 혼자 널브러진 느낌의 외로운 고행의 길을 당선의
행복한 길로 가기 위해서는 체계적인 계획이 필요하다.
공식적인 선거운동기간은 예비후보등록기간을 포함해서 최대
43일이다.
선거운동이 아닌데, 선거운동의 효과를 낼 수 있는 방안을 찾
아 실행해야 한다.

전쟁은 싸워서 이기는 것이지만,
선거는 이겨놓고 싸우는 것이다!

먼저 선거운동 기간 준비기간을 포함해 3단계로 나눠 진행한
다.
초반, 중반, 종반으로 나누어, 초반은 고정지지층에 대한 득표
활동, 중반은 부동층에 대한 공략, 종반은 타겟층에 대한 공략
이다.

선거중반에 이르면 자신의 당선가능성을 예측해야 한다.
당선 가능성을 높이기 위해 종반에는 핵심 타겟층에 전력투구
한다.

이슈를 선점하는 쪽이 이긴다.
후보가 제기한 이슈를 대대적으로 홍보할 때, 경쟁후보가 그
이슈에 관한 문제를 제기하거나 비판한다면, 선거양상은 먼저
이슈를 제기한 후보에게 유리한 구도로 움직이고 주도권을 잡
는 셈이다.

상대후보를 조종하고 상대후보에게 조종당하지 않는 가장 좋
은 방법은 이슈 선점을 통해 주도권을 확보하는 것이다. 이슈
를 먼저 제기하여 경쟁 후보가 내가 쫘 놓은 구도로 말려들도
록 해야 한다. 내가 제기한 이슈에 대해 경쟁후보기 대응하지
않을 수 없도록 만들어야 한다. 그것은 경쟁후보의 가장 중요
한 부분, 대응하지 않으면 안 될 부분을 건드리는 것이다. 경쟁
후보가 이슈에 말려들면 주도권뿐만 아니라 이슈의 폭이 넓어
진다. 유권자의 지지도가 높아지는 결과로 연결 된다.

반대로, 경쟁후보의 이슈에 절대로 말려들지 않도록 조심해야
한다.
안타깝게도 경쟁후보에게 이슈 선점을 빼앗겼다면 어떻게 해

야 할 것인가?

과감하게 무시 전략이 필요하다. 다소 힘이 들더라도 경쟁후보의 이슈를 무력화 시키고 유권자들이 더욱 공감할 수 있는 이슈를 개발해야 한다.

이슈는 이슈로 덮는다!

이슈 제기의 기회를 선점 당했다면 이를 회복시키기는 더욱 힘들어지기 때문에 선점이 무엇보다 중요하다.

이슈는 타이밍이다.

이슈개발은 선거운동기간 전에 이미 이뤄져야 한다.

경쟁후보에 대한 정보, 유권자들이 요구하는 시대정신, 선거구 지역 현안의 각종 문제점, 그리고 그 대책에 대해서 점검하고 어떤 이슈를 제기할 것인가를 구상하고 있어야 한다. 하나의 이슈만을 구상하기보다는 여러 대안을 놓고 시기에 따라서 적절하게 안배해서 던지는 것이 중요하다.

이슈는 타이밍이다.

이슈를 먼저 제기하여 선거의 주도권을 잡느냐, 못 잡느냐 하는 것은 선거 승패와 관련한 중요한 문제다. 후보자 본인의 약점도 미리 파악해놓고 상대 후보가 던질만한 이슈에 대응할 수 있는 전략도 미리 준비해 놔야 한다.

역풍을 조심하라.
지난 2023년 조합장선거의 경험을 소개한다.

상대후보가 학력, 수상내역, 경력 등을 통해 자신이 앞서는 똑똑한 후보가 필요하다는 이슈로 선거 구도를 선점했다. 이는 객관적인 사실이다. 상대후보가 우리 후보보다 학력은 물론이고, 책까지 펴내면서 나름 많은 준비를 해왔다.

'똑똑한 사람'이 조합장이 되어야 한다는 논리였다.

이에, 우리 후보 측의 대응은

'잘난 사람보다 잘할 사람, 조합원과 공감할 수 있는 사람'

의 감성적 메시지로 선거 구도를 뒤집었다.

역풍을 맞을 수 있는 상황에 관한 대응방안도 갖고 있어야 한다.

유권자를 어떻게 설득하면서 표를 확장해 갈 것인가?
유권자와 나누는 대화는 설득하는 과정이다.
후보자와 후보자 외 1인만 할 수 있는 위탁선거운동.
유권자를 어떻게 설득할 것인가?

후보자의 특징을 명확하게 전하라.
후보자가 내세우는 정책과 공약, 경력과 철학, 타 후보자와의
차별화 된 특징을 확실하게 파악한다. 유권자에게 먹혀 들어갈
수 있는 메시지를 선택하아여 지지들에게 공유한다.

생생한 사례를 들어야 한다.
우리 후보가 유능하다든가, 참신하다든가, 훌륭한가는 등의 막
연하고 일반적인 내용으로 설득해서는 유권자의 공감을 얻기
힘들다.
유권자가 공감할 수 있도록 구체적인 실례를 들어 설명해야 설
득력이 있다.

정당하고 확실한 논거를 제시하라.
우리의 정책이 정당하고 우월하며 반면에 상대편의 정책이나
반대 의견이 근거가 희박하고 실현 가능성이 적음을 명백히 밝

혀야 한다. 경쟁후보의 주장(정책, 마타도어, 유언비어 등)이 크게 잘못되었거나 허무맹랑한 것임을 확실한 증거와 구체적인 사례를 들어 논리 정연하게 반박할 수 있어야 한다.
정당한 논거가 객관화가 된다.

유권자의 욕구에 초점을 맞춰라.

후보의 관점에서 일방적으로 유권자를 설득하려 해서는 안된다. 유권자가 무엇을 원하는지, 무엇을 알고 싶어 하는지 구체적으로 파악하고 그것에 초점을 맞춰 설득해야 좋은 결과를 가져오게 된다. 지역별, 계층별, 성별, 직능별 등 유권자의 구분에 따라 관심사와 절실한 요구가 무엇인지를 확실히 파악하고 가려운 곳을 긁어주어야 한다.

슬로건의 설득력을 활용하라.

장황한 설명보다 짧은 표어, 간략한 슬로건이 훨씬 강한 설득력을 발휘할 수 있다. 슬로건은 단순, 명쾌한 설득력을 갖고 유행어처럼 확산되는 강한 생명력을 가지고 있다.

공감대를 형성하여 설득하라.

유권자와 서로 공감할 수 있는 사실부터 거론하며 설득해 나가는 것이 좋다.
유권자가 한번 부정반응(NO)을 보이면 계속해서 부정적인 태도를 견지하게 되어 설득하기 어렵다. 일단 긍정적인 반응을 유도해 내면 계속해서 긍정적인 태도를 보이게 되어 설득이 쉬어진다.

처음부터 긍정적인 답변을 이끌어낼 수 있는 질문이 좋다.

설득의 초기단계에서는 사람마다 서로 의견이 다를 수 있는 문제보다는 서로가 공감할 만한 이야기로 시작한다.

대세와 여론으로 설득하라.

사람들은 자기 혼자 고독한 길을 걸을 때 두려움을 느끼기 마련이다.

여럿이 함께 가는 길을 갈 때는 마음이 편해진다.

유권자의 의견이나 판단 역시 대세에 기울어지는 경향이 있다.

유권자를 설득할 때에는 오피니언리더의 생각이나 동향 또는 권위 있는 여론조사 결과 등을 토대로 대세의 흐름을 전달하면서 설득을 쉽게 할 수 있다.

인정에 호소하라.

유권자도 사람이다.

기계적인 판단과 달리 인정에 휩쓸리는 설득전략도 필요하다.

유권자의 인정과 인간미에 호소하여 동정을 유발시킴으로써 설득 효과를 높이는 게 좋다.

반복하라.

학습하는 방법 중에 가장 대표적인 학습방법이 '반복'이다.

유권자를 설득하는 과정도 일종의 학습행위다.

반복학습처럼 쉬운 학습 없다.

'열 번 찍어 안 넘어가는 나무 없다'는 속담이 여기에 해당한다.

악수 많이 해서 손해 본 사람 없다.

최상의 선거운동은 유권자를 직접 만나 인사하고 악수하는 일이다.

손이 붓도록 악수를 해라.

그리고 웃어라.

'웃는 얼굴에 침 뱉는 자 없다'는 속담에 더해 '따듯하게 잡는 손에 욕하는 자 없다'는 선거 격언을 생각하라.

경쟁후보를 지지하기로 마음먹었던 사람도 다섯 번만 악수하며 미소를 띤다면 우리 편으로 돌아와 있을 것이다.

어린 아이에게도 악수를 청해라.

그 어린 아이는 집에 가서 부모님께 오늘 당신과 악수한 사실을 자랑스럽게 보고할 것이다. 남성 후보가 여성이나 연장자에게 악수를 청할 때에는 주변정황을 잘 살펴서 실례되지 않도록 해야 한다. 때론, 여성이나 나이 많은 어르신에게는 깊숙이 머리 숙여 인사만 하는 것으로 족할 경우도 있다.

계획대로 수행해 나가라.

출마선언 한 후부터는 사공이 많아진다.

선거에 도움을 줄 양으로,

본인의 활동 역량을 과시하기 위해,

참고 될 만한 조언을 위한 사람이 많다.

조급한 후보자는 주위의 작은 말에도 솔깃해진다.

참고는 하되 중심을 잡아야 한다.

선거는 계획대로 진행되어야 효과가 극대화 된다는 것은 상식이다.

예비군훈련 와서 민방위훈련 이야기까지 들어 줄 수 없다.

동창회에 집중하고 있는데, 산악회 모임에 또 뛰어들고 하다가는 어정쩡하게 아무것도 포섭하지 못하는 우를 범하고 만다.

상황이나 계획의 변경은 선거가 중반을 넘어서서 종반전으로 가려고 할 즈음에 체계적으로 검토하는 것이 보통이다. 계획이 당초 예상과 같이 잘 먹혀 들어가고 있는가를 종합적으로 분석해 보고, 그렇지 못한 경우 다시 합리적인 대안을 세워 보완운동을 펼치는 자세가 후보자가 지녀야 할 기본 품성의 하나임을 잊지 말아야 한다.

표 있다고 큰 소리 치는 사람 치고 표 있는 것 못 봤다.

선거 때마다 자기의 세상을 만난 것처럼 떠들면서 많은 표를 가지고 있다고 큰소리 치고 후보자에게 접근하는 정치 브로커

들이 많다. 일정한 직업이 없고 하루의 반나절 이상을 카페나 술집에서 보내고 정장을 하고 넥타이를 맨 유한족들이 많다. 좋게 표현해서 유한족이지, 한량이란 표현이 더 적절할 듯싶다.

이들은 가는 곳마다 지기, 동창, 자기 집안, 자기 지역에서 몇 십 표 내지 몇 백표를 가지고 있다고 장담을 하나 실제 본인의 한 표 외에는 가진 것이 없는 것이 대부분이다. 후보는 이들을 필요악으로 간주하고 후보를 맹렬히 비난하지 못하도록 최소한의 예의만 해주면 그만이다. 남의 표까지 얻어올 수 있는 사람은 묵묵히 자신의 맡은 분야에서 열심히 일하고 있는 조용한 사람이 대부분이다. 유권자들도 묵묵하고 성실한 사람의 말 한 마디에 더 신뢰를 얻는다.

선거를 많이 치러 본 베테랑들의 공통된 이야기다.

당선을 위한 기획:
기록하라.

기억은 기록을 이길 수 없다.
기록이 기억을 기억한다.

선거의 첫 단추는 기획이다.
선거 출마를 확정지었다면 밑그림을 먼저 그려 나가야 한다.
선거를 치르기 위해서는 후보 자신과 경쟁후보군, 유권자군 등
에 대한 세밀한 분석을 바탕으로 전략을 짜야 한다. 기록이 없
다면 전략이 없는 것이다.
기록은 선거의 시작이자 끝이다.
기록은 그만큼 중요하다.

선거 준비를 도와주기위해 전략회의를 하는 캠프에 가보면 막
상 책상 위에 종이 한 장 없는 경우가 하다. 입으로 선거를 치르
거나, 기획사가 모든 것을 다 해줄 거라 믿는 순진한 사람들이다.
기록은 서로 정보를 공유할 수 있다.
때론 구성원 간의 경쟁심리로 인해 자료 공유를 기피하는 경우

도 있다.

기록이 없다는 것은 생각이 없는 것과 마찬가지다.

기록이 있더라도 공유와 소통이 제대로 이뤄지지 않는 캠프는 역동성과 창의성에서 뒤처진다. 생각을 공유하고, 날카롭게 다듬기 위해 기록은 필수다. 기록의 공유는 상대방의 의혹 제기나 공세에 순발력 있게 대응하기 위한 선결 요건이기도 하다.

기록되지 않는 말과 기억은 한계가 있다.

말은 순식간에 연기처럼 사라지고, 단기 기억도 특별한 노력을 기울이지 않으면 대부분 잊힌다. 특히 인간의 단기 기억은 침팬지보다 취약하다는 사실이 여러 실험을 통해 입증되기도 했다. (인지적 트레이드 오프 가설 : Cognitive Tradeof Hypothesis).

후보의 손에도 늘 수첩과 펜이 준비되어 있어야 한다.

사람들을 만나고 대화할 때 생각나는 아이디어나 좋은 제안들을 메모하는 습관이 필요하다. 기억은 기록을 이길 수 없고, 기록은 당신의 역사를 만든다. 매일 반복되는 행동은 습관이 되고, 습관은 운명을 바꾼다.

'우리의 문제는 현장에 답이 있다'

유권자 100명, 1,000명을 만나 그들의 말을 기록하라.

애환과 비판, 제언을 가감 없이 기록하라.

생생한 현장의 기록으로 생각을 정리할 수 있고, 선거 방향을 올바르게 끌고 갈 수 있다. 선거운동을 고시 공부하듯이 벼락치기를 한다고 해결될 수 있는 것도 아니다. 긴 시간을 갖고 기록을 통해 황소의 걸음으로 나아가야 한다.

미리 준비한 후보의 미래는 당선이다!!!

마케팅 불변의 법칙,
최고가 아니면 최초가 되라!

출마하지 않으면 당선될 수 없다.

출마를 결심했다면 적정한 때를 골라 출마를 선언하라.

출마를 저울질 하는 입후보 예정자와 출마를 선언한 후보는 세간의 인식부터 다르다. 공식적으로 출마를 선언하면 주변 사람들부터 유권자, 언론도 '후보'로 인정하기 시작한다.

출마자 언행도 달라진다.

특히 지역 언론과 유권자들의 관심을 끌어내고, 강렬한 인상을 심기 위한 전략적 키워드에 대한 고민이 필요하다.

어떤 키워드를 선택할 것인가?

후보자의 정체성과 유권자들이 요구하는 시대정신과 부합해야 한다.

한 문장으로 설명할 수 있는 간결하고 명확해야 한다.

최고가 될 수 없다면 최초가 되라!

최고가 될 수 있다면 더할 나위 없겠지만, 누구나 최고가 되기는 어렵다. 그렇다면 대안을 찾아야 한다. 바로 '최초'를 찾거나 만드는 것이다. 우리는 매일 수천 개의 광고와 정보 속에 살고 있다. 과잉정보의 시대에서 특별하지 않으면 관심 끌기가 쉽지 않다.

최초에 대한 기억은 강렬하다.
세계 최초, 전국 최초, 지역구 최초 등 '최초' 시리즈를 찾아보면 의외로 많다.
선거에 마케팅 불변의 법칙의 저자들이 강조하는 원칙에 충실한 전략을 구사한다면 놀라운 결과를 얻을 수 있다. 경쟁자를 압도하는 마케팅 전략을 추천한다. 선거나 마케팅 모두 설득과 공감을 통해 효과를 얻는 일련의 과정은 궤를 같이한다.

▶ '좋은 사람'보다는 '최초'가 되는 편이 낫다.
▶ 어느 영역에서 최초가 될 수 없다면, 최초가 될 수 있는 새로운 영역을 개척하라.
▶ 시장에서 최초가 되기보다는 유권자 기억 속에서 최초가 되는 편이 낫다.
▶ 마케팅은 제품끼리의 싸움이 아니라 인식의 싸움이다.
▶ 효과는 오랜 시간에 걸쳐 발효된다.

데이터리더십으로
한 시대정신과 선거구도

선거는 구도(Frame) 싸움이다.

구도를 잘 짜려면 시대정신을 제대로 간파해야 한다.

현재가 아닌 다가올 선거운동 시기로 시계를 돌려보면 구도가 비교적 또렷해질 것이다. 제동장치 없는 두 지각 판이 정면충돌하면서 이기기위해서는 유권자가 공감할 수 있는 구도를 미리 짜야 한다. 열성적 지지기반을 바탕으로 중도층에게 먹힐 수 있는 이슈에 더 중점을 둬야 한다.

선거는 소수점이나 심지어 한 표 차이로도 운명이 갈리는 게임이다.

올림픽처럼 은메달이나 동메달도 필요 없다.

모든 영광은 당선자가 독점하고, 낙선자는 후일을 기약해야 한다.

만약 출마자 여러분이 소수점이나 한 표 차이로 낙선한다면 얼마나 끔찍하겠는가.

선거는 그만큼 비정한 게임이다.

선거전에서 가장 중요한 전략 기조는 '데이터리더십' 이다.
데이터리더십이란 주관과 직관이 아닌 오직 데이터로 검증된 가치를 일관되게 전략의 중심에 세우는 리더십이다. 등대가 배의 안전한 항해를 돕는 길라잡이라면, 데이터는 전략과 전술이 길을 잃지 않도록 인도하는 나침반이다.
빠르게 변하는 선거전에서 주먹구구 전략은 더 이상 통하지 않는다. 마땅히 당선될 것으로 믿었던 후보가 낙선한 캠프의 대표적 특징이 주먹구구다.
반면, 지극히 어려운 선거에서 기적을 일궈낸 캠프는 반드시 그 이유가 있다.
바로 전략적 리더십의 차이다.

선거판에 가보면 소위 백전노장들을 어렵지 않게 만날 수 있다.
선거 경험이 많은 이른바 선수들이다.
경험이 많은 선수일수록 주관과 개성도 강하다.
사람들에게 슬로건이 어떤지, 명함 디자인이 어떤지 백 명에게 물어보면 백 가지 주장이 나온다. 누구나 주관적으로 사고하는 데 익숙하기 때문이다.
사공이 많으면 배가 산으로 간다는 속담처럼 귀가 얇은 캠프는 우왕좌왕하다 선거가 끝나고 만다.
물론 다양한 의견을 수렴하는 것은 중요하다.
하지만 최종적으로 어떤 것을 선택할 것인지는 '전략가'의 몫'

이어야 한다. 전략은 경험이나 주관보다 데이터를 중심에 둘 때 실수를 줄일 수 있다. 데이터를 무시하고 주관이나 경험에 의존하는 선거는 낙선의 지름길이다.

후보들 캠프를 방문하다보면 자주 듣는 말이 있다.

'우리지역은 특수한 지역이라 선거 이론은 몰라도 현실은 내가 더 잘 안다.'

근거는 없다.

그저 지역에 살아온 경험일 뿐이다.

말만 앞세우는 선수들이 있다면 이렇게 주문하시라.

"말로만 말하지 말고 숫자를 대봐!"

근거 없는 얘기는 큰 의미는 없다.

출마자들도 확증편향이나 백가쟁명식 여론에 휘둘리지 말고, 데이터 중심의 전략적 리더십으로 승리의 고지에 오르기를 기대한다.

2009년 4월 8일 경기도 교육감 선거에서 김상곤 후보의 데이터 중심의 전략적 리더십의 성공 사례가 있다.

선거는 유권자 인식과의 싸움이다.

'MB 특권교육' 심판은 김상곤으로!

2009년 경기도 교육감 선거는 도민 직선으로 치러진 첫 번째

선거였다. 간선제였던 교육감 선출 방식이 직선제로 바뀐 것이다. 당시 단독 선거로 치러지는데다 언론의 무관과심과 광역화된 선거구에 짧은 선거 준비기간.

도전자로서 현직프리미엄을 앞세운 조직, 자금, 인지도 등 모든 부분이 열세였다. 투표율도 낮을 것으로 예상되었다.

교육감 선거에 걸맞은 인물, 정책선거만으로는 승산이 없었다.

"이명박을 타격해서 현 교육감을 잡아야 한다"는 전략 기조였다.

메인 슬로건은

"이명박 특권교육 김상곤이 확 바꾸겠습니다"

교육감 후보간의 대결구도를 더 큰 인물, 대통령과 대결구도로 끌고 갔다. 상대후보보다 더 큰 인물이라는 이미지 메이킹이 단기간에 성공했다.

캠페인 전략 기조를 인물보다 MB 심판정서, 즉 선거판을 관통하고 있는 거시지표와 후보의 정체성을 접목한 것이 주효했다.

정치신인이나 도전자들은 대체로 현역보다 인지도가 낮고, 고공 전에 취약하다.

그런 상황에서는 인물이나 정책 중심의 캠페인이 성과를 내기 어렵다.

초반에는 이름 석 자와 연동되는 하나의 키워드를 각인시키기 위한 선택과 집중이 필요하다.

지지층이 요구하는 시대정신에 호응하는 이슈나 키워드를 발굴하고, 거기에 집중해야 한다. 먼저 사다리에 올라단 후 인물과 정책으로 나아가는 단계적 캠페인을 전개하라.
선거는 유권자 인식과의 싸움이다.
하나를 제대로 각인시키는 것에 집중하라.
어떻게 사람들의 마음속 사다리에 올라탈 것인가?
바로 그것이 문제다.

선거전에서 이슈 선점은 매우 중요하다.
특별한 이슈가 없다면 새로운 이슈를 발굴해야 한다.
지지층의 가치에 부합되면서 증도 층의 다수가 공감하는 이슈나 어젠다를 찾아라.
특히 도전자라면 현역과 대립각을 세울 수 있는 이슈나 어젠다를 발굴하라.
마케팅의 기본원칙은 유권자의 기억 속에 하나의 단어를 심고, 그것을 내 것으로 만드는 것이다.
그런 이슈를 찾았다면 반복, 반복, 또 반복하라!

선거구도: 프레임의 법칙

기도 중에 담배를 피운다면?
욕먹을 일이다.
반대로, 담배를 피우다가 기도드린다면?
긍정적인 반응일 것이다.
기도와 담배의 똑같은 행동을 하더라도 어떤 프레임으로 바라보느냐에 따라 반응이 달라진다.

지난 미국 대선에서 건강 이상설로 후보 사퇴 압력을 받은 바이든과 대비되는 이 한 장의 사진의 힘!

총격에 관통상에도 불구하고 성조기를 배경으로 불끈 쥔 주먹의 트럼프 사진은 유권자들에게 "미국을 다시 위대하게!"라는 선거 구호를 그대로 대변해 주는 이미지로 굳어졌다.

이 사진 한 장이 미국 대선의 선거구도가 트럼프에게 유리한 국면으로 형성되는 상징적인 이미지다.

선거에서는 구도를 선점하는 게 중요하다.

이미 선점된 프레임을 전환하는 것이 쉽지 않다.

프레임의 법칙?

동일한 상황이라도 어떤 관점(틀:frame)을 갖고 그 상황을 이해하느냐에 따라 유권자의 행동이나 반응이 달라진다는 법칙이다.

어떻게 프레임을 설정할 것인가?

먼저, 유권자에게 긍정적 반응을 얻어내기 위해서는 질문을 바꿔라!

질문이 달라지면 대답도 달라진다.

"도대체 네가 잘하는 게 뭐니?"

"네가 잘하는 과목은 뭐니?"

두 질문의 차이는 부정적 대답을 유도하는 질문과 긍정적 대답을 유도하는 질문이다. 유권자에게 긍정적 대답을 유도할만한 메시지가 후보자의 긍정적 이미지로 연결된다.

틀림 VS 다름

내 주장이 옳고, 상대 후보의 주장은 틀림이 아니라
내 생각과 경쟁 후보의 생각이 다름을 먼저 인정하고 존중하는
것이 중요하다.
상대를 인정하지 않고 오직 내 주장만 강조하는 것은 그저 아
집일 뿐이다.

준비와 기다림은 배려다.

유권자는 무작정 내 주장을 받아들이지 않는다.
유권자도 내 의견을 받아들일 준비가 필요하다.
마음에 드는 이성에게 사랑을 고백하기 전 얼마나 많은 고민을
하는가?
'거절당하면 어떡하지?'
거절당하는 경우는 둘 중 하나다.
내가 마음에 들지 않은 상태거나, 상대가 받아들일 준비가 덜
된 경우다.
내가 노력해도 상대가 마음에 들지 않는다는 것이야 뭐 어쩔
수 없다고 치자.
후자의 경우는 다르다.
유권자들도 마찬가지다.
밥도 끓고 나서 천천히 뜸을 들이듯 조급함을 버려야 한다.

공갈이 아닌 공감이다.

유권자는 적어도 거짓은 없다.

그저 드러내지 않을 뿐이다.

공감하지 않으면 드러내지 않는다.

유권자가 공감할 때 속마음을 드러낸다.

공감하지 않는 메시지는 의미 없다.

유권자가 공감하는 메시지가 곧 시대정신이다.

미사어구로 포장된 공갈 메시지는 버려라.

위탁선거는 일반적인 공직선거와 다르다.

공직선거는 캠프가 차려지고, 정당이라는 든든한 뒷배를 바탕으로 구도가 짜이고 바람을 일으켜 여론몰이를 통해 설득전략으로 유권자들에게 다가간다. 위탁선거는 선거 운동할 수 있는 사람이 제한되어 있기도 하거니와 지연, 혈연 학연 등으로 소수의 지인 네트워크로 연결된 폐쇄된 유권자 집단의 특수성이 있다. 유권자가 공감할 수 있는 전략을 고민해야 한다.

신선하지만 익숙한 메시지로!

신선하고 참신한 생각은 좋다.

메시지에 신선하고 참신함을 쫓다가 생소한 단어로 빠지는 경우가 있다.

오히려 익숙한 메시지가 더 좋다.

모두가 이해할 수 있는 단어를 사용해야 한다.

선거는 지식 자랑이 아니다.

어려운 한자나 영어보다는 우리가 통상적으로 사용하는 단어가 좋다.

공중파 TV의 뉴스의 앵커가 사용하는 문장이 중학교 3학년 정도의 학생이 이해할 수 있는 수준의 단어들이다. 보통 공직선거 메시지는 50대 주부가 이해할 수 있는 수준의 단어를 사용한다.

타깃을 구체화시켜라.

구체화된 타깃을 설정하면, 메시지에 힘이 실린다.

힘이 실린 메시지는 설득력이 강해진다.

유권자들 모두가 공감할 수 있는 메시지를 찾는 것은 어렵다.

타깃을 아주 세밀하고 구체화시키면 메시지 만들기가 쉽다.

예를 들어,

'학력은 고졸 수준이며, 시내에서 분식점 운영하는 62세 여성'에게 전달하고자 하는 메시지와 '일반적인 60대 여성들'에게 던지는 메시지랑 어떤 차이가 있을까?

메시지 자체도 두루뭉술하지 않고 구체화된 메시지가 만들어질 것이다.

구체화된 메시지가 설득력이 강하다.

이기는 선거,
공감과 설득의 차이

선거는 설득과 공감을 통해서 표를 얻어내는 과정이다.

설득 vs 공감
설득은 "내가 잘났소!" 라며 후보 자신을 홍보하는 것이라면,
공감은 유권자의 마음과 소통하는 것이다.

설득은 공직선거에서 표의 확장성을 펼쳐 나가는 방식이라면,
조합장 선거는 공감을 통해서 조합원들의 마음을 얻어내는 것
이 좋은 방법이다. 공직선거는 캠프, 자원봉사자, SNS, 미디어,
유세차 등을 통한 공중전이라 할 수 있다.
조합장 선거는 후보자 본인 등만 선거 운동할 수 있는 한계점
과 유권자 성향에 따른 특성 때문에 공직선거와 다른 방식으로
접근해야 한다.

마케팅으로 비유해보자.
공직선거는 매스미디어 광고매체 전략이 주효할 수 있는 반면

에, 조합장 선거는 타깃마케팅 방식의 접근이 필요하다. 유권자의 성향부터 출발점이 다르기 때문이다. 인구통계학적 성향보다는 심리적 성격부터 다르다. 조합원들은 출자에 따른 책임감과 권리가 강하게 드러나기 때문에 선거에 대한 관심도가 높다. 이는 공직선거보다 월등하게 높은 투표율로 증명된다.

공감은 어떻게 얻어갈 것인가?
공감하기위해서는 상대가 무슨 생각하는지를 알아야 상대에게 공감할 수 있다. 무슨 생각하는지를 알기 위해서는 상대의 말을 들어야 한다. 경청을 통해 공감하는 것이다.
공감할 때는 내용에 공감하는 것보다 감정에 공감해야 한다.

공감은 다수의 모임에서 보다는 1:1 단둘이 만났을 때 공감의 효과가 크다. 조합원들에게 발송하는 메시지는 설득 메시지도 좋지만 공감할 수 있는 메시지가 좋다.
공감하지 못한 메시지는 설득할 수 없다.
부정적인 단어보다는 긍정적 단어를 사용하는 것이 좋다.
공감하는 메시지는 동네이장이 방송하는 것 같은 메시지가 아니다. 그저 조합원의 이름을 불러주는 메시지가 공감하는 메시지는 아니다. '내가 말하고 싶은' 메시지보다는 '조합원이 듣고 싶은' 메시지가 좋다.

진심을 담은 메시지가 좋다.

인간미가 내재된 메시지가 좋다.

메시지를 읽으면서 그림이 그려지는 메시지가 좋다.

이런 메시지는 짧지만 스토리가 그려진다.

공감과 설득으로
마음을 얻어가는 선거과정

선거는 공감을 얻어가는 과정이다.

공감은 경청에서 출발한다.

유권자에게 공감을 얻어 내는 가장 쉬운 방법은?

경청이다.

어려울 것도 없다.

상대의 생각에 관해 내가 공감해 주면 된다.

상대가 무슨 생각을 하는지 아는 방법은?

경청이다.

착각하지 말아야 할 것이 있다.

후보자는 유권자의 불만사항을 모두 들어주는 민원 해결사가
아니다.

유권자의 의견에 공감하는 것이 아니라, 감정에 공감해 주는
것이 중요하다.

그리고 피드백이 필요하다. 불편한 부탁이나 부정적인 의견에
는 그 자리에서 거절하는 것이 아니다.

거절화법이 중요하다.
그것은 타이밍이다.

소통을 통한 공감이 곧 설득이다.
유권자가 공감하는 메시지는 유권자가 듣고 싶고 알아들을 수 있는 내용이여야 한다. 듣고 싶어 하는 메시지로 공감대를 형성하여 마음을 얻어 내는 것이다. 상대에 대한 공감과 배려가 부족한 솔직함은 생채기가 될 수도 있다. 내가 먼저 상대방에게 공감해 줘야 상대방이 마음을 열고 다가온다.

마음이란 직접 듣는 것과 추측하는 것은 다르다.
직접 듣는 것은 과학이지만, 추측은 점쟁이를 찾는 것과 다를 바 없다.

유권자에게 던지는
첫마디는?

선거는 곧 유권자와 소통의 관계다.

유권자와 소통은 무엇(what)으로, 언제(when), 어디서(where),

어떻게(how), 왜(why) 하는지에 대한 기본 고민은 누구나 한다.

대부분의 후보들은 '무엇으로' '어떻게'에 관한 고민이 대부분

이다.

'무엇으로'는 어떤 주제를 말할 것인지에 관한 고민이다.

'어떻게'는 소통하는 자세나 스킬이다.

말의 주제는 상황에 맞게 준비하면 된다.

문제는 말을 어떻게 할 것인가 이다.

누구를 만나든지 말의 첫마디가 중요하다.

사랑고백도 받아들일 준비가 되어 있어야 성공 확률이 높듯이 유

권자와의 소통도 상대방이 받아들일 준비가 되어 있어야 한다.

담백한 첫마디가 청중을 끌어당긴다.

처음 만나는 분이나 어려운 분들 만날 때 첫마디를 어떻게 꺼낼 것인지 고민한 적 많을 것이다. 강연이나 연설에서도 마찬가지다.

첫마디가 잘 풀리면 실타래 풀리듯 잘 풀린다.

첫마디가 떠오르지 않으면 말이 엉키고 만다.

어떤 첫마디가 말이 꼬이지 않을까?

첫째, 평범한 말이 좋다.

날씨나 건강 이야기 등의 상투적인 말로 시작한다.

그럴싸한 미사어구나 힘들어간 이야기는 필요 없다.

첫마디부터 무겁고 느끼하게 시작하거나 임팩트있는 말이 과연 자연스러울까?

둘째, 짧은 말이 좋다.

첫마디가 장황하면 모두연설이 되고 만다.

상대에 대한 결례다.

가볍게 치고 들어가는 말이면 충분하다.

셋째, 목적이 없는 말이 좋다.

의도되지 않는 말이 좋다.

말 그대로 가벼운 농담이나 잡담 수준이 좋다.
상대의 옷차림이나 만나는 장소의 분위기 등 큰 의미 없고 가벼운 이야기가 좋다. 처음부터 의미심장한 말부터 꺼내면 허심탄회한 소통이 힘들다.

그럼, 첫마디를 어떻게 열어야 좋을까?
아래 세 가지 중 한 가지 방법으로 첫마디로 말문을 열면 큰 무리가 없을 것이다.

상대에 대한 칭찬은 실패하지 않는다.
칭찬거리는 언제든지 찾을 수 있다.
"오늘따라 더 젊어 보인다."
"어쩌면 이렇게 시간 약속을 정확히 지키시냐."
칭찬은 무궁무진하다.
유권자에게 칭찬은 춤을 추게 만든다.

나에 관한 근황을 말한다.
별도 준비할 필요도 없어서 좋다.
내 이야기로 나를 먼저 열면 상대방도 마음이 쉽게 열린다.
자연스럽게 상대의 근황 이야기로 넘어갈 수 있어서 무난한 첫마디가 된다.

요즘 뉴스 이야기로 시작한다.

이념이나 성향이 다를 수 있기 때문에 정치나 종교 이야기는 조심해야 한다.

이슈가 되고 있는 사회 뉴스가 적절하다.

만나기 전 잠깐 포털 사이트 메인 페이지 상위에 노출된 뉴스를 검색하면 간단하게 준비할 수 있다.

이슈가 곧 집중력을 높일 수 있다.

야구로 따지자면,

본인이 1회 초 1번 타자라고 생각하라.

어떤 내용으로 시작하든 처음부터 장타를 치려고 하지 마라.

그냥 편하게 출루에 목적을 둔다.

말하는 것도 전략이고 기술이다.

힘이 실린 메시지

어릴 적 할머니의 무릎 베게하면서 듣던 구연동화는 지금까지 추억으로 남아 있지만, 엄마의 잔소리는 귓등으로 흘러들어 기억조차 없다. 오히려 잔소리 쟁이라는 엄마의 이미지만 각인 될 뿐.

동일한 내용의 메시지를 들어도 뇌리에 남아 있는 메시지가 있는 반면에 금방 사라지는 메시지가 있다. 메시지가 유권자들에게 각인되어 의미 있는 메시지는 힘이 실린다.
의미 있는 강력한 메시지는 어떻게 만들 것인가?

강력한 메시지를 만들기 위해 세 가지 질문을 스스로에게 던져라.

1. 유권자에게 의미가 있는가?
유권자가 공감할 수 있는 메시지여야 한다.
그저 내 이야기를 하는 것은 자칫 공허한 메아리에 불과할 수 있다.

유권자에 관한 이야기, 유권자에게 필요한 이야기, 유권자가 알아야 할 이야기, 유권자가 경험했던 이야기 정도는 되어야 하지 않을까.

2. 경쟁후보와 차별화되었는가?

뻔한 메시지는 가라.

그것은 소리 없는 아우성 내지는 절규일 뿐이다.

차별화된 메시지를 고민할 때 '1'이라는 숫자에 주목하라.

최초의, 최고의, 유일한 메시지.

나만 이야기할 수 있는 메시지가 좋다.

이는 선거 구도의 선점과 괘를 같이하기도 한다.

차별화를 찾다가 자칫 뜬구름 잡는 메시지를 조심해야 한다.

3. 진정으로 내 장점을 기반으로 하는 것인가?

메시지가 나 자신에게 당당하고 떳떳한가.

나에게 되받아치거나 조롱당할 메시지는 아닌가.

가족이나 지인들이 공감하는 메시지인가.

이런 질문에 '예'라는 답을 못한다면 의미 없는 메시지다.

스스로에 대한 질문을 통해 만들어진 메시지는 잘 다듬어야 한다.

1. 단순성

메시지는 단순해야 한다. 복잡하면 따분해하며 듣지 않으려 한다.

2. 의외성

고리타분하거나 누구나 이미 알고 있는 내용의 메시지는 시시콜콜하게 여긴다.

영화를 보더라도 반전의 효과에 매력을 느끼는 것처럼!

3. 구체성

내용에 구체적이지 않으면 뜬구름 잡는 이야기로 들린다.

구체적인 내용이 현실성을 높여준다.

4. 신뢰성

메시지를 객관화 시키면 신뢰도가 올라간다.

통계나 지표를 활용하거나 언론 보도를 활용하는 방법이 좋은 예다.

5. 감성

이성보다 앞선 것이 감성이다.

감정을 건드릴 때 마음이 움직인다.

긍정적인 감성을 자극할 필요가 있다.

6. 스토리

메시지에 스토리가 담기면 흥미를 유발할 수 있다.

건조한 내용보다는 이야기 꺼리를 첨언할 필요가 있다.

선인지 효과

조합장 선거에서 절반이상이 노년층의 유권자다.

노년층을 대상으로 하는 조합장 선거에서 중요한 점이 "구도를 선점하라!" 는 것이다.

유권자들 중 상당수인 노년층은 후보자의 이름을 2명 이상 기억하지 못한다. 귀찮아 한다는 말이 맞을지도 모른다. 후보자 자신의 이름을 먼저 인지 시키는 것이 매우 중요하다.

조합장 선거는 현직에 유리하다는 것은 자명하다.

후보 2명 중 1명은 현 조합장일 가능성이 높기에 도전자의 입장에서는 반드시 후보자 여러 명 중 '선인지' 시키는 것이 무엇보다 중요하다. 대부분의 후보자들은 "조합장선거는 일반 공직선거와 달라서 선인지가 그다지 필요 없다."는 논리를 말한다. 천만의 말씀이다.

선거공학은 인간의 심리효과에 대해 오랜 연구를 통해 얻어진 결과물이다.

후보자들 개개인의 자신감으로는 조합원들이 나를 '잘' 알고 있으리라 믿지만,

조합원들의 입장에서는 '여러 사람들 중 하나'로 인식될 가능성이 높을 뿐이다. 결국, 선거운동시작 무렵부터 어떤 형태로든(출마선언을 남들과 다르게 한다거나, 확실하게 각인될만한 연관 메시지를 던진다거나 하는 형태로) 대응을 하여야 할 것이다.

유권자들이 쉽게 인지시키는 방법은?
숫자 '1' 이다.
최초, 최고, 제일, 최대 등이다.
'최고'나 '최대'는 업적이나 과거 이력이 바탕이다. 이력이 부족하면 지금 당장 만들어 낼 수 있는 것은 결국, '최초'라는 단어에 주목할 필요가 있다.
과거 모 개그프로그램에서 유행했던
'1등만 기억하는 더러운 세상' 이란 말이 거북해도 어쩔 수 없는 현실이다.

무작정 깃발을 먼저 꽂는 다고해서 1등이 되는 것은 아니다.
당당하게 맨 먼저 출발한다고 능사는 아니다.
조합원이 조합에 요구하는 조합의 시대정신을 고민해야 한다.
경쟁후보들을 분석하고, 나의 경쟁적 우위를 바탕으로 이미지를 구축한다.

구도,
이미지로 선점하라.

서울대학교는 외모로 뽑지 않지만, 선거는 외모로 결정된다?
후보자의 이미지가 당락에 영향을 미친다는 의미다.

일반적으로 선거는 구도가 60%, 인물 25%, 바람 15%라고 한다.
이길 수 있는 구도를 선점해야 한다.
선거를 전쟁과 많이 비교한다.
전쟁은 싸워서 이기는 것이지만,
선거는 이겨놓고 싸우는 것이다.
전쟁은 유효기간이 없기 때문에 이길 때까지 싸운다.
선거는 13일이라는 유효기간이 있다.
이 짧은 기간에 선거 구도를 뒤집기는 쉽지 않다.

선거는 눈치싸움이 아니다.
조합장 선거는 공직선거와 비해 소수의 유권자 항아리에 담겨져 있다. 인맥이 다양하게 얽혀있다. 출마의 결심이 섰다면 얽

히고설킨 실타래를 먼저 풀려고 할 필요 없다. 깃발 먼저 꽂고
구도를 선점해 나가면 경쟁후보는 쫓아오는 경우가 다반사다.
스포츠는 쫓기면 불안하지만, 선거는 쫓는 자가 조급해진다.
조급해지면 실수를 하기 마련이다.
선거에서 실수는 치명적이다.
선거는 간절하지만 조급하지 말아야 한다.

SNS 선거전략

당선 가능성 2%에 불과했던 후보,
석 달 만에 59%의 득표율로 당선!!

2015년 9월, 영국 노동당 새 대표로 다언된 제레미 코빈
(Jeremy Corbyn)의 신화다.
낡은 좌파로 인식되는 코빈은 당내 철저한 아웃사이더였다.
당의 주요 의결사항마다 반대표를 던져 노동당 내에서도 경계
대상 1호였다.
그런 코빈이 2% 안팎의 실낱같은 희망을 현실로 바꾼 이 기적
의 원천은 소셜미디어(Social Media, SNS)다. 기존의 선거운동
방식이었던 연단 연설이나 공식행사, 매스미디어를 통한 대담
연설 등을 멀리하고 자원봉사자들과 소셜미디어 활동으로 매
체의 소통채널의 차별화를 시도했다.

SNS는 이미 우리 생활에 깊숙이 들어와 있다.

SNS는 개방, 공유, 참여라는 특징을 갖고 있다.

유권자가 공감하거나 이슈가 될 만한 내용들은 적극적인 참여와 공유로 열린 공간에 던져진다. 기존 매스미디어는 편집국이나 보도국에서 게이트키퍼가 되어 필터링하거나 어젠다를 설정하기도 한다. SNS는 필터링 없이 유권자들과 직접적으로 연결되어 유권자와 직접적인 소통이 수월하다. 유권자에게 친밀하고 가깝게 다가갈 수 있는 계기를 제공한다.

SNS의 효과가 알려지면서 정치인들은 다양한 SNS 채널을 개설하고 선거운동을 하고 있다.

국회의원의 경우, 지역구 주민들을 직접 찾아다니거나 출판기념회 등을 통해 정치후원금을 모금하던 관행도 줄어드는 모양새다. SNS를 통해 책 구입을 안내하거나 북 콘서트 행사로 대체하는 모습이다. 그렇지만 여전히 대부분의 정치인이나 후보들은 SNS의 진정한 의미를 이해하지 못하고 그저 자신을 알리는 일방적인 홍보수단으로 제한적으로 이용하고 있는 실정이다. 후보 입장에서는 SNS의 활용으로 이기는 선거가 목적이겠지만, 단순하게 선거 목적으로 만 덤벼들다가는 실패할 수도 있다.

기본적으로 진정성이 없고 공감대가 형성되지 않으면 역효과만 부를 수 있다.

SNS도 미디어 채널 중 하나다.

각각의 SNS 채널의 특성을 잘 파악하고 자신에게 맞는 채널을 선택한다.

요즘 새롭게 뜨고 있는 '스레드'는 나이를 무시하고 서로가 반말투로 소통하는 것이 대세이다. 젊은 MZ세대 중심의유권자 집단에게 맞춤형이다. 김동연 경기도자사가 모범적으로 활용하고 있는 사례다.

디지털 시대 환경과 유권자의 인구통계학적 특성에 따라 주로 이용하는 채널을 파악하고 미디어의 언어를 잘 이해하고 활용해야 한다. 내가 하고 싶은 메시지를 전달하기보다는 유권자가 공감할만한 메시지가 필요하다. 기존 미디어와 달리 SNS는 쌍방향커뮤니케이션이기 때문에 공감하지 않으면 피드백도 없다. 그저 소리 없는 공허한 메아리일 뿐이다.

내 메시지에 피드백이 없다는 것은 실패한 메시지라는 의미다.

소셜 미디어는 감성적 특성을 바탕으로 접근해야 한다.

거짓이나 가식이 아닌 진정성과 신뢰감을 심어줘야 한다.

온라인에서 호감을 이끌어내는 요소가 있다.

유사성과 근접성이다.

유사성은 나와 후보 간에 어떤 공통점이 있거나 뭔가 통할 것 같은 생각을 하는 경향이다. 근접성은 언제든지 만날 수 있을 것 같은 생각을 하는 경향이다. 이 두 가지 모두 거리감을 좁혀

주는 특성이다. 물리적 거리감뿐만 아니라 시간적 거리감, 심리적 거리감을 해소해 준다. 페이스북이나 카카오톡, 인스타그램 등의 SNS에서 친구관계를 맺는 과정이 중요하다.

SNS 채널 운용의 원칙은 사무실이나 회의장 같은 '엄숙한 장소'가 아니라 '사랑방'이어야 한다. 논리적이고 치열한 논쟁의 공간보다는 감성적이고 친근감 있는 공간이어야 한다. 친근함이 신뢰감으로 연결되게 하는 전략이 필요하다. 신뢰감은 일관성과 지속적인 소통으로 형성된다.

'나를 선택해주면 정책이나 리더십을 흔들림 없이 발휘하고 추진할 수 있을 것'이라는 이미지를 심어주는 것이 중요하다.

SNS 채널 운용할 때 일기 쓰듯이 지속성을 유지하는 것이 중요하다.

SNS 활용이
당락을 좌우한다.

조합장 선거는 원래 조합마다 개별적으로 실시하던 선거가 혼탁해지고 공정성에 문제가 생기자 이를 방지하기 위해 2005년부터 선거관리 위원회가 위탁받아 관리하다가 2015년 3월 11일 처음으로 전국 1,326개 조합에서 동시에 치러 조합장을 선출하기 시작했다. 그래서 조합원은 물론 더 많은 사람들의 눈길을 끌고 있다. 이제는 시대가 변하고 있다.

신발 바닥이 얼마나 닳았고 얼마나 악수를 많이 했나 하는 거보다 스마트 폰 터치를 누가 더 많이 하게 하느냐가 선거의 당락을 좌우한다. 모든 길이 스마트 폰으로 통하기 때문이다. 아마도 곧 메타버스를 이용한 가상공간에서의 선거 전략이 우세한 사람이 이기는 시대가 도래 할 것이라 본다. 게더타운이나 이프랜드 제페토에서 선거 운동을 하는 시대가 올 것이라는 것이다. 물론 지금의 선거 운동은 SNS 활용이 매우 중요하다.

고객의 마음을 움직이는 문자를 보내고 전국민의 8~90%가 사용하는 카톡으로 공감하는 메시지를 보내는 등 SNS에서 얼마나 긍정적인 모습으로 노출이 되느냐에 따라서 선거 결과는 달라진다. 처음부터 기획을 어떻게 하느냐는 매우 중요하다.

선거 마케팅에 있어서 SNS를 활용하는 방법을 알아보자.

1. 무엇을 말할 것인가?

재미와 의미가 조합을 이뤄야 한다.

보는 이가, 듣는 이가 흥미를 갖고 볼 수 있도록 해야 한다는 것이다.

흥미를 끌지 못하거나 의미가 없으면 조합원의 반응을 기대하기 어려운 것이다. 형식이 내용을 압도할 때도 있기 때문에 흥미를 유발하면서 그 속에 메시지를 담아내는 것이 조합원의 한 표를 얻는 지름길이 될 것이다.

팩트, 의도, 태도에 조심해야 한다.

내가 말하는 것이나 경쟁 후보가 말하는 것도 먼저 팩트가 무엇인지, 의도가 무엇이지를 대하는 태도가 선거에 미치는 영향이 아주 크다.

동감해야 감동하고 감동해야 마음을 얻는다. 여기에 진정성이 밑바탕이다.

잠시 한순간의 마음을 잠깐 사로잡는 것보다 오래 지속성을 유지하기 위해서는 반드시 수반되어야 하는 것이 진정성이다. 한 조직의 리더가 되겠다는 것은 그 모두조직원의 마음을 얻어야 훌륭한 조직으로 성장 할 수 있기 때문이다.

2. 자신을 객관화하라.
나는 누구인가?
지피지기면 백전불퇴라고 하는데 선거에서도 적용된다.
그래서 나를 아는 것이 중요하다.

흔히 사업이나 경쟁에서 이기는 전략을 세우기 위해 SWOT 분석을 한다.
이는 내부 환경과 외부 환경 각각 요소를 바탕으로 현황을 분석하는 마케팅 방법이다. SWOT (Strength, Weakness, Opportunity, Threat) 분석은 내부적으로 나의 강점과 약점을 분석하고 외부적으로는 기회요소와 위기 요소를 분석해서 전략을 세우는 것이다. 분석을 기반으로 전략을 세워야 선거 구도를 끌고 갈 수 있고, 후보에 따라서 다양하고 쉽게 대응할 수 있다. 어떠한 상황에든 적절한 대응을 할 수가 있으며, 나를 잘 표현할 수 있다.

정체성을 잘 나타낼 수 있는 것이 바로 캐치카피 슬로건이다.
이는 짧고 간결하게 말하는 것이 좋다.
그래야 조합원의 기억 속에 브랜딩이 되는 것이다.

3. 팔로우를 확장하라.

선거에서는 1:1이 중요하다.

경쟁 후보와 1:1 모두를 이기는 것이 중요하고 조합원 모두의 마음을 1:1로 볼 줄 알아야 이기는 선거를 할 수 있다. 1:1 전략에서 신경 써야 하는 것이 팔로우를 꾸준하게 확장해 나가는 것이 중요하다. 카톡이든 페이스북이든 팔로우를 넓히는 것이 중요하다. 팔로우를 늘리는 가장 큰 목적은 조합원과 소통양의 우세함이다. 소통을 위해 팔로우를 확장하는 것이다. 메시지를 던지는데, 100명에게 전달하는 메시지와 1,000명에게 전달하는 메시지는 동일하지만, 전달력은 10배가 아니라 제곱의 효과가 있다는 것이 정설이다.

팔로우를 늘려가는 것은 먼저 성공한 자의 호랑이 등에 올라타는 것도 좋은 방법이다. 호랑이 등에 올라타면 나도 호랑이처럼 빨리 달려 갈 수 있다.

이것이 바로 조직의 힘이 되고 조직 선거의 원천이 되는 것이다.

혼자할 수 없으면 윷놀이처럼 말을 묻어서 가는 것을 권한다.

이를 꾸준하게 실천하여 간절함으로 유권자의 표를 바라볼 때 승리할 수 있다.

광고의 모델로 가장 큰 효과를 내는 것이 바로 3B의 법칙이다.

전통적으로 3B의 모델이 효과를 보고 있기 때문에 선거에서도 3B법칙이 적용된다. 재미와 조합이 잘 이루어지는 소통이 선거 승리의 도구가 된다.

아기(Baby), 동물(Beast), 미인(Beauty)을 활용한 소통전략이 선거에서도 표심을 자극하게 된다. 시선을 본능적으로 끌게 만드는 3B의 법칙을 선거에서 어떻게 적용하느냐는 매우 중요하다.

SNS를 중심으로 소통전략을 통해 조합원의 마음을 얻을 수 있는 선거 전략을 세우면 반드시 이기는 선거를 할 수 있을 것이다.

이기는 선거전략:
페이스북 사용 십계명

이기는 선거에 필요한 SNS 채널활용 전략은 무엇이 있을까?
유권자들의 지지를 이끄는 요소 중에 유권자들에 투영되는 후
보자의 PI가 중요하다. 후보자의 PI를 제대로 홍보해 줄만한
SNS채널이 페이스북이다.

페이스북(Facebook)은 소셜네트워크 서비스의 하나로 사용자
들이 서로의 개인 정보와 글이나 동영상 등을 상호 소통하는
온라인 관계 맺기 서비스다.
2004년 '더 페이스북(The FaceBook)'이라는 이름으로 서비스
가 시작한 이후 우리나라의 페이스북 이용자는 2024년 현재
900만 명 정도다.
2019년 1300만 명에서 5년간 30% 급감한 추세다.
연령별 통계를 살펴보면, 10~20대의 감소 폭이 크고 50대 이
상은 의미 있는 감소 추세는 없다. 위탁선거 유권자의 대부분
이 50대 이상이라는 점을 감안하면 시사하는 바가 크다.
페이스북은 세밀한 유권자 정보가 부족한 도전자에게 유용한

소셜미디어다. 선거에 임박해서 시작하는 것보다 미리 준비해야 한다. 최소 6개월 이상의 지속적인 소통을 유지하는 것이 좋다. 지역기반의 페이스북 이용자들을 중심으로 친구관계를 형성해 나가면서 지인의 지인들과 연결해 나가면서 데이터 수집을 병행하면서 소통해 나간다.

페이스북을 하면서 기억할 세 단어는?
좋, 댓, 공
좋아요,
댓글 달기
공유하기
친구들의 담벼락이나 사진, 동영상에 '좋아요'도 눌러주고, 댓글도 달아주는 성의를 보여줘야 내 페이스북이 활성화된다.
모바일 스마트폰이 보급된 요즘 페이스북은 사용자로 하여금 지속적으로 친구나 친척, 지역 사회의 사용자들과 실시간 소통이 가능하다. 먹방이나 취미 등의 공통된 관심사가 있는 사용자들끼리 동호회 활동이 활발해졌다. 대중성을 기반으로 한 새로운 상품이나 기업의 마케팅 도구로도 유용하게 활용되고 있다.

페이스북(Facebook)은 후보자와 유권자 간의 상호 소통을 통해 여론이 형성된다. 기존의 매스미디어는 정치적 성향에 따라 여론이 편파적 논란이나 혐오주의를 초래하기도 한다. 소셜미디어는 기존 언론의 일방적인 어젠다 설정에서 벗어나 정보의 공유와 쌍방향 소통을 통해 자발적인 참여를 유도한다.
짧은 시간에 많은 사람들에게 의견의 교환과 확산이 빠르게 활성화된다.
새로운 여론 형성이나 어젠다 설정의 힘이 강한 SNS 채널이다. 소통 과정이 상하관계가 아닌 수평적 대화를 통해 공유된 정보들은 투명성, 신속성, 관계성을 바탕으로 대중적 여론이 형성되고, 다양한 형태의 참여를 활성화시킨다.

"투표가 곧 삶이다"
2010년 6월 지방선거에서 선관위를 비롯한 투표 독려 인증샷 올리기 릴레이 캠페인으로 투표 종료 한 시간 남겨두고 투표율 상승한 것이 SNS활용의 대표적인 사례다.

페이스북(Facebook)은 사진은 물론 동영상을 포함한 멀티미디어를 업로드할 수 있다. 인구통계학적인 속성으로 연령별, 성별 맞춤형 타깃 메시지도 가능하다. 친구 찾기를 통해 해당 선거구의 사람들을 모을 수 있다. 출신지, 거주지, 학교, 직장별 친구 찾기가 가능하다. 명함이나 연락처, 지인의 지인을 연결하여 지속적이고 실시간의 소통이 가능하다.
후보의 동선을 미리 공지하여 지지자들이 모이거나 행사장에

끌어들이기가 쉽다. 지역 시민들이 많이 모인 그룹을 활용하여 원하는 메시지를 전달할 수 있다.

아무리 좋은 연장이라 할지라도 제대로 사용하지 않으면 의미 없다.
페이스북(Facebook)의 소통 달인이 되기 위해서는
"진솔한 내 얘기를 매체의 특성에 맞춰 짧고 쉽게 전달하는 것이 좋다"
"신문·방송에서 볼 수 있는 얘기까지 페이스북에서 굳이 또 보고 싶어 하는 사람은 많지 않다"
"소소한 일상이나 사소한 느낌, 인간적인 모습에 더 가깝고 친밀감이 든다."

이기는 선거를 위한 페이스북(Facebook) 십계명을 안내한다.

첫째, 신뢰를 바탕으로 진정성 있는 핵심 팔로워 구축
본인의 자랑이나 행사 알리기 또는 유권자들과 찍은 사진 올리는 것이 선거운동이 아니다.
진정한 소통을 통하여 민심을 얻어야 한다.
단 며칠을 하더라도 본인의 업적이나 공약 중심의 글보다는 신뢰를 바탕으로 하는 SNS 활동이 중요하다. 유권자가 의례적이고 가식적으로 받아들인다면 안 하니만 못하다. 자신의 생각을

표현할 때 지나친 자랑보다는 겸손한 자세로 써야 하는 거다. 글을 읽고 사진을 보는 사람들의 입장에서 도움이 되는 정보를 나누는 것이 좋다. SNS에 올리는 내용은 진솔해야 한다. 자신을 있는 그대로 표현해야 하며 가식적으로 잘 배우려고 하다 오히려 역효과가 난다. 또 이런 옷차림이나 헤어스타일이 있어서도 공식적인 모습이 아니라 일상적인 편안한 모습이 오히려 효과가 좋다.

둘째, SNS의 가장 중요한 특성인 쌍방한 커뮤니케이션이 필요하다.

바람직한 소통은 상호작용을 전제로 한다.
쌍방향 커뮤니케이션이 되기 위해서는 댓글 참여를 유도할 만한 내용의 글이 좋다. 동네 이장이 방송 하는 것 같은 내용보다는 댓글 참여를 유도할만한 질문형 문장이나 참여 유도형 메시지가 좋다. 적극적인 상호작용은 페이스북 이용하는 지자들이 자발적인 선거 운동원이 된다.

셋째, 쌍방향에 대해 더해 유권자들의 적극적인 참가를 유도할 수 있는 방안이 필요하다.

약간의 오락적 요소들을 첨가하여 이용자들이 재미를 느끼도록 하는 것이 좋다. 이용자들이 '좋아요'를 눌러 준다고 해서 후보자에게 적극적인 반응을 한 것이라는 기대는 오해다. 참여를 유도할 수 있는 요소로는 에피소드, 유머, 참신함, 친밀함 등이 있다.

넷째, 인간적인 면모를 부각시키는 것이 더 중요하다.
격식이 있는 공식적인 사진보다는 일상의 감성적인 요소가 담긴 모습이 중요하다. 취미생활, 가족 이야기, 과거 시절의 인상적인 추억의 사진을 게시하는 것도 좋다. 후보들은 연설이나 공식행사 모습, 악수 등의 근엄한 모습들을 올리는 것이 대부분이다. 대문 격인 프로필에는 경력이나 학위, 자격증 내용이 주를 이룬다. 의미가 없는 것은 아니지만 전형적인 오프라인 사고방식이다.
온라인상에서는 친구관계를 끌어내고 유자해 나가는 소재로는 적합하지 않다.
이용자들은 약간의 실수나 백치미를 드러내더라도 인간미 있는 글에 환호를 보낸다.

다섯째, 새로운 소식은 SNS에 가장 먼저 전한다.
지지층이 후보에 관한 정보를 직접 전해 듣는 것과 언론이나 제 삼자를 통해 전해 듣는 것은 공감 지수에서 큰 차이를 드러낸다.
'이 사람은 나를 먼저 생각하는구나'
라는 느낌이 들게 해줘야 나에 대한 관심이 더 늘어난다.

여섯째, 주기적인 포스팅을 하는 것이 좋다.

어릴 적 방학숙제 하듯이 한꺼번에 벼락치기로 몰아 쓰기 하지 마라.

일기를 한꺼번에 쓰면 '비 오는 날'을 '맑음'으로 쓰는 우를 범한다. 일기를 쓰듯이 꾸준히 지속적으로 소통하는 것이 중요하다.

일곱째, 텍스트도 중요하지만 가능한 한 사진이나 동영상을 많이 올리는 것이 좋다.

우리 뇌는 텍스트보다 이미지에 더 빠르게 반응하고 더 쉽게 이해한다. 이때 올리는 사진은 회의 현장이나 악수 사진보다는 오히려 직접 찍은 셀카가 좋다. 기념사진 같은 정적인 사진보다는 동적인 이미지의 사진이 훨씬 효과가 좋다.

여덟째, 아무리 바빠도 시간을 내서 댓글에 선택적으로라도 반드시 답글을 남겨라.

SNS의 생명은 피드백을 주고받는 것이다.

피드백 없는 계정은 연기처럼 금방 사그라진다.

이왕 붙인 불꽃, 활활 타오르는 게 낫지 않은가.

아홉째, 가독성을 고려하여 읽기 쉽게 글을 작성하는 것이 좋다.

선거는 똑똑한 사람을 선택하는 것이 아니다.

지식 자랑은 시험치를 때나 하라.

지식 자랑이 아니기 때문에 전문 용어를 쓰지 마라.
중학교 3학년 수준의 학생이 읽어도 충분히 이해할 수 있는 단어를 사용하는 것이 좋다.

열번째, SNS 담당자는 반드시 후보가 참석하는 선거 전략회의에 참여하라.

후보 본인이 직접 쓰는 것이 금상첨화겠지만, 시간적으로 바빠서 별도 담당자가 작성하는 경우가 있다. 글에 후보의 철학이 묻어나야 한다. 후보의 생각과 캠프의 전반적인 전략을 서로 꿰뚫고 있어야 내용이 어긋나지 않는다. 아무리 뛰어난 SNS 담당자라도 모든 걸 그냥 맡기지 말라.
글 게시하기 전에 후보자와 사전 컨펌이 필요하다.

유권자와 만남: 준비해야 할 3가지, 조심할 것 3가지

출마를 선언하면서부터 유권자들과 약속이 많아질 시기다.
무턱대고 만날 수는 없다.
유권자와 약속이 잡히면 먼저 세 가지를 준비한다.
가벼운 농담거리와 칭찬거리, 그리고 질문할 것을 챙긴다.

농담은 자칫 너무 가벼운 사람의 이미지로 보일 수도 있지만 기꺼이 감수한다.
잃는 것보다 얻는 게 더 많다.
가벼운 농담은 트랜드나 상황에 맞고 서로의 공통된 관심사와 맥을 같이해야 좋다.
다만 누울 자리를 보고 다리를 뻗어야 한다.
가벼운 농담에 상대가
'나를 너무 쉽고 만만하게 보는 거 아냐?'라는 반감이 생기지 않도록 조심해야 한다.

칭찬의 가벼운 소재는 옷차림이나 외모에 관한 것이다.

'멋져 보인다'

'젊어 보인다'

'얼굴이 밝아졌다'

등의 축하해 주는 것도 좋은 칭찬이다.

나아가서는 상대의 능력이나 성과를 인정해 주는 칭찬이다.

상대의 마인드나 철학에 관한 칭찬도 좋다.

이는 상대의 삶 자체를 인정해 주는 것이다.

남발하면 오히려 역효과다.

칭찬은 두루뭉술하게 하는 것보다 구체적으로 해야 한다.

상대를 추켜세우는 말은 밑져야 본전이다.

질문거리는 대화할 때 여러모로 쓸모 있다.

대화를 이어갈 수 있는 좋은 방법이다.

질문 자체로 상대에 대한 경청의 자세를 나타낸다.

질문은 상대에 대한 관심의 표현이다.

대화 중에 말이 끊어지면 분위기가 어색해질 수 있다.

분위기를 전환시켜주는 윤활유 역할이기도 하다.

질문을 통해 상대의 의중을 파악할 수 있다.

정보 습득의 가장 효과적인 방법이 질문이다.

질문을 통해 상대에 대한 관심을 표출하는 동시에 상대의 답변을 통해 정보 습득과 경청의 자세를 드러냄으로써 일타쌍피를 넘어 1타3피를 얻는 것이다.

가벼운 농담거리나 칭찬거리, 질문거리를 준비하기 위해서는 미리 상대에 대한 기본적 정보를 학습해 가는 것이 무엇보다 중요하다.

유권자들과 만나서 조심해야 할 말도 있다.

지켜야 할 비밀을 누설하지 마라.
사실과 다른 말은 꺼내지도 마라.
뒷담화도 조심해야 한다.
폄하하거나 비난하지 마라.

"너한테만 말해주는 건데……"
하면서 던진 말 한마디는 뱉는 순간 비밀이 아니다.
앞에서는 맞장구쳐 주겠지만,
덜 닦인 휴지마냥 뒷일은 결코 깨끗하지 못하다.

남을 쉽게 평가하지 마라.
남 이야기는 쉽게 하면서 내 뒷담화는 듣기 싫은 건 인지상정 아닌가.
남에 대한 평가는 다시 내게 되돌아올 때 더 크게 다가온다.
앞에서 말할 용기 없으면 뒤에서도 하지 마라.

정치적, 이념적, 종교적 이야기 특히 조심해야 한다.

본인에게는 당연한 상식이라고 생각할 수 있는 것도 듣는 이에 따라서는 편향되거나 폄하 내지는 비난으로 오해할 수도 있다.

역사 인식의 부재나 이념의 극단적 편향에서 비롯된 망언은 돌이킬 수 없다.

백 마디, 천 마디 발 잘하다가도 마지막 한마디의 실수로 찬물과 함께 후환거리로 남게 되는 것을 조심해야 한다.

옷이 태도를 만든다.

옷차림으로 난처한 경험이 있는가?

상갓집에서 너무 밝은 옷이나 짧은 옷에 대한 눈총은?

결혼식에 너무 편안한 복장으로 가면 마음은 편안할까?

농사일 도와준답시고 정장 차림으로 간다면?

옷차림은 내가 편안한 것이 아니라 상대방에게 편안한 느낌을 줘야 한다.

유권자들을 만날 때 어떤 옷차림으로 만나는가?

유권자들을 만날 때,

정성과 예의를 갖춰야 한다.

예의는 옷차림에서 시작한다.

사람을 만날 때 첫인상의 2초가 이미지로 굳어져서 편향된 이미지가 지속된다. 후보자에 대한 이미지는 한번 굳어지면 쉽게 바뀌지 않는다. 후보자의 첫 인상이 중요하다.

후보자의 첫 이미지가 바로 옷차림이다.

이왕이면 긍정적 이미지를 심어줘야 한다.

후보자의 약점을 보완할 수 있는 옷차림을 고민해 보았는가?
후보자의 강점을 더욱 강화시킬 수 있는 복장을 고민해 본 적 있는가?
후보자의 차량에 다양한 여벌의 옷과 신발은 준비되어 있는가?

선거는 인식의 싸움이다.
지식싸움이 아니다.

"조합장 선거는 똑똑한 사람을 뽑는 것이 아니라 조합원의 마음을 얻는 것"
지식조차도 이미지로 인식된다.
이미지를 통한 인식이 마음을 움직인다. 과다한 지식자랑은 마음을 떠나보낼 뿐이다.
후보자의 이미지 구축은 하루아침에 뚝딱 만들어지지 않는다.
최소한 6개월 이상의 지속성이 필요하다. 격식에 맞는 청결한 옷차림은 크게 노력하지 않고 긍정적 이미지를 구축할 수 있다. 옷차림은 상대방에 대한 기본적인 예의이며, 이미지 구축을 위한 첫걸음이다.

옷이 태도를 만든다.

어떤 복장으로 누구와 언제 만나느냐에 따라서 내 행동도 달라진다.

조합원들을 만날 때, 옷에 대한 이미지를 고민해야 한다. 평소에는 캐주얼 중심으로 입다가 정장차림으로 바뀌면 내 행동도 바뀌는 경험이 있을 것이다. 옷이 곧 내 행동을 바꾸는 것이다. 평소 입지 않던 옷을 입었을 때의 어색한 경험도 있을 것이다. 내가 어색하면 상대방도 느낀다. 그 어색함을 미리 빼야한다.

어떤 옷을 입고 다닐 것인가에 대한 고민은

1. 후보자 자신의 장단점을 분석할 필요가 있다.
2. 상대 후보들에 대한 장단점을 분석한다.
3. 유권자들이 요구하는 조합장 이미지를 파악한다.

위 세가지의 고민을 통해 옷차림에 대한 기본적인 이미지 구축은 어느정도 완성할 수 있다.

여기에, 시계나 안경 또는 헤어스타일에 관한 고민이 더해지면 이미지 구축은 완벽해진다.

시계는 가죽줄이나 메탈재질에 따라 이미지가 달라진다.

안경은 금테, 뿔테, 은테 등의 재질에 따라 이미지가 달라진다.

이제 준비가 되었다면,
행동으로 나서라!!!!

독불장군 없다.
선거조직 구성에 관한 고민

선거에 출마하는 후보자들의 공통된 고민이 선거조직 구성이다.

언제 만들 것인가?

어떤 사람을 구심점으로 할 것인가?

어떻게 만들 것인가?

자금은 어떻게 조달하고 운용할 것인가?

사실 명확한 정답은 없다.

분명한 것은 '선거는 혼자 치를 수 없다' 는 것이다.

위탁선거법에서는 후보자와 '후보자 외 1인'으로만 선거운동
이 가능하다. 그렇다면 선거 조직은 필요 없는 것인가?

아니다.

선거운동은 후보자 본인 등 만 할 수 있지만, 선거에 관한 전반
적인 전략과 공약, 정책 수립 등은 혼자서는 무리가 있다. 나를
지지해주는 유권자들을 발굴하는 과정에서 조직의 힘이 빛을
발한다.

대규모이든 소규모이든 후보를 위한 조직은 반드시 필요한 선거의 핵심요소다.

"유권자 연락처 모두 갖고 있어서 조직은 필요 없다"

"문자나 카톡 등의 SNS로 선거 치르면 되는데, 뭔 걱정이냐"

이렇게 말하는 후보라면, 아직 준비되어 있지 않는 후보의 변명에 불과하다. 디지털시대로 전환되면서 공직선거에서도 대중을 동원하는 선거운동이 사라졌다. 그렇다고 조직이 약화되는 것이 아니다. 조직의 힘을 발휘한 대표적인 경우가 '노사모', '박사모' 등의 자발적인 조직이다.

작은 지지모임이 여론의 소용돌이 효과를 만들어 광역화한 경우다.

무조건 조직이 필요 없다고 말하는 것 보다는 차라리 돈 들어가는 조직은 만들 필요가 없다고 말하는 것이 옳다.

조직이 그저 연줄과 학연, 지연을 통하여 비용으로만 만들어진다는 고정관념을 벗어나야 한다. 조합장 선거에서 조직은 과거에 얽매이는 경우가 많다는 점을 발견했다. 과거에 얽매인 조직은 수동적인 활동 중심이다. 이는 들어온 만큼 움직이는 자판기 같은 조직의 특성이 있다.

미래지향적인 조직을 고민해 보는 것도 좋다.

비전을 제시해서 실행하려는 목적이 있는 조직!

이런 조직은 능동적이고 창의적이며 유연성이 발휘한다.

'적자조합을 흑자로 이끌기 위한 연대 모임'
'우리조합 특산물 판매수익을 위한 모임'
'회원 권리 찾기 위한 모임'
조직은 선거를 치르는 강력한 무기 중 하나다.

조직은 돈 안들이고 표가 되는 이슈조직이 좋다.
조합의 이슈를 바탕으로 여론을 한군데 모을 수 있는 조직이다.
조합의 큰 변화를 원하는 조합원들의 시대정신이 요구 될 때
필요한 조직구성이다. 정치적 조직으로 2002년 '노사모'의 자
발적 움직임을 기억하라. 조합의 현안에 대한 문제를 가지고
모임이 만들어지면 그 모임은 적극적이고 응집력이 강한 조직
으로 발전한다.

'○○○을 사랑하는 모임' 보다
'○○○ 문제해결을 위한 모임' 이 더 강력한 조직이 된다.

이슈조직이 구성되기 위한 전제조건이 있다.
첫째는 유권자들의 관심사를 제대로 알아야 한다.
무관심한 이슈는 의미 없는 공허한 메아리에 불과하다.
조합원들에게 직접적으로 관심 끌만한 이슈 발굴이 중요하다.

둘째는 조합 내 갈등을 유발하면 안 된다.

이해관계가 얽혀있는 사업이나 가치 판단에 따라 찬반양론에 첨예해지는 이슈는 오히려 화를 자초할 수 있기 때문에 신중해야 한다. 이해관계가 상충하는 경우에는 이슈화하기보다는 찬반 양측의 이해를 조정해내는 조정자나 중재자의 역할을 하는 것이 좋다.

셋째는 이슈를 확산할 수 있어야 한다.

이슈가 확산되지 않으면 그냥 사라지고 만다.
오히려 체면만 구길 수 있다.
이는 안하는 것만 못하는 꼴이다.

넷째는 이슈를 제기할 명확한 타깃을 설정해야 한다.

이슈의 타깃이 명확하지 않으면 명제가 불분명해져 버릴 수 있다. 2010년 지방선거에서 무상급식 이슈는 학부모라는 명확한 타깃이 있어서 이슈 선점 효과가 컸다.

사람이 재산이다!!!
경제적 자산의 가치는 돈이지만, 선거에서는 사람을 얻어야 한다.
돈이 돈을 버는 것처럼 선거에서는 사람이 사람을 번다.

위탁선거 조직구성은?

위탁선거법상 선거운동은 후보자와 후보자 외 1인만 할 수 있는 선거다.

조직을 구성해 공식적인 선거운동하면 위법이다.

선거운동이 아닌데, 선거운동의 효과를 낼 수 있는 조직이 필요하다.

선거사무실이나 캠프를 차리는 것은 위법하다.

후보자 외 누구도 당선목적의 지지나 낙선 목적의 선거운동을 할 수 없지만, 의견 개진은 가능하다.

일반적으로 선거운동 조직은 매우 한시적인 조직이다.

사전에 아무리 교육을 잘하고 도상훈련을 했다고 해도 조직이라는 것은 일단 가동되고 나서 제대로 각 기능이 움직이고 손발을 맞추려면 시간이 필요한 법이다.

어디든 선거운동 기간 초기 3~4일은 삐걱거리기 마련이다.

그러나 3~4일 내에 잘 움직이도록 신속한 조치를 취해야 한다.

선거운동은 후보자 중심으로 진행되는 것처럼 보이지만 실제로 선거운동 조직에 의해서 진행되는 것이다.

후보자가 모든 것을 다하려고 하면 아무것도 하지 못한다는 점을 명심하고 체계적인 조직 구성에 신경을 써야 한다.

많은 사람을 구성하는 것도 좋지만, 정예를 꾸리지 못하면 소용이 없다.

선거의 결과는 핵심 참모를 중심으로 핵분열이 얼마나 크게 일어나느냐에 달려있다.

1단계로, 유능한 핵심 참모 5명을 둬 후보의 철학과 희망을 공유하고 큰 원칙의 방향을 함께 결정한다.

2단계로, 핵심 지지층 수십 명이 각종 조직 및 단체에 파고들어 후보의 정책과 비전을 함께할 수 있도록 한다.

3단계는, 적극적인 지지자의 확보이다. 수시로 소통을 통해 주변에 후보자 홍보를 독려한다.

1. 어떤 사람이 내게 도움이 될까?
▶ 남의 의견을 중시하고 조직의 규율 엄수하는가.
▶ 승리의 확신과 충성심은 있는가.
▶ 설득력과 매화의 매너는 있는가.

▶ 추진력과 활동력이 강한가.

▶ 허풍은 없는가.

▶ 변절 경력은 없는 사람인가.

반면에, 아무리 아쉬워도 아래의 예를 드는 사람들은 그냥 걸러야 한다.

▶ 지역에 평판이 좋지 않은 사람

▶ 이중 선거운동을 하는 사람

▶ 수다스러운 사람

▶ 항상 술에 취해있는 사람

▶ 흡연장소를 못 가리는 사람

▶ 입이 가벼운 사람

▶ 상대의 의견을 듣지 않은 사람

▶ 허풍을 치는 사람

▶ 지나치게 타 후보를 공격하는 사람

2. 조직원을 어떻게 관리할 것인가?

▶ 포용력과 관용, 관심과 애정을 가져야 한다.

▶ 조직원의 능력을 알아주고 인정해 주라.

▶ 함께 울고 웃을 수 있도록 하라.

▶ 의견을 경청하고 존중하라.

▶ 일부의 힘보다 전체의 힘을 발휘할 수 있도록 한다.

▶ 조직원에게 동기의식을 부여하며 능동성, 적극성을 갖게 한다.

▶ 선거운동의 방향성을 숙지하게 한다.

▶ 후보자의 인간성과 소신, 정견, 경력 등을 알도록 한다.

▶ 책임감, 신념, 자부심, 소속감(동지의식) 등을 갖도록 해 준다.

▶ 타 후보자의 동향 공유토록 한다.

3. 선거운동 중 어떻게 움직일 것인가?

▶ 후보자의 강점을 완전히 이해하고 약점에 대한 논리적 대응책을 완벽하게 숙지하라.

▶ 유권자를 만나기 전에 상대에 대해 알고 만난다.

▶ 쉬운 상대부터 만나라.

▶ 상대가 보잘것없는 사람이라도 존중하는 태도를 보여라.

▶ 화려한 복장과 액세서리, 짙은 화장은 피해라.

▶ 상대의 이야기를 경청하라.

▶ 설득하려 하지 말고 공감화 전략으로 하라.

▶ 상대 후보를 비난하지 말고, 차별화 하라. 비판은 가능하다.

▶ 두 번째에 포기하지 말고 세 번째에 포기한다.

▶ 후보자의 약점을 말하지 마라.

▶ 움직이는 모든 것에 표가 있다는 것을 상기하라.

▶ 사무실에 표 없다. 현장에 표 있다!

4. 선거운동하면서 수시로 자신을 되돌아 보라!

▶ 열성을 다하는가?

▶선거운동 계획을 수정, 보완해야 할 필요성은 없는가?

▶ 시간의 낭비는 없는가?

▶ 홍보는 유권자의 관심을 끌었는가?

▶ 유권자의 질문에 막힘은 없는가?

▶ 유권자의 반론이나 저항에 대해 적절하게 대응하는가?

▶ 유권자와 감정적 대립은 없었는가?

▶ 정보는 수집하는가?

▶ 스스로 오늘의 활동에 만족하는가?

▶ 선거법 위반하고 있지는 않은가?

이기는 선거,
조직 구성

선거에 출마하는 목적은 당선이다.

당선 되려면 표를 많이 끌어와야 한다.

유권자 입장에서 누군가를 위해 투표장에 가서 투표를 한다는 것은 그리 만만치 않는 일이다. 생업이 걸려 있고 귀찮을 수 있는 그 수고로움을 감내하며 투표장에 가는 이유는 무엇일까?

바로 지지하는 후보와 공감하는 힘이다.

공감은 마음을 얻는 것이다.

즉, 후보는 유권자의 마음을 얻어나가는 일련의 과정이 선거운동이다.

우리 인간이 내리는 대부분의 결정은 관계를 통해서 이뤄진다.

사람들은 평소 좋아하는 사람을 믿고 따른다.

표는 멀리 있는 것이 아니라 바로 주변에 있다.

가족, 동문, 이웃 등 주변을 먼저 설득하고 지지를 끌어내야한다.

우선, 자신의 명함첩과 스마트 폰부터 털어야 한다.

연고조직

오랫동안 소통하지 않고 있던 데면데면한 지인들부터 시작해야한다.

소소하게 근황이나 안부 인사부터 시작하자.

이렇게 한분, 한분 소통을 시작하다보면 어느새 연고조직이 생긴다.

연고조직!

연고조직이 가장 단단한 핵심 지지기반이다.

선거에서 조직의 힘이 얼마나 중요한지는 말 할 필요도 없다

슈퍼 커넥터들이 중심이 되어 동심원처럼 세력을 확장해 나가야 한다.

조합장선거에 참여하는 사람들은 대략 네 가지 유형으로 분류할 수 있다.

첫 번째는 지지하는 성향이나 후보를 위해 투표하는 '소신파'다.

두 번째는 정파나 이념에 얽매이지 않고, 자신에게 이익이 되거나 바람직해 보이는 성향이나 후보에게 표를 주는 '현실파'다. 이른바 스윙보터 라 할 수 있다.

세 번째는 마음에 드는 후보는 없지만, 정말 싫어하는 성향이나 후보를 반대하기 위해 투표장에 나가는 '반대파'다.

마지막으로 네 번째 유형은 선거에 별 관심이 없지만, 가족이나 가까운 사람의 권유로 투표장에 나가는 '연고파'가 있다.

이미 특정 후보를 자지하기로 마음먹은 소신파들은 설득하기란 쉽지 않을 뿐만 아니라 효율도 떨어진다. 기본적인 소통은 하되, 이미 집 떠난 토끼를 잡기위해 에너지를 쓸 필요는 없다.

선거전에서 집중적으로 공략할 대상은 '현실파'와 '연고파'들이다.
아직 지지할 후보를 정하지 않은 경우가 많다. 이들은 주변의 권유나 설득으로 우군화할 수 있는 사람들이다. 사람들이 내리는 대부분의 결정은 논리가 아니라 관계라는 점을 기억해야 한다. 관계로 이루어진 연고조직이 여러 방법을 통해 큰 힘이 될 것이다. 관계가 이루어진 사이야말로 가장 끈끈하고 강력하며 어떤 논리로도 쉽게 뚫을 수 없는 막강한 철벽이 될 것이다.

요즘의 디지털 시대에 살고 있는 우리는 스마트폰으로 연결된 포노 사피엔스다. 조합장 선거에서 웬만한 유권자들의 스마트폰 속에는 지역에 거주하는 최소 수십, 수백 명의 전화번호가 들어있다.
'십인대장', '백인대장'이 자신의 연고자들을 집중적으로 접촉하고, 설득하고, 지지를 끌어내야 한다.

100명의 '십인대장'이 각자 10표씩 모아오면 단박에 1,000표다. '백인대장'이 100표씩 모아오면 10,000표다.

그렇게 연결된 연고조직이 2단계, 3단계까지 확장해 나가는 것도 가능하다.

선거가 다가올수록 선거 관련된 사람들은 슬슬 조급해지기 시작해진다. 하지만 대다수 지지층이나 유권자들은 후보자 윤곽이 확정될 무렵까지 선거에 큰 관심이 없다.

후보자 난립으로 너무 혼란스럽기 때문이다.

그럴 때일수록 연고조직을 통한 동심원 전략은 큰 위력을 발휘한다.

초반부터 대세론으로 일찍 승부를 낼 수 있는 기회이기도 하다.

선거전에서 최상의 마케팅방식은 연고 홍보, 바로 입소문 전략이다.

연고 홍보는 부작용을 최소화하고, 효율은 극대화하는 장점이 있다.

조직관리:
믿고 맡기는 위임의 기술

"믿고 맡길 사람이 없다."

"나를 홍보해 주고 설명할 사람은 나밖에 없다."

조합장선거는 선거 사무실 개설이 금지되는 등 제한사항이 많다. 공직 선거와 달리 캠프를 차려 자원봉사자의 도움을 받을 수도 없다. 그렇다고 후보 혼자 허허벌판으로 바람 부는 방향대로 뛰어 다닐 수는 없지 않은가.

조직이 강한 후보가 이긴다.

도와준다는 사람은 많은데, 조직화가 구성되어 있지 않으면 모래알에 되기 십상이다. 조직은 권한과 책임에 대한 위임에서 시작하여 위임으로 마무리된다.

후보가 위임의 중요성을 알면서도 실천이 어려운 이유는 뭘까?

후보의 경험부족이 주원인이다.

시간 부족이나 여건이 미비한 경우도 있다.

공직 선거 등의 경험 있는 지인 도움으로 기존 방식대로 일을 지시하거나, 아예 맡기려 하지 않아서다. 해결책은 자원봉사자

역량과 조직 상황에 맞는 위임 단계를 적용하는 것이다. 그리고 후보가 갖춰야 할 소통 기술(지시, 대화, 코칭)을 익히는 것이다.

나를 대변해주고 나를 홍보해 줄 조직원들과 소통을 잘 하기 위한 방법을 고민해 보자.

지시나 전파를 잘하려면, 먼저 내가 받는 지시가 명확해야 한다.

조직원에게 일을 부탁할 때는 왜 그 일을 해야 하는지, 어떤 수준의 결과를 기대하는지 분명히 밝혀야 한다.

업무는 일상 업무, 문제 해결 업무, 가치 창조 업무로 나눈다. 역량과 동기 수준에 따라 6가지 유형으로 구분할 수 있다. 그런 다음 업무의 성격과 조직원의 특성을 고려해 적절히 일을 배분한다.

역량(지식/기술,동기) 수준에 따른 업무 배분

역량수준(지식/기술)	낮음 (동기 수준)	높음 (동기 수준)
높음	D유형 새로운 업무 제시	A유형 핵심 업무 배분
중간	E유형 작은 단위 업무부여	B유형 도전적 업부 부여
낮음	F유형 업무 수행보다 역량개선 필요	C유형 부족 역량과 관련 업무 부여

• 동기부여 의식수준과 지식이나 기술 등의 직무역량 수준이 높은 사람에게는 핵심 업무를 배분하는 것이 좋다.

• 동기부여 수준은 높고, 지식이나 기술 등의 직무역량 수준은 보통인 조직원에게 부여 사람에게는 도전적 업무를 부여하는 것이 좋다.

• 동기부여 수준은 조금 낮더라도, 지식이나 기술 등의 직무역량 수준이 높은 사람에게는 새로운 업무 제시하는 것이 좋다.

• 동기부여 수준은 조금 낮더라도 지식이나 기술 등의 직무역량 수준은 일정한 수준 정도 올라 온 조직원에게는 작은 단위 업무를 부여하는 것이 좋다.

• 동기부여 수준은 높지만, 지식이나 기술 등의 직무역량 수준이 부족한 조직원에게는 부족 역량과 관련 업무를 부여하여 업무역량을 높여 준다.

• 동기부여 수준과 지식이나 기술 등의 직무역량 수준이 모두 낮은 사람에게는 업무 수행보다는 역량 개선에 초점을 맞출 필요가 있다.

조직원과 원활하게 소통하려면 업무에 대한 서로의 관점을 맞춘다. 이를 위해 "관점에 대한 정렬"이 필요하다.
• 후보자가 생각하는 조직원이 해야 할 중요한 활동 5가지
• 조직원 스스로가 생각하는 가장 중요한 활동 5가지
위 내용을 서로 검토해 보면, 관점의 공통점과 차이점을 찾아

낼 수 있다.

서로의 생각 차이를 시각화하고 건설적인 소통의 기회를 얻을 수 있는 것이다.

조직 내 갈등해결이나 목표의 우선순위를 선정할 때 유용하다.

위임이 부족한 상황이 되면 특정 조직원에게만 일이 몰릴 수 있다. 이때는 핵심-비핵심, 고난도-저난도, 중요-비중요 등으로 업무를 구분한 다음, 일 잘하는 조직원과 그렇지 않은 조직원을 짝지어 일하게 한다.

명확한 업무 지시란 세세한 내용을 알려주는 게 아니다. 현 상황을 정확히 전달하고 함께 해결책을 찾는 과정이다.

위임은 동기 부여뿐만 아니라 업무를 체계적으로 구조화하는 수단이다.

위임을 6단계(위임의 계층)로 구분하고 단계별 기대 수준과 위임의 레벨(단순 위임, 업무 위임, 권한 위임)을 결정한다. 이때 "위임 프레임워크"를 이용하면 좀 더 효율적으로 위임할 수 있다.

단순 위임은 단순 지시를 통해 내가 직접 처리하는 단계다.

업무 위임은 자료 취합 정리 요청, 의견 제시 요청, 방향 기안(의사결정 초안) 요청을 통해 업무를 위임하는 단계다.

⑥ 종결하세요	당신결정을 인정해요	→ 업무 완결 / 전권 부여
⑤ 최종안을 주세요	함께 결정해요	→ 결론기안 / 협의 결정
④ 의사 결정 초안 주세요	함께 검토해요	→ 방향 기안 / 검토 협의
③ 당신의 의견을 말해주세요	내가 결정하겠어요	→ 의견 제시 / 직접 결정
② 취합 정리해오세요	내가 결정하겠어요	→ 자료 취합 / 직접 결정
① 지시한대로 가져오세요	내가 직접 처리하겠어요	→ 단순 지시 / 직접 처리

한 위임은 최종안을 요청하고 협의해서 결정하거나 업무 완결 권을 통해 전권을 부여하는 단계다.

위임했다고 해서 내버려두면 안 된다. 적절한 시점에 개입하고 확인하는 것이 필요하다.

위임이 안착되었다면 후보는 자신의 고유 업무에 집중한다. 비전 제시, 전략 기획, 성과 관리와 코칭, 리스크 관리 등이다.

후보자가 많이 하는 일 중 하나가 회의와 미팅이다. 관례적인 미팅보다는 오히려 1:1 미팅을 고려하는 것이 바람직하다.

1:1 미팅은 후보와 조직원이 깊이 있게 대화할 기회다. 주제를 미리 정하고 주기적으로 실시하면 좋다.

1:1 미팅에서 피드백을 할 때는 프로세스를 따른다. 그러면 감정적이지 않고 객관적인 피드백이 가능하다.

피드백 프로세스는 상황 설명, 문제 행동 지적, 영향 설명, 자기

성찰 유도, 향후 계획 수립 순으로 진행한다.

코칭에 대한 흔한 오해가 코치가 주도적으로 가르친다고 생각하는 것이다. 코칭의 실제는 코치가 질문하고 조직원이 답하면서 스스로 해결책을 찾아가는 과정이다.

미팅 중 조직원이 침묵한다면, 후보자가 먼저 자기반성과 긍정적인 인정 피드백을 통해 대화의 두려움을 없애도록 노력해야 한다.

미팅 중에는 상대방의 감정을 존중하고 객관적이고 구체적인 표현을 써야 한다.

"원래 그래요." "내 말이 맞잖아요." "그냥 하던 대로 하세요" 이런 표현은 후보가 하지 말아야 할 말이다.

조직원들과 아이디어를 더욱 활발하게, 공정하게 나누려면 브레인스토밍 대신 브레인 라이팅을 시도한다.

서로 다르다는 걸 인정하자. 다르게 소통해야 함을 인식하고, 소통하는 다섯 가지 원칙(EMPATHY)을 기억하자.
① Eye Contact (눈 맞춤): "상대방의 눈동자 색깔을 알아볼 만큼 눈 맞춤에 주의를 기울여라."
② Muscles of facial expression (표정): "표정에 집중하며, 상대방의 감정 상태를 느껴라."
③ Posture (자세): "상대의 공감을 끌어내는 자세를 취하라."

④ Affect (감정): "주고받는 메시지 내용과 함께 상대의 감정에 주목하라."

⑤ Tone of voice (어조): "비언어적 감정 표현이 중요하다."

⑥ Hearing the whole person (경청): "말 속에 담긴 의미나 의도까지 파악하라."

조직원간 주요 소통 시간은 주로 오전에 가진다. 오후에는 일상 업무에 집중한다.

이기는선거,
노력의 배신? 타짜의 설계!

2022년 베이징 동계 올림픽 쇼트트랙 종목에서 중국의 편파판정으로 빼앗긴 금메달에 국민적 분노를 기억 하는가?
2018년 오노의 헐리우드 액션으로 빼앗긴 금메달에 대한 분노를 기억하는가?
정정당당함이 생명인 스포츠에서 편파판정은 정당한 노력이 배신당했다는 것에 대한 분노다.
스포츠뿐만 아니다.

선거에서도 노력의 배신은 많다.
나는 정정당당하게 하는데, 상대후보는 금권 선거나 비방 등의 반칙을 저지른다면?
선관위에 항의하고 고발한다고 해서 내가 당선이 보장되는 것도 아니고.
오히려 유권자들의 법 감정은
"상대가 잘못한 것은 알겠는데, 굳이 그걸 법으로 한다고?"
법정으로 간다고 한들 재경기가 보장된다는 것도 아니다.

재경기 한다고 내가 보상 받는 것도 아니다.

선거에 타고난 재능이 뛰어난 후보가 부러운가?

타고난 재능을 부러워할 필요도 없다.

1992년 대선에서 김영삼 후보는 김대중 후보의 똑똑함을 인정했다.

"머리는 빌릴 수 있지만, 건강은 빌릴 수 없다." 는 말로 헤쳐나갔다.

영화 '타짜'를 기억하는가?

스포츠나 도박에서는 욕먹겠지만 진정 선거판에서 진정 타자가 필요하다. 선거에 돌입하기 전에 이미 설계는 짜여 있어야 한다.

선거를 전쟁과 많이 비유한다.

전쟁은 싸우면서 이기는 것이라면,

선거는 이겨놓고 싸우는 것이다.

타짜의 힘!

선거는?

영악하게 해야 한다.

구도를 선점해서 이겨놓고 즐겨야 한다.

타자같은 치밀한 설계가 필요하다.

선거구도는 어떻게 잡아갈 것인가?

조합원들이 요구하는 조합의 시대정신을 바탕으로 상대후보자와 차별화된 자신의 강점을 찾아야 한다. 설계해 줄 타짜는 어디서 찾을 것인가?

선거 구도를 만들어 줄 믿을만한 선거기획사는 어떻게 찾을 것인가?

누구도 알려주지 않던 선거 기획사 선택 방법

조합장 선거는 공직선거와 다르다.

공직선거는 후보자 개인의 선거라기보다는 정당선거에 가깝다. 후보의 자질이나 맨파워가 부족하더라도 정당이라는 우산 속에 숨을 수 있다. 캠프가 차려지고 현수막이나 유세차, 자원봉사의 동원, 지역 방송 등을 통해 후보자의 선거를 주변에서 시스템적으로 도와줄 수 있다.

위탁선거법을 적용받는 조합장선거는 선거기획사의 도움이 절대적으로 필요한 경우가 많다. 후보자 입장에서는 기획사 선택에 따라 당락에 영향을 미치기도 한다. 후보자와 후보자 외 1인만 할 수 있는 선거운동이기 때문에 선거기획사의 도움이 절대적으로 필요하다. 선거 분위기는 물론이거니와 법 적용 문제까지 달라지기 때문에 행동 하나하나, 말 한마디 한마디가 조심스러울 수밖에 없다. 돌다리도 두들기면서 가야 하는 것이 위탁선거법이다.

지난 2015년 제1회 전국동시조합장선거에서 선거법위반 으로, 1,303명이 형사입건 되었다. 제3회 전국 동시 조합장 선거에서는 1,441명이 입건되었다. 선거가 더 혼탁하다기 보다는 감시체계가 강화되었다고 해석하는 것이 맞을 것이다. 주변에 CCTV나 휴대폰의 디지털화로 감시체계가 강화되었다. 지폐에 묻은 땀으로 유전자 검사를 통해 위반사항을 잡아낼 정도였으니.

위탁선거법부터, 선거전략, 구도분석, 공약 및 정책개발, 조직 구성 및 관리, 메시지 관리, 어느 것 하나 소홀히 할 수 없다. 그렇다고 건물 짓듯이 각 섹터별 독립 준비도 힘들다.

기획사가 필요한 이유다.
후보자 입장에서는 인생을 거는 건데, 기획사에서는 그저 한 명의 손님으로만 생각해 버리면 곤란하다. 선거기획사의 선택에 따라 후보자의 당락에 영향이 미치기도 한다. 결론은 좋은 선거 기획사를 잘 골라야 한다.

Q. 선거기획사 선정 방법은?

1. 기획사 대표나 담당자가 이름을 바꾸거나 가명을 쓰는 경우는 피해라.

이름을 숨긴다는 것은 자기 자신을 숨기는 것과 다를 바 없다. 기획사는 냉철한 분석력과 신뢰도를 바탕으로 소통하는 것이 기본이다. 신뢰도는 자신을 있는 그대로 드러내는 것부터 시작이다.

기획사는 신뢰도가 곧 산소(O_2)다.

2. 세미나를 빙자해서 다중을 모아놓고 영업하는 회사는 한 번 더 생각해봐라. 대부분의 이런 회사는 기존에 제작한 다양한 공보물 등의 샘플에 후보자의 이미지를 입힌다. 기획사는 명함이나 공보물을 찍어내는 것이 목적이 되어서는 안된다. 후보자의 당선이 목표가 되어야 한다.

이런 선거기획사는 후보자 중심의 전략이 아니라 몇 가지 전략 모델에 후보자를 끼워 맞추는 방식이 될 수밖에 없다. 후보의 성향이나 조합별 특성은 생각하지 않고 보편적인 생각과 전략을 후보자에게 강요하는 꼴이다.

의류매장으로 비유를 하자면,
기성복 옷 가게에 가서 후보자가 좋아하는 옷을 찾아 입히는 모양새다.
진정으로 후보에게 필요한 기획사는 기성복 판매점이 아니라, 맞춤형 양장점이 되어야 한다.
후보에게 어울릴만한 기성복을 고를 것인가? 아니면 맞춤형 양장·양복점에 찾아가서 후보에게 맞는 옷으로 제작할 것인지 신중히 고민해야 한다.

후보자 성향, 경쟁후보분석, 지역분석 등을 통해 후보에게 맞는 일대일 맞춤형 기획을 해야 한다.

명함이나 공보물, 디자인 등 선거 용품을 팔아서 너무 돈 버는 것에 중점을 두지 말아야 한다. 선거기획은 기성품이 아니다.

3. 컨설턴트가 특정 종교에 심취해 있는 기획사는 멀리하라.
기획사는 냉철한 분석력과 판단력이 필요하다.

후보자 본인이야 종교의 자유를 맘껏 누릴 수 있겠지만, 유권자들의 종교는 다양하다. 생활이 종교일 만큼 특정 종교에 깊이 관여되어 있다면 기획과정이나 결과물에 무의식적으로 특정종교에 대한 확증편향의 오류를 범할 우려가 높다. 공보물이나 카드뉴스에 특정 종교를 상징하는 이미지로 탄식을 자아내는 경우를 생각해보라. 기획은 기계적으로라도 중립적이고 객관적인 관점에서 출발해야 한다.

모 산림조합 후보자 공보물에 특정 종교를 의미하는 이미지를 본 적이 있다.

일반 조합원들의 생각은 어땠을까?

예상했던 결과였다.

유권자의 눈은 매섭고 날카롭다. 후보는 눈 두 개지만, 유권자는 2,000 개 이상을 갖고 있다.

4. 지역 언론사나 지역광고 업체의 선택은 신중하게 하라.

지역 광고업체는 후보자에 대한 인간적 교감과 지역 현황에 대한 빠른 인지의 장점이 있다. 반면에 전략이나 기획력, 선거마케팅의 어절 수 없는 지역의 한계는 감수해야 한다. 경쟁후보에게 자신의 공약이나 정책, 선거 전략들이 노출될 위험도 감수해야 한다.

지역 언론사와 연결될 경우, 기자의 직업적 특성으로 낭패를 경함한 경우가 있다. 기자는 비판적 시각으로 글을 쓰는 습관 때문에 문장에 비판적거나 공격적인 단어 사용으로 후보자 이미지를 떨어뜨리는 경우를 자주 경험한다. 지역 언론사는 선거운동 기간에 보도자료나 인터뷰 기사 등으로 활용할 기회를 만드는 것이 좋다. 공보물이나 선거 메시지에는 송곳이 들어가면 역효과일 수 있다.

5. 일인 또는 가족경영 기획사는 한 번 더 고민하라.

좋은 기획사는 샘물 같은 창의력이다.
샘물처럼 다양한 아이디어가 분출하는 기획사라야 합니다.
유명하고 정통한 기획사의 특징은 아이디어가 넘치는 열정과 냉철한 전략분석력이다.

'백짓장도 맞들면 낫다'는 말이 있다.

혼자보다는 협업이 더 큰 빛을 발한다.

다양한 생각과 생각이 만나서 더 큰 아이디어가 나오는 편승효과를 만들어 낸다. 다양한 전문가들의 협업을 통해 냉철한 분석으로 현실을 직시하고 디자인을 입히며, 미래를 예측하는 등의 일련의 과정이다. 철저한 전문분야들로 구성될 필요가 있다. 일인이나 가족경영의 한계가 다양한 생각을 이끌어 내지 못하는 아쉬움이 있다. 가족기업 같은 경우는 비슷한 유전자의 한계일 수 있겠다.

잘못된 기획은 확증 편향된 방향으로 흘러갈 수 있다.

다양한 생각을 끌어내지 못한 아쉬움은 결국 후보자의 몫이 될 것이다.

6. 기존의 선거 포트폴리오를 미리 살펴봐라.

포트폴리오는 기획사의 역사다.

짜깁기하는 일부 기획사도 있다.

저자가 진행했던 유명 인사의 기획을 경쟁회사의 포트폴리오에서 발견한 사례도 있었다. 지난 2023년 선거에서는 우리 후보 캠프에서 상대 후보의 콘텐츠를 보고 경악했던 적이 있었다. 경쟁회사가 2015년에 활용했던 우리 콘텐츠를 8년이나 지난 2023년에 상대 후보 콘텐츠로 사용하다가 사과 받은 경험은 씁쓸하기만 하다. 기획사의 눈먼 이익 때문에 결국 후보자가 피해를 입었다.

"해당 후보자 측이 남의 아이디어 도용했다"

라는 소문으로 상대 후보의 결과는 처참했다.

7. 기획사의 사업자등록증을 꼭 확인하라.

회사의 역사가 곧 검증된 경험이다.

기획사의 사업자등록증의 개업일을 살펴보기 바란다.

사업자등록증으로 회사의 역사를 알 수 있다.

선거기획사 이름만 유지하면서 바지사장처럼 대표자 이름을 빌려서 하다가 사라지는 경우가 허다하다. 휴•폐업을 반복하는 기획사가 부지기수다. 홈페이지나 명함으로 영업하면서 기획사 이름만 유지하는 경우가 허다하다. 공공연한 비밀이다. 부끄럽지만 내가 몸담았던 회사조차도 마찬가지다. 불편한 진실이다.

(참고로, 당사는 2008년 9월 개업)

회사의 지속성은 신뢰도와 능력을 검증하는 척도이기도 하다.

싼 게 비지떡이다.

경차 값을 주면서 고급 리무진 차를 요구하는 후보도 잘못된 생각이다. 행여나 그런 생각을 한다면 생각을 바꾸던가, 출마에 대한 고민을 더 할 것을 권한다.

선거 기획사에서 모든 것을 다 해 줄 수 있다는 것은 허세일 뿐이다.

"나한테 맡기면 모든 것을 다 해결해 준다"

"내가 당선 시켜주겠다"

선거 기획사가 모든 것을 할 수 있다면 기획사에서 출마해야 하는 것 아닌가?

허무맹랑한 얘기일 뿐이다.

제대로 된 기획사라면, 후보와 일대일 상담과 소통으로 맞춤형 컨설팅을 진행한다. 한 선거구에 한 명의 후보님만 인연을 맺는다는 것은 당연한 원칙이다.

남자가 인생을 살면서 세 명의 여자의 말만 잘 들으면 된다고 한다.

엄마, 배우자, 그리고 네비게이션 여성이다.

모두 신뢰관계가 기본적으로 형성되어 있기 때문에 말을 듣는다.

후보자에게 기획사는 네비게이션이여야 한다.

바둑에서 훈수는 구경꾼의 입장에서 바라본다.

그래서 바둑이 잘 보인다.

심리적으로 여유가 있기 때문에 관점이 넓어진다.

멀리보라.

여유 있게 보면 주변이 보인다.

주변을 살필 수 있다.

얕은 물은 순간적으로는 넓게 퍼질지라도 멀리 가지 못한다.
좁고 깊게 가야 멀리 갈 수 있다.

컨설팅 준비하다 보면, 이런 후보 꼭 있더라.

선거컨설팅을 진행하다 보면 정말 많은 유형의 후보자들을 만난다.

계약 단계에서부터 예비 후보자들의 성향이 드러난다. 당선을 위해 전문가로 인식을 하고 함께 좋은 결과를 만들어 내기 위해서 지혜를 얻고자 하는 후보가 대부분이기는 하다.

필요한 정보나 좀 얻어 볼까 하는 후보, 이쪽저쪽 비교 분석에 몰두하는 후보 등 참으로 다양한 후보군이 있다. 세상이라는 게 단순하지가 않다. 많은 사람들이 복작복작 살다 보니 아주 복잡하고 다양하다. 그래서 각 분야마다 전문가 필요하고 존재하는 것이다.

1. 더더더 많은 정보 요구

하나를 알려주면 더 큰 것, 더 많은 것을 요구하는 유형.

지나친 호의와 배려를 자신의 능력과 권리로 착각하기도 한다.

호의를 당연하게 생각은 NO!

주면 줄수록 더 많은 것을 요구하는 것은 그렇다 치자.

궁극적인 목표인 당선보다는 지금의 현실에서 손해 보지 않겠다는 생각으로 끊임없이 지나친 요구는 함께하는 파트너십이 무너지게 만들기도 한다.

2. 시간 조율 실패? 시간관념 무시?

누가 그랬던가?

시간이 없다는 말은 거짓말이라고.

누구에게나 공평한 것이 시간이다.

아무리 바빠도 내가 해야 할 일을 할 수 있는 시간을 만들어야 한다. 문제는 시간관리를 어떻게 하느냐 하는 것이다. 시간의 흐름 속에서 전략과 전술을 효율적으로 사용하면 24시간이 48시간, 72시간처럼 사용할 수 있다. 그렇게 해내는 사람이 결국은 승자가 되는 것이다.

3. 현실성 결여

지역의 이슈를 설명하고 전략을 논의하다 보면, 주변 참모들의 귀와 눈의 울타리에 갇힌 후보를 가끔 본다. 당선이라는 희망 장막에 둘러싸여 있는 경우를 심심찮게 본다.

'이론과 현실은 다르다는 논리'

사람은 대체로 내가 생각하는 대로 보고, 보는 대로 생각하기 마련이다.

무엇을 듣고 보느냐가 중요하다. 주변에 지혜롭지 못한 참모나 사심이 있는 파트너들이 많으면 배는 산으로 가기 마련이다. 문제를 정확히 보고 판단하는 능력이야말로 당선의 지름이라 할 수 있다.

4. 특별한 것도 없군;;;;

후보자에게 기초 설문 조사와 지역동향 분석을 해보면, 의뢰자의 수준이나 정보 등은 나름대로 파악 된다. 의뢰자에게 당면한 부족한 점을 지적해 주거나 대안을 제시해 준다.

'이미 다 알고 있다.'는 태도를 보이며 거들먹거리는 후보가 가끔 있다. 이미 아니는 것이니까 다른 것 좀 내 놓으라는 심보다. 컨설팅 알맹이만 속 빼 먹으려는 얌체 같은 사람이기도 하다. 맥이 풀리는 순간이기도 하다.

결과는?

당연히 실패다.

'안에서 새는 바가지 밖에서도 샌다.'는 말이 딱 들어맞는다. 지역 유권자들이 더 잘 안다.

물론, 조합에 대한 지식은 결코 후보자의 머리를 뛰어넘을 수 없다.

컨설팅은 서로 소통을 통해서 부족한 것을 채워가는 것이다.

5. 의사결정 장애?

점심 한 끼를 하는데도 메뉴는 신중히 고민할 수 있는데, 먹을 것인가 말 것인지의 고민은 점심시간을 넘길 수 없다.

기획사는 정책공약이나 선거에서 벌어지는 상황에 관해 대안을 제시해 준다. 후보자 본인이 결정하고 실행해 나가야 한다.

결정을 못 하여 주변에 의지하거나 너무 기획사에게만 모든 것을 맡겨버리면 안된다.

주변의 눈치를 살피거나 자신이 없다는 방증이다.

나중에 실패하면 책임을 남에게 전가하는 경우가 많다.

의외로 많은 사람들한테서 나타나는 현상이다.

물론, 신중한 판단이 중요하다.

결정은 오롯이 후보자의 몫이다!

6. 침묵의 힘?

침묵은 선택적 침묵과 습관적 침묵이 존재하는 듯하다.

불만에 대한 의사표시로서의 침묵인지, 암묵적 동의의 의사표시인지?

요즘시대의 최대 화두는 통섭과 융합이라고 한다.

서로 소통하면서 서로 다른 것을 융합해 내는 실력이 진짜로 중요로 한 시대라는 것이다. 소통이 부족한 것은 아주 큰 문제다.

적어도 한 조직의 리더가 되겠다고 한다면 열린 마음도 필요하고 공동체의 목표를 하나로 만들어 가는 통섭의 지혜가 필요하다.

잘못된 침묵은 능력 부족을 의미하기도 하다.

7. 설교?

소통은 상호작용이다.

아마도 제일 대하기 힘들고 설득하기 힘든 사람이 바로 누구를 가르치는 선생님들이 아닌가 싶다. 늘 가르치는데 익숙하다 보니 그럴 수 있다. 조직의 장이 늘 가르치는 자세를 취한다면 소통하는데 문제가 생기기 마련이다.

공감 없는 소통은 의미 없다.

공감은 상대의 마음을 알아야 공감할 수 있다.

그러기 위해서는 들어야 한다.

소통의 기본은 바로 듣는 것에서 출발한다.

잘 듣는 사람이 말을 잘 할 수 있고 말을 잘하는 사람이 소통을 잘하게 되는 것이다.

8. 결과에 대한 해결까지 요청?

결과만 아는 것보다 과정을 함께하는 것이 중요하다.

무엇이든 함께 만들어 가면서 결과도 함께 나누는 사람이 좋은 리더다. 무조건 '네가 알아서 해봐.'하는 식으로 바라만 보는 것은 관전자적 자세다. 소극적인 자세로 있다가 결과가 마음에 들지 않는다고 탓하면 누가 좋아 하겠는가. 좋은 모습은 아니다. 컨설팅을 진행하다보면 다양한 문제점이 보이기도 하다. 문제에 대한 대안을 제시해 주면 해결까지 해달라는 경우가 많다. 실행은 후보 당사자가 해야 하는 것을 기획사에게 떠넘기는 자세는 무책임해 보일 때가 많다.

많은 후보들에게 가장 부족한 부분이 디지털이나 카카오톡 등의 SNS분야다. 데이터 세분화에 관한 문제를 알려주고 좋은 방법을 알려주는 호의에

"그럼 당신이 해줘 봐?"

라고 해버리면 맥이 빠지고 만다.

"내가 할 거면 내가 그냥 후보로 나가야 겠죠 ~^^"

이렇게 대답하고 만다.

결과를 요구할 것이 아니라 방법론을 찾는 것이 어떨까?

그리고 실행하는 것이다. 정말 본인이 힘들 경우, 가족이나 지인의 도움을 받아야 한다.

결론적으로, 소통의 문제다.

당선된 후보들의 보편적인 공통점은 유권자뿐만 아니라 기획사나 내부조직과의 좋은 소통이다.

선거의 당락을 좌우하는 이미지 메이킹

서울대학교는 외모로 뽑지 않지만,
선거는 외모로 결정된다!

후보자의 이미지가 당락에 영향을 미친다는 의견에는 대부분 동조한다.
선거에서 이미지는 당락을 좌우한다고 해도 과언이 아니다.
이미지는 내적 이미지와 외적 이미지가 있다.
내적 이미지도 결국은 외부로 풍겨 나오는 이미지로 판단된다.
누가 그랬던가?
인생 40세 이후의 인상은 자신의 책임이라고.

이미지 메이킹은 어느 한 순간에 되는 것이 아니다.
말 그대로 만들어 진다.
1997년 대선에서 김대중 대통령 후보의 이미지 메이킹이 대표적이다.
기존의 김대중 후보 이미지는 민주투사 이미지가 강했다.

1997년의 김대중 후보 네임슬로건은 '준비된 대통령'이였다. IMF 경제위기라는 불안한 정세를 보듬을 수 있는 평안한 이미지와 친근한 이미지로 승부를 걸었다.

'DJ와 춤을'이라는 힙합의 선거송에 관광버스 춤을 버무렸다. 70대의 노쇠한 이미지를 젊고 열정적이며, 친근한 동네 아저씨 이미지로 탈바꿈 시켜 성공한 사례다.

이미지 메이킹은 추구하고자 하는 목표를 달성하기 위해 개인의 정체성을 통합적으로 관리하는 것이다. 후보의 철학과 가치관을 통한 정체성을 기반으로 내 얼굴에서 내 삶을 유권자에게 드러내는 것이다.

주는 것 없이 미운 사람이 있고, 받아먹은 것도 없는데 이쁜 사람이 있지 않은가? 좋은 이미지를 구축하는 것은 선거에서 큰 무기를 얻은 것과 같다.

설마, 당신이 주는 것 없이 미움 받는 사람인가?

그럴 걱정은 필요 없다.

지금 당장 이미지를 만들어 가면 되는 것이니까!

말투, 어법 등 하나 하나 점검을 해서 통합적으로 자신을 분석해서 관리를 해 나가야 한다.

개인의 정체성 (Personal Identity)을 퍼스널 브랜딩 해야 한다.

정치적으로는 유권자의 표심을 높일 수 있으며, 개인적으로는 삶의 질을 높일 수 있다.

요리도 어떤 쉐프가 요리를 하느냐에 따라 가치가 달라지고, 신발 하나를 만들어도 어떤 장인이 만들었느냐에 따라 달라진다.

이것이 퍼스널 브랜딩이다.

자신의 가치를 만들어 가는 것이다.

어떤 '가치있는 사람' 으로 인식시킬 것인지를 고민해야 한다.

누구나 나를 쉽게 일 부려 먹을 수 있는 '홍반장'이나 '머슴' 이미지?

경영 전문가 이미지?

가성비와 효율적인 이미지?

성실하고 부지런한 이미지?

지적 이미지?

모범생 이미지?

편안한 이미지?

근엄한 이미지?

이런 이미지들을 무턱대고 만들지 말고 유권자들이 요구하는 시대정신과 후보 자신이 유권자들에게 인식되어 있는 이미지를 바탕으로 만들어 가야한다.

어릴 적 사고뭉치가 나이 먹고 '철든 남자' 이미지로 변신은 하루아침에 만들어지지 않는다. 갑작스럽게 경영전문가 이미지라면 쉽게 공감가지 않지 않는가. 경영 전문가라면 안정적 이미지가 필요한데, 또 무슨 사고 칠까 하는 조바심이 유권자들에게 인식되기 쉽다.

이미지 메이킹에도 스토리텔링이 필요하다.
◆ PI(Personal Identity)의 요소를 먼저 고민한다.

▶시각적요소
- 표정, 패션, 헤어, 화장
▶행동적 요소
- 스피치, 바디랭귀지, 매너
▶사회적 이미지
내적 이미지
외적 이미지
정당이나 조직 이미지 등으로 형성된 각 요소를 먼저 정리해볼 필요가 있다.
시각적 요소와 행동적인 요소 하나하나를 점검하여 이상적인 본인의 이미지를 드러나게 하는 것이다.
이기는 선거 전략을 위해서는 디테일한 부분부터 먼저 점검하고 개선해 나가는 것이 중요하다.

이미지 메이킹을 위한
SNS 사진 효과적인 활용

이미지가 곧 경쟁력이고 퍼스널 브랜딩의 시작이다.

왠지 거부감을 주는 사람도 있고 친근감을 주어 다가가고 싶은 사람도 있는 것은 곧 그 사람에게서 보이는 이미지 때문일 것이다. 이미지는 중요한 결정을 하거나 큰일을 함께해야 하는 사람과의 관계에서 성패를 좌우하는 큰 결정 요인이다.

선거에 있어서도 마찬가지다.

잘 알지는 모르지만 왠지 지지하고 싶은 사람이 있는가 하면 그냥 미운 사람도 있다. 소위 말하는 비호감이라는 것이 이미지에서 풍기는 영향이라 할 수 있다. 후보자의 좋은 이미지를 만들어가는 과정이 선거를 준비하는 과정이다. 이는 당락에 큰 영향을 미친다.

이기는 조합장 선거 효과적인 이미지 메이킹을 위한 SNS 사진 활용법에 대해서 알아보자.

제2회 전국동시조합장선거 때부터 공보물 면수가 4면에서 8면으로 늘어나면서 후보자의 활동 사진도 많이 필요해졌다. SNS에서 활용한 좋은 사진이 많이 필요하다. 잘 찍은 사진 한 장은 열 선거운동원보다 더 큰 역할을 한다.

1. 인물 사진
무보다는 배추다.
무뚝뚝한 표정보다는 친근한 표정이란 의미다.
친근함을 주는 표정은 감성적인 측면에서 중요하다.
링컨이 말했다고 하는
"40이 넘으면 자기 얼굴에 책임을 져야 한다."
는 의미를 생각해 볼 필요가 있다. 어떤 생각을 하고 어떤 마음 상태로 살아왔는지 얼굴에 모두 나타난다. 좋은 표정을 갖추는 것은 아주 중요하다.
그 삶을 들여다볼 수 있는 것이 바로 얼굴 표정이니까!

2. 가장 중요한 사진 한 장을 만들어라.
여러 장의 행사 사진 중에서 나를 상징적으로 표현해 주는 사진이 필요하다. 과거 추미애 국회의원의 '추다르크' 라는 아이미지를 잘 표현해 낸 군복 입은 사진이 좋은 예다.
나를 조합원들에게 기억시키기 가장 좋은 사진이 필요하다.
조합원들의 기억 속에 기억을 시키는 일을 브랜딩이라 할 수 있다. 상징과도 같은 것이기 때문에 내가 하고자 하는 철학과

정체성과 일직선상에 담아낼 수 있는 사진을 고르거나 촬영하면 좋다.

3. 사람들과 함께하는 사진

사진에 여러 사람과 함께 담는다는 것은 소속감이나 동질감을 유권자가 느낄 수 있다. 함께하는 사람 공동체를 중요하게 생각하는 사람이라는 이미지와 함께 나도 그 공동체에 참여하고 싶은 생각을 갖게 해 준다. 함께 나누고 즐거워하는 모습은 보는 이로 하여금 경계심을 풀게 하는 역할을 한다. 물론 누구와 함께 하느냐가 중요하다.

좋은 향기를 내뿜는 사람들과 함께한다면 더 많은 좋은 향기를 내뿜게 될 것이다. 함께하는 사진이 나의 부족한 부분을 채워 주고 나의 모난 부분이 있다면 다듬어 주는 역할을 한다.

4. 지역에서 바쁘게 활동하는 사진

부지런한 모습과 열정의 사진.

지역에서 바쁘게 열심히 활동하는 모습은 나의 열정과 부지런함을 나타낸다. 나의 부지런한 모습은 유권자들에게 '우리'를 대신해서 열심히 일 할 수 있는 사람이라는 믿음을 준다.

이롭지 않은 동물임에도 노래만 부르는 베짱이보다는 열심히 일하는 개미를 더 좋게 보는 것도 이러한 관점이 아닐까 싶다. 열심히 일하는 모습은 표를 부르는 나의 실천임을 중요하게 생각해야 한다.

5. 가족사진
후보자라고 크게 남다르지 않는 인간적 감성을 드러내 공감력을 키워야 한다.
근엄한 표정.
인자하거나 박장대소의 웃음.
심각하거나 분노 등 많은 표정들은 상황에 맞는 표정이여야 한다.
유권자가 공감하는 사진이여야 한다.
가족과 함께 근엄하면서 미소를 머금은 얼굴의 사진 한 장은 '우리를 지켜주는 수호신'같은 느낌을 준다.
박장대소하는 모습은 기쁨과 즐거움을 주기도 한다.
잘 찍은 사진 한 장이 백 명의 선거 운동원보다도 큰 역할을 하게 될 것이다.

표정과 얼굴 못지않게 중요한 것이 바로 제스처이다.
손가락 제스처는 유권자에게 조합의 방향성을 제시하는 이미지로 각인되기도 한다. 순서를 표현하기도 한다.
삼각형이나 원형 첨탑 모양의 제스처는 긍정신호 또는 편안한 이미지를 주기도 한다.
마주보는 손바닥은 데이터의 시각화로 자기주장을 강화하는 의미다.

손바닥을 앞으로 보이는 것은 화답하거나 '이제 그만~' 표시로
쓰인다.
손바닥을 아래로 향하는 것은 감정을 진정시키는 이미지다.
손바닥을 칼날처럼 세우는 자세는 단호함이 느껴진다.

인생 샷을 한 번 찍어 보시라.
후보자는 스마트폰 을 들이대는 것에 익숙해져야 한다.

리더의 말 잘하는 방법

조합장선거는 똑똑한 사람을 뽑는 것이 아니다.

조합원의 마음을 얻는 과정이다.

마음을 얻는 과정이 바로 소통이다.

소통을 잘하는 리더가 성공할 확률도 높다.

어떻게 소통할 것인가?

바로, 말을 잘해야 한다.

미사어구로 포장된 지식을 품어내는 말이 아니라 유권자와 공
감할 수 있는 말이 중요하다.

말 잘하는 방법?

 아래 3가지만 기억해도 어디 가서 본전은 유지하지 않을까 싶
다.

첫째, 청중을 배려한다.

청중의 입장이 되어 생각한다.

무슨 이야기를 듣고 싶을까?

어떤 내용이 그들에게 도움이 될까?

내 말을 이해 못하거나 궁금해 하는 부분은 없을까?

내가 하고 싶은 말이 아니라 청중 (조합원)이 듣고 싶은 말을 들려주는 것이다.

둘째, 핵심 메시지를 강조하는 것이다.

한마디의 말을 청중의 가슴 속에 새기느냐, 못 새기느냐가 성공을 가른다.

설득력 있고 감동적으로 전달하기 위해 바로 그 한 줄의 말 한마디를 찾기 위해 고민하고 또 고민하는 것이다.

셋째, 소명의식이 있어야 한다.

'나'만이 아니라 '우리'를 생각해야 한다.

'현재'를 말하면서 '미래'를 함께 말해야 한다.

조직이나 공동체의 미래를 걱정하고, 대안을 제시해야 진정한 리더다.

리더가 갖춰야 할 말의 조건 5가지를 제시해 본다.

1. 자신을 투명하게 보여 줘야한다. 신뢰를 만드는 기본이다.

2. 정보를 공유해야 한다. 정보는 사실, 지식, 관점, 해석, 의도나 목적, 비전 등을 포함한다.

3. 신념이 가득해야 한다. 이를 위해서는 가치관과 세계관이 정

립돼 있어야 한다.

4. 경청과 질문을 잘해야 한다. 긍정적 질문은 긍정적 대답을 가져온다. 피드백을 잘하는 리더가 소통을 잘하는 리더다.

5. 갑질과 부정적 언어는 자제해야 한다. 커피를 마시더라도 '라떼'는 자제하기를 권한다.

말에는 진심이 담겨야 한다.
진심을 통해서 공감하는 능력이 담겨있는 리더가 바로 당신!!!

메시지는 명료해야한다

선거는 유권자와 일련의 소통 과정을 통해 결과가 결정된다.
유권자와 소통 채널을 살펴보면,
공보물, 벽보, 명함, 전화통화, 문자메시지, 카카오톡을 비롯한
SNS, 대면접촉, 홈페이지 등 다양하다. 소통하는 과정에서 중
요한 한 가지를 꼽으라 한다면 진정성에 방점을 찍는다. 다양
한 소통의 양도 중요하지만 소통의 질이 뒷받침해 줘야 한다.
진정성에 진심을 담는다면 금상첨화다.

진정성을 바탕으로 어떤 메시지를 담을 것인가?
바로 명료함이다.
명료한 메시지에는 힘이 실린다.
지속적이고 뻗어나갈 힘이다.
'발 없는 말이 천리 간다.'
는 속담처럼 힘없는 말은 곧 사라진다.
구구절절 이야기를 하면 정작 말하고자하는 메시지 전달은 희
석되고 메시지에 힘이 실리지 않는다.

메시지에는 힘이 실려야 한다.
명료한 메시지에는 뚜렷하고 분명한 메시지가 담겨 있기 때문에 강한 힘이 실린다. 이 힘은 후보자 이미지를 부각시켜 준다.
명료성은 자신감과 함께 전문가적 리더십 이미지를 만들어 준다.

"하찮은 정보들이 넘쳐나는 세상에서는 명료성이 힘이다"
이것은 카피의 힘이기도 하지만 이미지도 마찬가지다.

김대중 '초고속 인터넷'
노무현 '온라인 게임사업'
이명박 '4대강건설과 747'

'온도계 들고 매장 찾는 바게트시장의 선두기업의 SPC 허영인 회장'
맛과 온도의 중요성을 내부조직에 각인시켜주는 메시지로 품질을 끌어 올리고 매출 증대로 연결시키는 결과를 만들어 냈다.

선거는 단순한 메시지로, 반복을 통해서 유권자를 의식화시키는 과정이다.
명료한 메시지는 복잡할 필요 없다. 내가 이야기 하고자하는 모든 내용을 담고 있는 단순한 메시지 한 문장이면 된다.
그 한 문장이 바로 명료하다.

지난 선거의 사례다.

"양주시를 위해 선거에 나온 사람 VS 선거를 위해 양주시에 온 사람"

대결구도가 명확하다.

선거 구도를 잘 표현해 준 메시지다.

이 한 문장이 선거구도의 핵심 문장이 되어버렸다.

여기엔 많은 의미가 내포되어 있다.

선거를 위해 양주에 온 사람이라는 메시지에는 오직 자신의 입신양면을 위해 출마한 사람, 지역을 모르는 사람, 유권자를 무시한 사람, 무능한 사람 등의 부정적 의미가 깔려있다.

결과는 뻔했다.

상대의 약점을 파고든 선거구도 전략으로 완벽한 승리를 가져왔다.

선거는 구도가 65%이상을 차지할 만큼 중요하다.

명료성?

뾰족하게 깍아야 한다.

명료한 메시지는 끌어당기는 힘이 있다.

명료한 메시지는 각인시켜 주는 힘이 있다.

명료한 메시지는 후보자 이미지를 부각시켜주는 힘이 있다.

말은 두괄식으로, 자신감 UP!

"그래서 하고 싶은 말이 뭔데?"

바쁜 사람 붙잡고 한참을 얘기하다가 정작 내가 하고 싶은 이야기는 꺼내지도 못했는데 듣는 말에 당황한 적은 없는가?

이야기의 논점이 제대로 정리되지 못했을 때 나오는 상대의 피드백이다.

"결론이 뭡니까?"

'나, 너 말 들어줄 여유 없으니까 빨리 마무리 짓든지, 결론이 궁금하니 그것부터 말하라'는 의미다.

결론을 먼저 말하면 여러 가지 장점이 있다.

첫째, 시간을 아껴준다.

결론을 먼저 듣고 궁금한 것은 추가로 확인하면 된다.

결론 한마디로 듣는 이도 신속한 판단과 결정이 가능하다.

선거운동 기간에 후보나 유권자나 가끔은 말하는 것도 고역이요, 듣는 것도 고역일 수 있다. 이런 고역의 시간을 줄일 수 있다.

둘째, 말하는 사람도 편해진다.

결론을 먼저 말하면 이야기가 겉돌 확률이 낮아진다.

듣는 사람도 결론을 머릿속에 두고 판단할 수 있다.

결론을 나중에 말하면 말 전체를 논리적으로 끌어가야 한다.

결론을 향해 이야기하다 보면,

상대방은

'왜 이런 이야기를 하지?'

'이야기의 의도가 뭐지?'

같은 생각을 할 수 있다.

내 논리에 대한 의심이나 내가 원하지 않는 다른 길의 다양한 상상력을 발휘하여 정작 내가 하고 싶은 결론과 다른 생각을 갖게 될 수도 있다.

말하다가 중간에 빼먹거나 옆길로 빠져버릴 경우에는 논리적 설득력이 깨져 버린다. 바쁜 시간을 쪼개 쓰는 선거운동 기간에 후보자는 결론을 먼저 말하고 난 뒤에는 말이 꼬이거나 산으로 갈 확률이 줄어든다.

옆길로 간다고 하더라도 여담으로 치부할 수 있다.

셋째, 듣는 사람의 입장을 배려할 수 있다.

결론을 나중에 얘기하면 듣는 사람은 결론이 나올 때까지 묵묵부답 들어야 한다. 결론을 먼저 듣게 되면, 그 내용이 맞는지 아닌지, 수긍해야 할지 거부해야 할지를 미리 고민할 수 있다.

닻을 내려놓은 선박처럼, 말이 흘러 다니지 않고 한 곳에 정박해 있다.
어디로 갈지 모를 불안한 방향의 항해보다 정박해 있기 때문에 듣는 사람도 안정감이 있다.

넷째, 기억이 오래 남는다.
두괄식으로 얘기하면 듣는 사람은 결론에 대한 것을 고민하면서 듣는다.
결론에 대한 문장을 머릿속에서 지우지 않고 결론을 생각하면서 듣게 된다.
결론을 나중에 이야기 하는 것보다 각인 효과가 훨씬 크다.
두괄식은 주의를 집중시키는 힘이 있다.

다섯째, 자신감을 들어낸다.
자신감은 리더십 이미지로 연결된다.
반대급부로 자신감이 없으면 두괄식으로 얘기할 수 없다.
자신 없는 말을 두괄식으로 하다보면, 제대로 말 한마디도 못해보고 거절당하기 십상이다. 거절을 당해도 내가 하고자 하는 얘기를 하고 당하는 것과 그렇지 못한 것은 큰 차이가 있다.

선거운동 중 유권자들에게 쉽게 설득할 수 있는 두괄식으로 이야기 하는 방법은?

세 가지 문장을 기억하면 된다.

"사실은 이렇습니다."
"내 의견은 이것입니다."
"무엇을 합시다."

이런 문장은 듣는 사람에게 긴장감을 불어 넣는다.
긴장감은 집중도를 높여준다.
간결하고 명확하게 말하는 연습이 필요하다.

두괄식이 모두 좋다는 의미는 아니다.
영화나 드라마 이야기를 결론부터 말 하면 누가 좋아 하겠는가?
자극이나 흥미를 유발할만한 스토리텔링은 오히려 궁금증을
유발해서 집중도를 높여야 한다.

말의 품격,
모난 돌이 정 맞는다.

#1. 택시 안
택시 기사분이 난폭운전으로 커브 돌 때 승객 曰,
"아유~ 아직 관도 안 짰는디....."

#2. 택시에서 내릴 때
문을 쾅 닫는 승객에게 기사 분 曰,
"그래서 부서지것슈~?"

#3. 도로에서
뒤에서 빵빵대며 빨리 가라고 재촉하자,
"그렇게 급했으믄 어제 출발하지 그랬슈?"

위 세 가지의 상황 모두 짜증 날만한 상황이지만 위트와 유머
로 분위기를 부드럽게 만드는 충청도 개그다.
(양반 인정!!)
같은 상황이라도 어떻게 말하느냐에 따라 다르다.

모난 돌이 정 맞지만,
모난 사람은 정떨어진다.
정 맞은 모난 돌은 다듬어지지만,
정떨어진 모난 사람은 송곳에 찔린다.

바른 소리가 나쁜 소리는 아니지만, 듣기 싫은 소리다.
위탁선거에서 정견발표가 가능해졌다.
말의 중요성이 강조되었다.
유권자에게는 바른 소리보다는 듣고 싶어 하는 말을 해야 한다.
바른 소리, 쓴 소리가 후보자의 송곳 이미지로 굳어질 수 있다.
쓴 것은 약이라지만, 쓴 소리는 독이 될 수 있다.
모난 말은 방어적이라기보다는 공격적일 수밖에 없다.
모난 말은 내 주머니에 송곳을 넣고 다닌 것과 같다.
상대를 향한 말이지만, 때로는 내 살을 후벼 팔 수 있다.

모난 것과 튀는 행동은 다르다.
튀는 것은 때로는 노이즈마케팅의 효과를 얻을 수 있다.
인지도가 거의 제로인 경우에나 효과를 얻을 수 있는 경우다.
신인후보의 튀는 행동의도 나중에 감당할 수 있을 정도여야 한다.
튀는 행동에서 주의할 점은 도덕적, 인격적 실수를 조심해야 한다.

나중에 감내할 수 없을 만큼의 큰 부메랑으로 돌아오는 것을 조심해야 한다.

선거는 이성적 결정보다는 감성적 결정 요인이 크다.

그래서 설득 전략보다 공감전략을 강조하는 이유이기도 하다.

유권자의 관점을 이해하면 모나지 않을 수 있다.

후보자는 유권자의 다양한 관점을 이해하고 공감하는 자세가 필요하다.

대표적인 사례가 우리 국민의 일반적인 법에 대한 감정이다.

상대후보가 큰 잘못을 했다고 치자.

한편에서는 잘못을 처단해야 한다고 소리 높여 주장한다.

다른 한편에서는 잘못한 것은 알겠는데, 그걸 굳이 법으로까지 갈 필요가 있느냐는 주장이 맞서는 경우가 있다.

'잘못한 것은 알겠는데, 굳이 법대로?'

'사과하면 됐지, 왜 그리 야박하게?'

이런 법 감정도 무시할 수 없다.

유권자가 듣고 싶은 말?
삼켜서 완성하라

유권자들에게 환영받는 말과 그렇지 못한 말이 있다.

유권자들이 기대하는 말이 필요하다는 것은 누구나 안다.

이왕이면 환영받고 점수 딸만 한 말이 좋다.

간단하다.

유권자가 듣고 싶은 말을 하면 된다.

물론, 그 말이 옳고 좋은 말이라는 보장은 없다.

그렇지만 누구나 듣고 싶은 말을 해주는 사람을 좋아한다.

듣고 싶은 말에 귀를 기울인다.

어떤 말에 귀를 기울이고 좋아할까?

1. 알고 싶은 정보의 내용은 시원하다.

평소 궁금하거나 호기심 갖던 주제의 이야기가 나오면 귀가 쫑긋해진다.

뇌가 알아서 움직인다.

가려운 곳을 긁어 주는 것이나 마찬가지로 시원하다.

가렵지 않는 곳을 계속 긁으면 짜증내고 생채기만 생길 수 있다.

2. 공감하는 말은 진심을 느낀다.

자신의 입장이나 처지, 상황, 심정을 헤아려주고 배려하는 말을 듣고 싶어 한다. 상대의 말에 공감하며 맞장구쳐주는 것만으로도 상대의 마음을 동참하는 것으로도 상대는 편안함을 느낀다.

적어도 반감은 없다.

쉽지는 않다.

상대방에게 관심이 있어야 하고 상대방을 알아야 공감할 수 있는 것이다.

3. 본심에서 우러나오는 말이어야 한다.

상대방은 내가 진심인지, 입에 발린 소린지 금세 알아차린다.

내 아픔을 웃음으로 만들면 공감을 얻지만, 남의 아픔을 웃음으로 만드는 것은 비웃음일 뿐이다.

4. 환심을 사는 말은 호감을 얻는다.

상대를 칭찬하고 치켜세워서 나쁠 것은 없다.

상대방과의 공통점을 찾아가는 것도 방법이다.

비슷한 성향이나 같은 편이라는 인식을 심어줄 수 있다.

호감도와 친밀도가 강화된다.

말 한마디로 천 냥 빚을 갚을 수 있다.

그러나 조심할 것이 있다.

너무 자주 구사하다 보면, 비위를 잘 맞춰주는 사람, 알랑거리는 사람, 아첨꾼 이미지로 만들어지지 않게 조심해야 한다.

5. 도움이 되는 조언은 양면성을 갖고 있다.

선을 지켜야 한다.

조언은 상대가 요청했을 때 하는 것이다.

요청하지 않은 조언은 참견으로만 받아들여질 수 있다. 참견과 간섭의 충고나 조언은 아무 쓸모가 없다. 조언도 상황 설명이나 의견 정도에 머물고 판단은 본인 스스로 하게 놔둬야 한다. 평가하려 들지 마라. 남을 평가하기는 쉽지만, 내가 평가받는 것은 좋아하지 않는 게 인지상정이다. 조금 더 깊게 조언한다면 함께 해보자는 정도가 좋다.

6. 상황에 맞는 말은 센스 쟁이 소리 듣는다.

축하해 줄 자리에서 축하해 주고, 격려해 줘야 할 자리에서 격려해 주는 자세가 필요하다.

사과해야 할 자리에서는 사과의 용기가 있어야 한다.

때와 장소를 알고 분위기를 파악할 줄 알아야 한다.

평소 눈치 없다는 소리를 듣는다면 많은 고민을 해야 한다.

눈치 없다는 소리는 소통 능력의 문제다.

눈치 없다는 소리는 개인의 능력 문제로 귀결될 위험이 크다. 차라리 입 닫는 모양새는 신중하다는 말이라도 듣는다.

7. 삼켜진 말에는 진중한 무게감을 얻을 수 있다.
삼킨다는 의미는 할 말을 참는다는 의미이기도 하다.
자제와 절제된 이미지로 부각되기도 한다.
끼어들고 싶거나 변론하고 싶은 마음의 충동은 굴뚝같은데 참는다는 것은 상대도 표정이나 자세를 보고 안다. 표현을 안 할 뿐이다. 참고 들어주는 모습을 보여주고, 상대가 말할 수 있는 기회를 더 주는 게 오히려 호감과 공감을 얻어내기 쉽다.

전달력 좋은 위트의 힘

"자동차들이 고향을 가고 싶어 합니다"
1999년 김대중 대통령이 호주 국빈 방문하는 자리에서 나온 유머의 힘으로 성과를 거둔 대화다. 우리나라는 호주에서 원자재 철강을 수입하여 철강 완제품인 자동차를 생산한다.
호주 정부에 자동차 관세 인하를 요구하면서 던진 유머다.
당연히 호의적인 태도 변화를 이끌어 냈다.

정치인의 품격 있는 유머감각은 큰 자산이다.
끌어당기는 힘이 있다.
그 힘은 긍정적 에너지로 끌어 모은다.
선거에서 유머나 위트는 후보자 이미지 구축하는 과정에서 중요하다.

유머나 위트와 관련된 이미지는 부드럽다거나 친근함, 똑똑함, 재치 등의 긍정적 이미지가 주를 이룬다.
물론 가벼운 사람이라는 이미지도 있지만, 대체로 긍정 효과가 더 크다.
위트는 상대방을 쉽게 설득할 수 있고 공감대를 형성할 수 있다. 유머감각을 통해 유권자와 상호작용을 유쾌하게 만들어 준다. 웃음이 매개체인 것이다.

공직 선거와 달리 위탁선거 유권자들은 공통적 특정 그룹으로 형성되는 경우가 많다. 공통적으로 겪을 수 있는 경험을 통해 공감대를 형성한다. 위트나 유머는 사회적 유대감을 강화하는 강력한 도구다. 유권자들과 심리적 거리감을 좁혀 친밀감을 형성할 수 있다. 긍정적 감정을 유발하여 서로 관계 개선이나 긍정적 분위기에서 더 쉽게 공감하고 소통할 수 있다.
위트가 비판적 사고와 분석을 통해 논리적 분석력을 키우기도 한다.
상대방의 메시지에 대한 비판을 하는 경우에도 위트를 섞어서 쏟아내면 내 말에 수긍하는 긍정적 반응이 높아진다.

유권자들의 감정을 자극하여 메시지를 받아들이는 태도가 열리게 만든다.
열린 태도는 긍정적 반응 때문에 설득력이 높아진다.
메시지는 더 잘 기억되고, 주의를 집중시키는데 효과적이다.
긍정적인 인상을 심어주며 긴장감을 완화시켜 주면서 스트레스 해소에도 도움이 된다. 사람들은 직접적인 설득 시도에 대해 방어적이거나 저항적인 태도를 취할 수 있지만, 유머를 통해 이런 저항을 완화시키고 메시지를 더 부드럽게 전달할 수 있다.

위트는 대화를 흥미를 유발하고, 정보 전달력을 강화한다.
청중의 집중력이 강해진다.
다른 의견보다 위트 있는 메시지에 더 매력을 느낀다.
적절한 유머는 진정성 있고 인간적인 면모를 보여줄 수 있어
유권자들의 신뢰를 얻는데 도움이 된다.
재미있고 유쾌한 메시지가 더 오랫동안 잔상으로 남아 기억
된다.

위트 있는 말 잘하는 방법은?

1. 청중을 이해하라.
청중의 연령, 문화, 관심사 등을 이해하고 그들에 맞는 유머를
사용한다.
특정 문화나 그룹에 대한 민감성을 존중해야 한다.

2. 자연스러움을 유지하라.
억지로 웃기는 유머는 오히려 역효과다.
모든 사람에게 맞는 유머 스타일이 다르므로, 자신에게 맞는
자연스러운 스타일을 찾아내는 것이 중요하다.

3. 적절한 타이밍과 상황 판단하라.

유머는 타이밍이다. 적절한 순간에 웃음을 주는 것이 효과적이다.
너무 자주 사용하면 오히려 집중을 방해할 수 있다.
상황에 맞는 유머를 사용하는 것이 중요하다.
심각한 상황에서는 경솔해 보일 수 있으므로 조심해야 한다.

4. 연습과 준비를 하라.

미리 재미있는 이야기나 농담을 준비해 두고 가까운 지인들과
연습해서 그들의 반응을 미리 살피고 버릴 건 버려라.

5. 자심의 경험을 활용하라.

자신이나 주변 사람들의 재미있는 경험이 진정성 있는 유머이
며 자연스럽다.
가벼운 자기 비하 유머는 친근함을 줄 수 있다.
단, 너무 과하거나 자존감 해칠 정도는 피해야 한다.
내 아픔을 웃음으로 승화시키는 것은 공감이지만,
남의 아픔을 웃음으로 승화 시키는 것은 비웃음일 뿐이다!

6. 긍정적이고 포용적인 유머를 구사하라.

비판적이거나 부정적인 말보다는 긍정적 유머가 기분 좋은 분
위기로 이끈다.
이는 더 넓은 공감을 이끌어낼 수 있다.

메시지가 곧 이미지가 된다.
특정 그룹을 배제하거나 모욕하는 유머는 피하고,
모두가 함께 즐길 수 있는 유머가 좋다.

그 밖에 구체적인 활용 방법이다.
▶**연관성 있는 유머 활용**
▶**언어의 다의성 활용**
▶**반전의 활용**
▶**자학 유머**
▶**자아도취**
▶**속담이나 명언 비틀기**
▶**사례 활용**
▶**역설적인 화법으로 비판**
▶**의인화 화법**

결국은, 연습과 경험을 통해 만들어 갈 필요가 있다.
처음에는 다소 어색할 수 있지만, 지속적으로 시도하고 개선해
나가면 효과적인 유머를 구사할 수 있다.

오늘 뿌린 말의 씨앗이 내일의 나를 만든다.

운전하다가 아내에게 혼난 경험이 있는가?

내가 운전하는 차에 타면 아내는 잔소리가 시작된다.

운전 경력은 내가 더 많은데도 말이다.

왜 그럴까?

자신만의 운전패턴과 서로 맞지 않기 때문이다.

신호 대기에서 앞차와 거리, 주행속도, 정지할 때의 감각 등 자신만의 감각과 규칙이 있다. 내 운전과 서로 다르다 보니 조수석에서 자신도 모르게 발에 힘이 들어가고 불편한 것이다.

말하는 것도 그렇다.

자신만의 패턴이 있다.

어투, 말씨, 말버릇이 자신이 나타낸다.

같은 내용의 메시지라도 상대에 따라서 기분이 좋거나 언짢을 수 있다.

자기와 비슷한 어투의 사람의 말은 잘 들리는 반면 그렇지 않은 경우에는 터덕거린다.

편안하게 들리고 호감 가는 어투는 어떤 걸까?

반 말투 VS 공손한 말투
퉁명한 말투 VS 상냥한 말투
자신 없는 말투 VS 활기 넘치는 말투
투정 부리는 말투 VS 긍정적 말투

말투도 습관이고 버릇이다.
자신의 삶에 미치는 영향도 크다.
물론, 상대에게도 영향을 미친다.
말투만 바꿔도 사람이 달라 보이기도 한다.
말투는 주변 환경의 영향을 많이 받는다.
가족, 친구는 물론이고 TV나 매체 등 미디어 영향도 크다.

유권자들이 좋아할 만한 말투는 어떤 것일까?

공감과 존중하는 표현이 좋다.
유권자들의 감정과 상황을 이해하고 있다는 표현이다.
예를 들어,
"여러분의 어려움을 이해합니다."
"모든 의견을 소중히 여깁니다."
진솔하고 투명한 태도의 말투가 좋다.

"저는 여러분과 같은 걱정을 가지고 있습니다."
"솔직히 말씀드리겠습니다."

친근한 단어와 일상적인 문체를 사용하는 것이 좋다.
복잡한 단어와 문장을 피하고, 일상에서 자주 쓰는 친숙한 표현을 사용한다.
예를 들어,
"여러분의 목소리를 듣고 싶습니다."
"여러분의 의견을 매우 중요하게 생각합니다."
직접적인 요청보다는 제안하는 어투를 사용한다.
강요하는 느낌보다는 선택의 여지로 자발적인 참여를 유도할 수 있다.
적극적인 경청의 자세도 좋다.
"여러분의 의견을 듣고 싶습니다."
"의견을 주시면 적극 반영하겠습니다."

긍정적이고 미래지향적인 표현이 좋다.
부정적인 단어보다는 긍정적인 단어가 미래 지향적인 비전을 제시한다.
"함께 더 나은 미래를 만들어 나갑시다."
"여러분과 함께 성장하고 발전하고 싶습니다."

"저는 이 정책이 최선이라고 생각합니다."
라는 문장을 바꿔보면,
"이 정책이 우리 모두에게 도움이 될 것이라고 믿습니다. 여러분의 의견도 정말 중요합니다. 우리 함께 합시다!"
이 문장이 더 공감할 수 있는 메시지다.

좋은 말투로 고치는 간단한 방법은?
고치려는 의지가 가장 중요하다.
자신의 말투에 관심을 갖고 의식적으로 들여다봐야 한다.
남의 말투를 잘 들여다보면 내 말투는 어떤지, 고쳐야 할 부분이 무엇인지 파악할 수 있다.
벤치마킹할 만한 사람의 말을 반복해서 듣는다.
그러다 보면 자연스럽게 녹아내릴 것이다.
어제 뿌린 말의 씨앗이 오늘의 나를 만든다.
오늘 뿌린 말의 씨앗은 내일의 열매가 될 것이다.
말투는 내 인격이자, 운명이다.
좋은 운명으로 바꿔보자.

말은 긴 잔상의 여운을 남긴다.

선거 구도를 짜기 전에.....

월드컵 예선 경기가 진행 중이다.

감독은 월드컵을 앞두고 어떤 경기를 해야 할 지 결정해야 한다.

상대방에 따라 전략과 전술을 고민하면서 나름 작전을 전개한다.

구체적으로 축구를 하는 방법을 크게 두 가지로 나눈다면, 하나는 '우리'의 축구에 집중할 것이냐' 이고, 다른 하나는 '상대방'의 축구에 집중할 것이냐 일 것이다.

아시아 예선에서는 우리나라가 상대적으로 강한 팀이니까 우리의 플레이대로 풀어나가는 축구를 할 것이다. 월드컵 본선에서 우리보다 강한 상대와 싸울 때는 우리의 장점을 바탕으로 상대의 약점을 파고드는 축구를 할 것이 자명하다.

강한 상대를 만나면 정면 승부를 피하는 것이 순리다.

이는 두렵거나 비겁한 것이 아니라 겸손하고 지혜로운 선택이다.

강한 상대 앞에서 우리 축구를 제대로 펼칠 수 없다면 상대방이 자신들의 축구를 못하게 만드는 것이 방법이다. 2002년 월드컵에서 우리 대한민국 축구팀은 우리 축구를 펼치기 보다는 세계 최고의 팀들이 자신들의 플레이를 못하도록 만들었던 사실을 기억할 필요가 있다.

선거에도 이런 축구 감독의 전략을 대입시켜볼 필요가 있다.

이기는 선거구도 선점:
단순한 메시지, 지속적 소통

선거는 기본적으로 인물, 구도, 바람으로 주요 향방이 결정된다.
이미 정해진 인물이야 크게 바꿀 수 없는 노릇이다.
인물이 15%, 바람이 25~35%, 구도가 50~60%를 차지한다.
그만큼 선거구도가 중요하다.

호남이나 영남지역에서 정치 진영이 쉽게 바꿀 수 없는 것이
바로 선거구도가 이미 확정되어 있기 때문이다. 반면에 대선
직후 나 임기 말은 심판론 같은 바람으로 수도권 등에서 영향
을 준다. 이 바람도 기본적인 선거 구도의 밑바탕에 덧칠해 주
는 효과다. 한번 만들어진 선거 구도는 쉽게 바꾸기 힘들다.
얘기인즉슨 선거 구도를 선점하는 것이 중요하다는 것이다.

내게 유리한 선거 구도를 발굴하여 먼저 치고 나가면 상대후보
는 선점당한 메시지에 반박하는 논리를 찾게 될 것이다. 내가
선점한 구도에 끌려 들어오는 것이다.

200년 대선에서 이명박의 4대강 대운하 공약이 대표적이다.
대운하 공약은 1998년 김대중 대통령 정부 시절에 검토되었던

정책이었다. 당시 경제성이 떨어진다는 결론을 내렸던 것을 이명박 후보가 들고 나온 것이다.

과거정부에서 이미 비효율적이라는 정책을 끄집어내어 찬반여론이 불붙으면서 정작 후보별 정책대결보다는 이명박 후보의 찬반투표의 모양새가 되면서 대세론으로 굳어졌다.

선거 구도를 선점하기위해서는 정보를 습득하고, 소통채널을 강화해야한다.

선거는 정보가 무기다.

지난 제3회전국동시조합장선거에서 현직이 67%의 압도적인 당선율을 보였다. 현직이 유리하게 작용하는 가장 큰 요인이 바로 정보의 독점이다.

나와 경쟁후보에 대한 객관적인 평가, 조합의 상황인식, 문제점이나 개선사항을 파악한다. 조합에 대한 유권자들의 불만사항이나 니즈 파악이 중요하다.

이를 토대로 선거 전략을 수립하는 이정표를 만든다.

소통의 강자가 승자다.

유권자와 소통하는 채널을 다양화해야 한다.

선거는 표의 확장성에 무게중심을 둔다.

소통 채널은 전화, 문자, 지역 언론을 물론이고 SNS(카카오톡, 페이스북, 인스타그램, 블로그, 밴드, 유튜브)를 적극 활용해야 한다. 단순한 메시지를 반복적이며 지속적으로 노출하여 이름 석자와 얼굴을 각인시키는 것이 중요하다.

이런 과정이 통할까?

경험하지 않은 후보들은 의구심을 많이 갖는다.

전혀 의구심 가질 필요 없다.

매체에서 여름에 판매할 아이스크림을 왜 2월부터 광고하겠는가?

애플이나 삼성 같은 글로벌 기업들은 이미 유명한데 천문학적인 광고비에 왜 투자하는 것일까?

기억하기는 어려워도 잊어지는 것은 쉽기 때문이다.

"난 이미 상대보다 인지도가 훨씬 높은데, 뭘!"

이런 안일한 생각보다는

"삼성도 하는데 나는 무조건 해야지!"

라는 관념이 필요하다.

절박하고 간절해야 한다.

미리 준비한 후보의 미래는 당선이다.

"선거 치르려면 뭐 아직도 1년이나 남았는데, 뭘?"

밥을 먹기 위해서는 차려진 밥상에 숟가락만 얹으면 된다면야 뭐가 걱정인가?

배고플 때 정시 정각에 가서 숟가락만 들면 된다.

조합장선거는 밑반찬부터 후보가 직접 준비해야하는 과정이 필요하다.

선거를 준비하는 시간은 어떻게 짤 것인가?

조직 구성, 예산 준비, 조합이나 금고 운영 파악, 출마예정자 분석, SWOT 분석, 후보자이미지 메이킹. 전반적인 전략 및 정책개발 등의 시간이 하루아침에 만들 수 없지 않은가.

정리하자면, 이기는 선거를 위해서

선거 구도를 선점하여,

단순한 메시지로,

다양한 채널로,

반복적이고 지속적으로

소통하는 일련의 과정이다.

후보자의 포지셔닝

우리지역 조합원들이 조합에 요구하는 것은 무엇일까?

핵심 경쟁후보는 누구인가?

경쟁후보는 조합원들에게 어떤 이미지로 평가받고 있는가?

나는 누구인가?

나의 강점과 약점은 무엇인가?

나를 어떻게 이미지 메이킹할 것인가?

나를 어떤 인물로 유권자들에게 인식시킬 것인가?

어떤 메시지로 공략할까?

나를 나타낼 수 있는 것은 무엇인가?

선거는 1등만 살아남는다!

선거가 비즈니스 경쟁과 다른 점은 이미 선점에 있거나 자리를 차지하고 있는 경쟁자보다 '내가 더 훌륭하고 내가 더 잘한다.'는 포지션 전략으로 상대를 뛰어 넘기가 쉽지 않다. 2023년 실시한 제3회 전국동시조합장선거에서 현직의 당선율이 67%다.

당선율이 말해준다.
조합원들에게 나만의 장점을 부각할 수 있는 새로운 포지셔닝이 필요하다.

선거구도는 조합원들이 조합에 요구하거나 조합에 필요한 시대정신을 찾고, 후보만의 장점을 부각시킬 수 있는 프레임을 만들어 선점하는 것이 중요하다. 여론이나 동향 파악 등으로 어느 정도 확인할 수 있다. 후보의 PI(Personal Identity)를 조합원의 기억 속에 어떻게 각인시키느냐는 것이 중요하다.

포지셔닝은 중요하다.
조합원들이 요구하는 조합장의 이미지와 조합원들이 생각하는 후보자 이미지에 괴리가 생긴다면 결코 좋은 결과를 만들어 내기 쉽지 않다.
경쟁후보보다 먼저 포지셔닝을 선점하는 것이 중요하다. 비즈니스 마케팅에서는 2등도 살아남는 구조이지만, 선거는 1등만 살아남는 냉혹한 현실이다. 선점을 통해 먼저 치고 나가야 한다는 점이다. 후발주자가 선발주자를 쫓아갈수록 선발주자의 이미지만 더 강화시켜준다. 대세론으로 연결될 수 있다.

최고가 되기 전에 최초가 되라.
마케팅에서 자주 인용되는 말이다.

상대적으로 최초라는 의미가 주는 영향이 크기 때문이다.

최초라는 것은 곧 기준이 된다. 처음에 제시한 메시지나 이미지에 반응하고 비교하다가 결국은 그 최초의 메시지나 이미지가 선택을 받게 된다. 젝트라우트의 사다리 법칙에서 상품이 맨 첫 번째 칸에 진영이 되었을 때 잘 팔리는 것과 같은 효과라 볼 수 있다.

포지셔닝은 상대방과 비교하여 나만의 고유한 이미지를 형성, 유권자들에게 차별화시켜 특별한 인물로 각인 시키는 것이다. 이미지를 하나의 컨셉으로 단일화시켜 유권자에게 '이런 사람'이라고 형상화 시키는 것이다.

'후보자가 어디로 가야할 것인가'를 찾아내어 그곳에 후보자를 위치시키는 것이다. 경력, 리더십, 능력 등을 바탕으로 이미지를 형성하되 조합원들이 요구하는 시대정신의 조합장 이미지와 후보자 자신의 이미지를 동질화시켜 나가야 한다. 조합원들이 원하는 이미지를 후보 자신이 전혀 가지고 있지 않은 특성이라면 내세워서는 안된다.

'약점의 강화'로 약점을 정면 돌파하는 방법도 있다. 그렇지만 유권자들의 인식이 높을수록 후보가 갖고 있는 자질 중에서 우위요소, 즉 '강점을 강화' 하는 것이 더 효과적이다.

포지셔닝의 결정방안과 단계

포지셔닝을 과학적이고 체계적으로 하기위해서는 6단계로 나누어 접근하는 것이 좋다.

▶ 경쟁후보는 누구인가?

이미지 포지셔닝의 대결은 여러 경쟁 후보 중에서 가장 강력한 후보 1명과 비교하는 것이 효과적이다. 양자구도에서는 상대 후보와 차별화 된 이미지 구축이 쉽지만, 다자구도에서는 가장 경쟁력 있는 후보를 중심으로 고민할 필요가 있다.

▶ 경쟁후보는 어떻게 지각되고 평가되는가?

조합원들이 경쟁후보를 어떻게 인식하고 있는지, 어떻게 받아들이고 있는가?

이러한 수준이 후보자인 나에게 어느 정도 위협적인가?

문제되지 않는 수준인가?

▶ 경쟁후보의 포지셔닝 파악

경쟁자의 포지셔닝은 어디인가?

나는 어디에 있는가?

그나와 경쟁자와 차이는 어느 정도인가?

▶ 유권자의 분석
유권자가 바라는 이상적인 포지셔닝 포인트는 어디인가?
유권자가 중요하게 생각하는 조합장의 자질과
비전은 무엇인가?

▶ 포지셔닝의 선정
내가 나아가야 할 포지셔닝의 방향은 어디인가?
그것은 가능한 목표인가?
그 목표를 달성하기 위한 전략과 전술은 무엇인가?
내가 갖고 있는 경쟁적 우위의 특성이나 차별화를 바탕으로 조
합원들에게 인식될 수 있는 이미지 메이킹 과정을 통해서 포지
셔닝이 만들어진다.

▶ 포지셔닝의 관리
설정한 포지셔닝 목표에 다가가고 있는가?
얼마나 가까이 갔는가?
경쟁자의 포지셔닝은 어떻게 변해가고 있는가?

포지셔닝을 결정할 때 주의할 점은?
유권자 세분화를 바탕으로 이뤄져야 한다.
모든 유권자의 마음에 맞는 포지셔닝은 사실상 불가능하기 때
문에 가장 공략하기 좋고, 잠재력이 많은 집단에 맞춰야 한다.

포지셔닝에 욕심을 내서는 안된다. 여러 개의 이미지를 한꺼번에 심으려다 죽도 밥도 안된다. 당락에 영향을 미칠 수 있는 중요 포인트를 찾아내어 집중화 시킬 필요가 있다.

선거는 '지식의 싸움'이 아니라 '인식의 싸움'이라는 것을 결코 잊어서는 안된다. 후보자의 포지셔닝을 어떻게 적용 시킬 것인가?
일반적인 제품이나 상품이 USP를 통해서 포지셔닝이 자리 잡듯이 후보자만의 포지셔닝으로 구도를 선점해야 선거에서 유리하게 끌고 갈 수 있다.
전략이 없이 무작정 덤비는 것은 목적 없는 몸부림일 뿐이다.

후보자 포지셔닝 전략

마케팅 전략 중에서 소비자의 기억 속에 상품의 위치를 잡아주는 것을 포지셔닝이라고 한다.

비싸지만 품질이 좋다.

싸고 가성비가 좋아 만족도를 높여준다.

상품이 고객의 기억 속에 어떻게 기억이 되느냐 하는 것은 아주 중요하다.

매출과 직결되기 때문이다.

선거에서도 포지셔닝은 중요하다.

조합원들이 요구하는 조합장의 이미지와 조합원들이 생각하는 후보자 이미지에 괴리가 생긴다면 결코 좋은 결과를 만들어 내기 쉽지 않다. 마케팅과 다르게 선거에서는 경쟁후보자보다 먼저 포지셔닝을 선점해야한다.

마케팅이나 시장에서는 2등도 살아남는 구조이지만, 선거에서는 오직 1등만 살아남는 것이 냉혹한 현실이다.

선점을 통해 먼저 치고 나가야 하는 이유다. 후발주자가 선발주자를 쫓아갈수록 선발주자의 이미지만 더 강화시켜주는 것이 선거다.

선거는 '지식의 싸움'이 아니라 '인식의 싸움'이라는 것을 결코 잊어서는 안된다.
포지셔닝을 위해 먼저 필요한 것이 바로 USP(Unique Selling Proposition)이다. 후보자가 갖고 있는 경쟁적 우위의 특성이나 차별화를 바탕으로 유권자에게 인식될 수 있는 이미지 메이킹 과정을 통해서 포지셔닝이 만들어지는 것이라 볼 수 있다.

후보자의 포지셔닝을 어떻게 적용할 것인가?
유권자의 기억 속에 자리 잡는 후보자의 이미지는 당락을 좌우하는 중요한 요소가 된다. 상품이 USP를 통해서 포지셔닝이 자리 잡듯이 후보자만의 포지셔닝이 선점해야 선거에서 유리한 구도를 끌고 가는 것이다.

마케팅 전략 중에 '최고가 되기 전에 최초가 되라' 는 말이 있다.
상대적으로 최초라는 의미가 주는 영향이 크기 때문이다.
최초라는 것은 곧 기준이 되는 것이다.
처음에 제시한 메시지나 이미지에 반응하고 비교하다가 결국은 그 최초의 메시지나 이미지가 선택을 받게 된다는 것이다.
젝트라우트의 사다리 법칙에서 상품이 맨 첫 번째 칸에 진열이 되었을 때 잘 팔리는 것과 같은 효과라 볼 수 있다.

선거 마케팅에서도 그 첫 번째가 중요하다.

특히 1등만 살아남는 것이 선거이고 보면 유권자의 인식 속에 첫 번째 칸의 자리를 잡는 것이 아주 중요하다.

선거가 비즈니스 경쟁과 다른 점은 기존에 이미 선점에 있거나 자리를 차지하고 있는 경쟁자보다 '내가 더 훌륭하고 내가 더 잘한다.' 는 포지션 전략으로 상대를 넘어서기가 쉽지 않다는 것이다.

뭔가 새로운 포지셔닝이 필요하다는 것이다.

포지셔닝 전략 시 두 가지를 고민해야 한다.

첫 번째는 유권자의 마음을 읽어야 한다.

유권자의 마음속에 상대 후보나 내가 어떤 이미지로 자리를 잡고 있는지 들여다보는 것이다. 냉정하고 객관화된 시각으로 나의 모습을 찾아서 안으로 들어와야 강력하게 기억될 수 있는 포지셔닝이 만들어진다. USP를 만들어보고 이를 기반으로 포지셔닝 전략을 만들어 나가는 것이 경쟁력을 키우는 것이다.

두 번째는 나의 부족한 부분과 역량 있는 부분을 찾아서 더욱 강력한 이미지를 심어 줄 수 있도록 전략을 세워야 한다. 전략도 없이 무작정 덤비는 것은 목적 없는 몸부림일 뿐이다.

위기 때 사과의 10계명

누구나 실수는 한다.

똑같은 실수를 해도 대중의 평가는 획일적이지는 않다.

그것은 실수를 저지른 당사자의 삶의 궤적이나 대처에 대한 대중의 인식에서 비롯된다.

지나온 삶의 궤적이야 뭐 지난 것이니까 어쩔 수 없다고 치자.

실수 후의 대처방안은 미리 숙지해 놓을 필요가 있다.

실수라고 표현하지만 의도적이든 아니든 위기는 언제든지, 갑작스럽게 찾아오는 것이기 때문에 후보자 머릿속에 정립되어 있어야 한다. 위기가 발생하면 먼저 인정하고 진정성 있는 사과가 중요하다.

사과하는 것도 기술이 필요하다.

1. '미안합니다.' 보다는 '내가 틀렸습니다.'가 돼야한다.

'위기를 불러일으킨 구체적인 행동이 잘못되었다.' 는 분명한 메시지가 미안한 감정이 유권자에게 진심으로 전달된다. 미안하다는 말 그 자체는 무미건조할 따름이다.

2. 사과문에서 해명은 30% 미만으로 한다.

해명이 길어지면 변명으로만 들린다.

변명은 구차해질 뿐이다.

구차한 변명은 오히려 자신을 초라해지게 한다.

3. 보상책은 구체적이면서 예상을 뛰어 넘는 수준으로 한다.

잘못을 인정하고, 그에 따른 책임을 고민해야 한다. 보상책이 구체적이지 못하면 두루뭉술하게 넘어간다는 오해를 산다. 구체적인 보상과 예상을 넘어서는 책임지는 모습은 과감하고 추진력 있는 리더십을 더 키워주는 이미지로 반전시킬 수도 있다.

4. 사과문은 여론 전문가에게 작성하게 한다.

사과문 작성은 내용만 중요한 것이 아니다. 형식과 문법, 어법, 어투 등에 따라서 대중심리가 달라질 수 있다. 초안 정도는 함께 논의할 필요는 있지만, 전문가와 상의하는 것을 권한다.

5. 사과문에는 대표(후보자 또는 선대위)의 이름이 들어가야 한다.

꼬리 자르기는 도마뱀의 생존 방식일 뿐이다. 오히려 무책임과 이기주의적인 이미지만 강화된다. 리더로서 책임지는 자세를 보여줘야 한다. 명확한 사과 당사자의 표기는 사방에서 압박해

오는 창구를 단일창구로 모아서 효과적인 대응이 가능하다.

6. 총대는 아무 때나 메는 것이 아니다.

캠프나 조직 내부의 'CEO(후보자 또는 당사자) 보호론'을 경계해야 한다. 총대는 위기 때 메는 것이 아니라 남들이 가지 않는 길을 먼저 나설 때나 메는 것이다. 쓸데없는 용기는 무모한 오지랖일 뿐이다.

7. 남 탓 하지 말고 자신의 잘못만 이야기하라.

위기는 관계에서 발생한다.
관계에 대한 설명을 하다보면 남의 이야기도 하게 된다.
남의 이야기기가 길어지면 남 탓으로 들리고, 해명이 변명으로 읽혀지기 십상이다.

8. 피해자에게 먼저, 공개 사과는 그 이후에 하라.

사과에도 순서가 있다. 피해자 입장에서 자신의 이야기를 뒤통수로 들으면 감정만 더 상하게 한다. 피해자의 입장을 먼저 헤아리는 자세가 중요하다.

9. 가정문(if) 문장은 피하라.

"실수했다면 미안하다."는 식의 사과는 도리어 화를 키운다.
실수했으니까 미안하고 반성하는 것이다.

가정문은 미래에 대한 계획을 짤 때나 필요한 것이다.
사과에는 '만일 ~했다면' 이라는 가정문은 통하지 않는다.

10. 거짓말하다 들통 나면 화를 더 키운다.

요즘의 디지털 SNS 시대는 서로가 서로를 크로스 체크하는 감시체계에 살고 있다는 것을 인식해야 한다. 세상이 편리해진 것이지, 편안한 세상이 아니다. 거짓은 시간의 문제일 뿐 진실은 밝혀지기 마련이다. 거짓이 거짓을 덮을 수 없다. 과거는 능력이 성공의 필수요소라고 한다면, SNS시대는 인성이 곧 성공의 필수 요소이다. 연예인들의 미투 사건 등을 교훈으로 삼아야 한다.

위기를 만들지 않는 것이 최선의 방법이겠지만, 사과문을 써야 한다면 아래 네 가지를 기억해야 한다.
1. 알고 있거나 확인절차(팩트 체크)를 거친 사실을 말하라.
2. 취하고 있는 조치사항을 말하라.
3. 유권자들이 무엇을 해야 할 지 말하라.
4. 위기에 대한 해석을 말하라.

악성 루머등의
네거티브에 관한 대응은?

잘 익은 과일에 벌레가 많이 붙기 마련이다.

잘 준비된 후보에게는 좋은 여론도 많지만, 악성 루머도 많다.

이 또한 유권자 관심이다.

과일이라면 약을 쳐서라도 벌레를 박멸시키면 그만이지만, 유권자들은 두들겨 팰(?) 수도 없고......

가만히 있다가는 소문만 더 무성해지고....

칼 한 자루를 벼리기 위해

열로 달구고 망치로 수없이 두들기고

냉각시키기를 여러 번 반복해야 한다.

후보도 마찬가지로 스스로 멘탈을 강화해야 한다.

악성루머는 후보의 멘탈을 붕괴시키는 것이 주목적이기도 하다.

프레임에 갇히면 소용돌이처럼 갇혀서 헤어 나오지 못할 위험에 빠진다.

후보자의 빠른 판단이 중요하다.

사과로 마무리 할 것인지,
침묵으로 대응할 것인지,
적극적인 대응으로 역풍을 만들어 낼 것인지를 고민해야 한다.

상황에 따라 다르겠지만
네거티브 내용이 사실에 기인한 것이라면,
진정성이 있는 사과가 먼저다.
해명이 길어지면 변명으로 들린다.
변명은 후보자 스스로를 오히려 구차하게 만들 뿐이다.
변명은 오히려 독이다.
무관심의 침묵 전략도 가끔 필요하다.

루머 등은 대부분 과장을 동반한다.
과장을 동반하다보니 터무니없는 이야기가 만들어지기도 한다.
이런 말실수를 역이용하는 것도 전략이다.

단순의혹 수준일 경우에는 제기된 의혹이 사실인지 증명하기 어려운 경우이다.
인신공격하기 위해 지어낸 경우이거나, 사실이지만 증거를 내밀기 어려운 의혹 수준에는 사실이 아니라고 전면 '부정'하는 전략도 나쁘지 않다.

다만, 중요한 것은 증거를 제시해야 한다.

증언이나 문서, 사진, 뒤집을만한 정보 등을 제시하여 의혹이 터무니없다는 것을 뒷받침해야 한다. 그러면 의혹 자체가 힘을 잃게 된다.

증거를 제시할 수 없다면?

무대응하는 것이 좋을 듯하다.

증거를 제시하지 못하면서 그저 부정만 할수록 유권자들은 그 의혹을 계속 되새김질하게 된다. 이럴 땐 시간이 약이다.

'통제이탈' 상황은 제기된 의혹의 내용이 상당부분이 사실인 경우라 할 수 있다. 제기된 의혹이 문제가 되긴 했지만, 후보 본인이 막을 수 있는 상황은 아니였다는 것을 증명하면 된다. 책임을 회피하는 전략이다. 사실인 의혹에 대해 잘못은 인정하지만 문제발생을 내가 막을 수 있는 입장은 아니라는 것을 강조한다.

2002년 대선 경선에서 이인제 후보가 노무현 후보 장인의 좌익문제를 거론했을 때, 노무현 후보의 대응이 바로 이런 사례다.

"대통령이 되기 위해 제 안사람을 버려야 한다는 말입니까?"

이 말 한마디로 이인제 후보의 경선 몰락의 역풍을 제대로 맞았다.

'정당화' 상황은 제기된 의혹이 사실이고 일이 벌어지는 것을 막을 수도 있었지만 '어쩔 수 없는 상황'이였다거나 '그럴 수도 있는 일' 이라는 점을 강조하는 경우다.

의혹에 대한 사실과 책임을 인정하지만 어쩔 수 없었거나, 누구나 그럴 수 있다는 메시지다. 인간적, 도덕적인 문제에서 법적으로는 어긋날 수 있지만, '정당방위'로서의 주장이다.

'전면노출' 상황은 의혹이 사실이고 막을 수도 있었으며 정당화도 어려운 경우다.

이런 경우는 모든 것을 시인하고 철저히 사과하고 반성하는 모습을 보여줘야 한다. 물론, 가장 훌륭한 전략은 네거티브의 빌미를 제공하지 않는 것이다.

이기는 선거 전략의
기본 구조

출마를 결심하고 나서 무엇을 할 것인가?

어떻게 움직일 것인가?

누구를 만나고 무슨 말을 할 것인가?

이런 막연한 질문에 답을 쉽게 찾기 위해 전략이 필요하다.

전략의 타래에 전술적 요소로 매조지하면 좋을 듯하다.

어떻게 선거 전략을 세울 것인가?

선거 전략의 기본 구조는 상황 분석, 대응전략, 기본전략, 실행 전략의 단계로 구분할 수 있다. 상황분석이나 대응전략, 기본 전략은 과학적이고 이성적 접근이 필요하다면, 실행전략은 감성적 요소가 요구된다.

상황분석의 단계는 기초자료를 수집하는 과정이다.

아래의 5가지의 상황분석이 기본적이다.

- 선거구내 정치적, 경제적 지형의 정세분석

- 지리적 상황, 학군 등의 사회적 연결고리, 지역 현안을 파악

하는 선거구 분석

- 인구통계학적인 데이터 세분화, 역대 선거결과 분석, 여론조사나 동향 파악 등을 통한 유권자 분석
- 경쟁 후보의 장단점, 상대후보의 예상 선거전략, 인적네트워크·물적 자원, 인성이나 경력 등의 경쟁후보 분석
- 경쟁후보자와 비교한 포지셔닝 및 출마자 본인에 대한 냉철한 분석

대응전략의 단계는 상황분석에서 정리된 자료를 바탕으로 SWOT분석을 통해 도출된 결과와 이에 대한 대응방안을 수립한다.

SWOT 분석은 후보자의 강점(strength), 약점(weakness), 기회요인(opportunity)과 위협요인(threat)을 분석하는 것이다. SWOT 분석으로 다양한 시나리오를 설정할 수 있다. 다양한 시나리오가 구축되어야 문제점 발생 시 좌충우돌 없이 쉽게 대응할 수 있다.

선거의 기본전략 수립 단계는 선거목표 설정, 타깃집단 선정, 선거 테마 설정, 단계별 전략을 수립한다.

당선이 목표인 점은 당연하겠지만, 보다 구체적인 목표를 제시한다. 후보자의 이미지 구축을 위한 정치적 목표와 득표수 목표를 설정한다. 타깃집단 선정도 구체화하고 세밀할수록 좋은

홍보메시지가 만들어진다.

타깃 집단 선정은 공략해야 될 핵심층을 주로 선정한다.
'60대 남자 유권자'
로 타깃을 정하게 되면 두루뭉술한 메시지가 만들어진다.
'00에 거주하며 00농사를 짓고 00정도의 경제력 있는 또는 00
급의 차량을 소유한 00나이의 남자'
식으로 전체 유권자를 대변할 수 있는 특정 타깃집단을 구체적
으로 선정하면 메시지도 구체화될 수 있다.

선거 실행전략 단계는 홍보 전략과 유세 전략을 통해 메시지
전략, 조직과 자금 전략이 짜여 진다. 인적 자원과 물적 자원을
확보·운용하는 방안을 점검한다. 지역 언론매체와 친해지는 것
도 중요하며, 매체의 활용도 중요하다.
위탁선거법에서는 문자로 사진이나 동영상을 보내면 선거법
위반이다. 사진이나 동영상은 카카오톡을 비롯한 SNS로만 가
능하다. 지난 조합장 선거에서 카카오톡의 활용도가 당락에 큰
영향을 미친 경우를 이미 확인했다. 선거일을 기준으로 타임라
인을 설정해서 효율적인 선거 운동을 준비한다.

전략이 곧 결과이다!!!
좋은 전략이 좋은 결과를 이끌어 낸다.

나를 알리는
홍보의 3원칙

선거는 후보 자신에 대한 분석, 상대 후보에 대한 분석, 유권자에 대한 분석을 통해서 기획과 조직이 구성되고 전략이 만들어진다. 선거준비가 되었다면 당선을 위한 적극적인 홍보가 필요하다.

그저 내 이름 알린다고 표가 모아지는 것이 아니다.

인지도를 올리고 유권자들이 관심을 갖게 하여 긍정적 이미지의 호감도를 이끌어 지지도로 연결시켜야 한다.

인쇄 공보물을 비롯한 후보의 차림새, 헤어스타일, 행동이나 말투 등 모든 것이 홍보의 방법이다.

'나는 누구인가?'라는 명제로 자신에 대한 분석으로 상황인식이 전제되어야 한다. 출마 동기나 당위성, 인지도나 호감도의 수준을 냉철하게 인식하고 있어야 누구에게, 무엇을, 왜, 어디서, 언제, 어떻게 메시지를 전달할 것인지를 판단할 수 있다.

홍보는 일관성, 차별성, 선명성이 필요하다.

3가지 원칙을 잘 지키면 좋은 홍보 전략이 만들어 질 것이다.

1. 일관성을 가져야 한다.

유권자가 요구하는 시대정신을 바탕으로 후보의 컨셉이 정해지면, 선거 전략과 공보물, 후보 이미지(말과 행동, 차림새 등) 등에 통일성과 일관성을 유지해야 한다.

경영 전문가 이미지를 추구하는데 운동복 옷의 어색함이란?

서민과 농민을 대변한다면서 고급 승용차나 명품 가방을 들고 다닌다면?

공약이나 정책도 일관성을 지켜나가야 한다.

개혁과 변화를 주장하면서 정작 내로남불 이미지는 아니지 않는가?

개혁을 강조하고 싶다면 어르신보다는 비교적 젊은층을 공략하는 것도 좋다. 변화를 주장하면서 새로운 형식의 명함으로 긍정적 개혁 이미지 컨셉을 만들어 나가는 것도 하나의 방법이다.

출마선언을 하는 순간부터 일반적인 후보자는 이미 기성 정치인들처럼 '겉과 속이 다르다'거나, '이해관계에 따라 움직인다.'는 둥의 부정적 이미지를 안게 된다. 이런 선거판에서 후보의 일관성은 '의리 있는', '불도저 같은', '추진력 있는', '믿을만한' 후보 이미지를 구축해 나갈 수 있다.

2. 차별성으로 '나'를 도드라지게 해야 한다.

메시지는 일관성을 유지하지만, 상대 후보와 차별화가 없다면 유권자는 경쟁적 비교우위를 판단하기가 쉽지 않다. 나만의 차별된 메시지와 이미지는 유권자에게 더 쉽게 각인된다.

옷차림의 차별화, 헤어스타일의 차별화, 선거운동 방법의 차별화도 좋다.

유권자의 눈에 띄어야 살아남을 가능성도 높아진다.

정채이나 공약의 차별화도 좋다.

공약은 발에서 나온다.

기획사에서 입에 넣어주는 공약보다는 유권자들과 소통을 통해서 나오는 민원이나 하소연을 공약으로 만들어 대박을 낸 경우가 많다. 그리고 더 쉽다.

3. 선명하게 나를 표현해야 한다.

선택이나 결정을 하는 데 있어서 우유부단함은 리더십 부족으로 비쳐질 수 있다. 어차피 선거는 너 편, 내 편을 선택하는 과정이다. 논쟁이나 갈등에 대한 어정쩡한 자세는 모두를 배려하는 모습이 아니라 기회주의자로 비쳐질 수 있다. 당당하고 자신감 있는 자세나 메시지가 선명성을 더욱 도드라진다.

자신의 출마이유나 핵심 공약, 출마의 당위성 등을 명확하게 인식하고 있어야 한다. 5분정도는 출마의 당위성을 간단명료하게 설명할 수 있을 정도로 연습해야 한다.

조합장 선거는 설득을 통해서 지지세를 확장하는 것 보다 공감을 통해서 표를 얻어 가는 것이다. 공감을 하기 위해서는 경청이 필요하다. 경청을 통해 공감하면서 자신감 있는 자세로 자신의 주장을 간결하게 설명할 수 있어야 한다.

메시지보다
메신저의 힘!

메신저의 힘, 메시지의 힘.

선거운동은 메시지 전쟁이라 해도 과언이 아니다.

13일의 짧은 선거운동기간 동안에 1,000 명 이상의 조합원 모두를 만나기는 어렵다. 공직선거는 자원봉사자나 캠프, 유세차, 언론, 현수막 등을 통해 후보자를 직간접적으로 쉽게 만날 수 있다. 조합장 선거는 후보자와 후보자 외 1인 선거운동의 한계가 있다.

유권자들을 1:1로 만날 수 있는 문자나 카카오톡 등 SNS 메시지가 중요하다.

공직선거는 설득을 통해 여론을 확장해 나간다면, 조합장 선거는 공감을 통해 표를 얻어나가야 한다. 공직선거는 민심과 당심이 다를 경우, 당심이 민심을 따라갈 수밖에 없는 구조다. 2021년 국민의 힘 당대표 선거에서 이준석의 승리나, 2021년 더불어민주당 대선 경선에서 이재명 후보의 승리가 그 예다. 당심이 민심을 거스를 경우 승리하기가 쉽지 않은 것이 공직선거의 특징이다.

조합장 선거는 다르다.
소속된 정당이나 분파개념이 없는 선거다.
침묵의 나선이론을 적절하게 활용할 필요가 있다.
오피니언 리더들을 중심으로 여론의 낙수효과가 좋다.
여론이 형성되는 과정에서 자신의 입장이 다수의 의견과 동일하다면 적극적으로 동조하지만, 소수의 입장일 경우에는 남에게 나쁜 평가를 받거나 고립되는 것이 두려워 침묵하는 현상이 침묵의 나선이론이다. 조합장 선거의 유권자는 인구통계학적으로 대부분 50대 이상의 연령대다. 70대 이상의 유권자가 50%를 넘는 경우가 많다. 어른들이 가장 두려워하는 것이 '외로움'이다.
고독감을 무서워한다.
심리적 고독, 물리적 고독, 시간적 고독을 두려워하는 경향이 강하다.
왕따는 어린 시절의 학교에서만 일어나는 것이 아니다.
경로당에서도 일어난다.
어르신들은 살아온 삶을 통해 왕따를 당하지 않기 위해 본능적이고 필사적으로 노력한다. 이러한 어르신들의 사회적 심리를 선거에서 전략적인 접근과 활용이 필요가 있다. 영악하고 냉혈하다고 할 수 있겠지만, 엄연한 현실이다. 선거는 이겨야 한다.

동네 이장이 말하는 것과 화투치는 할머니가 말하는 힘은 다르다. 오피니언 리더가 필요한 이유다.

오피니언 리더를 선점하고 발굴해야 한다.

오피니언 리더를 통해 선거 구도를 선점하라!

오피니언 리더의 메시지가 곧 나의 힘이다!

오피니언 리더를 통한 여론 형성과정의 4단계 과정이다.

1단계

오피니언 리더 타깃이 주목하지 못했던 화제를 꺼낸다.

생각지도 못한 이슈를 통해 관심을 유도하는 것이다.

이슈로 선거 구도를 선점한다.

2단계

선점한 이슈에 당장 반대의견이 나오기는 힘들다.

해당 이슈에 대해 판단은 옳은 것으로 인식하게 된다.

3단계

해당 이슈에 대한 비판이 조금씩 나오기 시작한다.

이런 비판이 결코 옳지 못하다고 생각한다.

4단계

소수의견이 된 비판세력은 다수의 압력을 받아 비판을 폭하고 침묵한다.

메시지의 양으로 힘을 만들 수 있다.
10명의 동일 메시지보다는 100명의 힘이 크다.

신뢰도와 객관적인 메시지가 힘 있는 메시지다.

신뢰도와 객관성이 있는 메시지에 힘이 생긴다.
내가 내 가게 홍보하는 것보다 언론이나 입소문의 바이럴 마케팅이 훨씬 신뢰도가 강하다. 메시지의 객관화는 '후보의 메시지' 보다는 '제3자의 메시지'로 인식되는 메시지다. 방대한 메시지로 여론을 형성해 나가면서 비판여론을 침묵시키는 전략이 필요하다.

정리하자면,
메시지의 힘을 키우기 위해 메신저의 힘을 키우는 것이다.
메신저의 힘을 키우는 방법은 후보 스스로가 힘 있는 메신저가 되는 것과 힘 있는 메신저를 조직으로 구축하는 것이다. 힘 있는 메신저는 지역의 오피니언 리더들이다. 오피니언 리더들을 내 조직으로 끌어오는 노력을 해야 한다.
후보가 메신저의 힘을 키우는 방법은?
도덕성, 신뢰도, 이미지, 사회적 지위, 성격 등이 메신저의 힘으로 작용한다.
내 주장을 힘 있는 메신저가 해 줄때 더 큰 메시지의 힘이 만들어진다. 당장 후보 스스로 메신저의 힘을 키울 수 있도록 이미지 구축에도 힘 써야 한다.

당신이 곧
메시지가 돼라.

"유권자들은 내가 한 말은 잊힐 수 있겠지만, 내가 준 느낌은
결코 잊지 못할 것이다"
메시지 전달자가 곧 메시지다.
후보자, 당신이 곧 메시지가 돼라!

선거는 이미지 싸움이다.
성공적인 리더나 후보들은 자신의 특성이나 가치관을 설명하
는 것이 아니라 실천함으로써 페르소나를 확립한다.
(페르소나: 다른 사람들의 눈에 비치는 외적 성격 등의 한 개인의 모습)
강력한 페르소나는 선거에서 매우 중요하다.
후보자가 유권자들에게 직접 소통하고 있으며 각자의 개인적
관심사까지 파악하고 있다는 이미지를 심어줄 수 있다. 이는
유권자들에게 친근한 느낌을 준다. 누구누구 연예인 하면 떠오
르는 이미지를 생각하면 된다. 우린 그들의 사생활을 전혀 접
할 기회가 없다. 오직 대중매체를 통해서 비치는 이미지로 각
인된 것이다.

경쟁후보가 나와 다른 중요한 강점을 지니고 있더라도 좀 더 호감을 주는 후보가 선거에서 승리하는 것이다. 똑똑한 사람을 뽑는 것이 아니라 호감 가는 사람을 뽑는다는 곳을 잊지 마시라. 똑똑한 사람을 뽑을 것이라면 그냥 수능시험 보듯이 점수제로 뽑으면 될 것을 굳이 투표를 왜 하겠는가?

후보가 되겠다고 생각한다면,
조합원들이 요구하는 조합의 시대정신은 무엇인지?
내 장점과 단점은 물론이고, 경쟁 후보의 강점은 무엇인지?
나만 갖고 있는 차별화 전략은 무엇인지?

1. 캐릭터로 승부하라.
유권자들은 후보의 철학이나 사회적 이슈에 대한 입장보다는 후보의 개인적인 이야기와 업적에 더 관심을 보인다. 후보의 살아온 인생을 통한 개인적 가치관에 더 주목한다. 스토리텔링이 중요하다.
살아온 인생 스토리에서 자신만의 캐릭터가 나온다.

2. 진솔함을 드러내라
스스로 최고의 메시지가 되는 메신저들은 언제나 자기 자신에게 진솔하다.
연기만으로는 선거판에서 오래 버틸 수 없다.

유권자들이 가식이라는 것을 알아채는 순간, 몰락의 길로 들어선다.

배우를 비롯한 연예인은 평생을 바쳐 정직성과 진정성을 연기에 담기 위해 애쓰기 때문에 대중들에게 신뢰를 얻기 쉽지만, 후보자들은 쉽지 않다. 신뢰의 중요성은 아무리 강조해도 부족하다. 활동 무대가 비즈니스든 선거판이든 자신의 진정한 모습을 지켜야 한다. 자신의 부족함을 굳이 드러낼 필요는 없지만, 거짓으로 포장하는 것은 더 최악이다.

3. 페르소나를 담아라.

유권자들에게 기억되고 싶은 내 이미지를 한 문장으로 정리할 수 있어야 한다. 기업광고에서 가장 성공적인 카피들은 단지 상품을 위한 슬로건으로만 비치지 않는다.

슬로건 자체가 곧 상품이다.

'똑똑한 사람'

'성실한 사람'

'야무진 사람'

'만나면 좋은 친구'

'추진력 있는 사람'

후보이미지는 한순간에 만들어지지 않는다.

후보자의 기본적 이미지를 바탕으로 유권자들이 요구하는 시대정신에 부합하는 슬로건을 개발한다.

후보자의 페르소나는 후보자의 리더십과 철학, 성격, 능력, 유권자와의 소통을 통한 상호작용, 그리고 무엇보다도 이 모두를 하나로 묶어주는 메시지의 총합으로 만들어진다. 중요한 것은 무엇을 말하느냐가 아니라 유권자들이 무엇을 듣느냐, 그리고 보느냐다.

동일한 메시지도 듣는 사람들의 지역적 성향, 인생 경험, 교육, 선입견 등에 의해 조금씩 달라진다. 부모의 말은 잔소리지만, 선생님의 말은 교육으로 받아들이는 것처럼.

RE100에 어떻게 대응할 것인가?

지난 2022년 대선 토론회에서 이재명 후보가 윤석열 후보에게 던진 'RE100'에 관한 질문으로 크게 이슈가 된 적이 있다. 사실 대다수 대중들도 'RE100'이란 단어가 생소한 단어였다.

"나도 모르는데, 모를 수도 있지, 뭐"

토론회를 지켜보는 대중들의 첫 반응이다.

문제는 그 이후다.

'RE100' 단어를 알고 있는지가 중요한 것이 아니라 생소한 단어가 나왔을 때 대응하는 방법에 문제가 있었다.

이재명 후보에게 'RE100'에 대한 설명을 들은 뒤

"현실적으로 가능하지 않다" 는 식으로 무시해 버린 태도였다.

토론회를 지켜보는 대부분의 대중은 대선 후보자가 'RE100'도

모르냐는 타박이 아니다. 전 세계적 추세임을 강조하는 이재명 후보 측에서는 좋은 먹잇감이 된 것이다.

"모르면 배우면 되는 것이지, 재생에너지 사업을 탄압하지 말라"

"토론을 보는 다수 유권자에게 무례한 질문이었다."

"앞으로도 어려운 게 있으면 설명을 해줘가면서 토론을 하는 게 예의가 아닌가 싶다"

대선 결과의 승패는 젖혀 놓고라도 이 메시지 하나로 후보의 소통하는 태도가 도마 위에 오르고 그 태도는 유지되고 있다는 점이 시사하는 바가 있다.

잘 만든
메시지 한 문장이 당선이다.

미국 대선의 선거 전문가 스콧리드는 선거운동은 유권자를 교육시키는 일련의 과정이라고 했다. 유권자들에게 '나는 누구인가, 왜 나왔는가, 비전은 무엇인가'를 알리는 것이다.

나는 누구인가?
- 후보의 경력, 학력, 출신, 가치나 평판 등 후보에 관한 사항이다.
왜 나왔는가 ?
- 출마의 명분이나 출마의 당위성이다.
비전은 무엇인가?
- 공약이나 정책 등을 통해 유권자에게 해 줄 수 있는 목표를 나타낸다.

이 세 가지 질문에 대한 답이 선거 전략의 출발점이다.
세 가지 질문에 대한 세세한 답의 메시지를 단순화 시켜야한다.
선거는 단순, 반복, 의식화의 과정이다.
바로 메시지를 통해서다.

누구나 이해하기 쉬운 말로 단순화하여 반복적으로 지속적인 메시지를 던지는 것이 선거의 방법이다. 이를 통해 유권자들을 의식화 시켜나가는 것이다.

메시지의 차별화

메시지는 유권자의 정서와 요구에 부합해야 경쟁적 우위를 차지한다. 내가 하고 싶은 메시지보다는 유권자가 듣고 싶은 메시지가 좋다. 선거는 구도를 선점하는 것이 절대적으로 유리하다. 차별화된 메시지가 필요하다.
1997년 대선의 경우를 살펴보자.
IMF의 위기상황이라 불안한 국민들의 감성과 요구를 잘 파악해서 만든 메시지가 바로 김대중 후보의 "준비된 대통령" 이다. 후보의 약점인 대선 4수생, 나이 문제를 준비된 후보 이미지로 경험과 연륜을 가진 정치인이라는 강점으로 강화시켰다. 메시지의 전략은 현재 상황에 대한 분석이 출발점이다. 상대후보에 대한 비교분석과 지역에 대한 충분한 이해를 바탕으로 메시지가 만들어진다.

단무지 vs 소세지 vs 오이지

과거 모 선배의 우스갯소리를 빌리자면 혈액형 별 특징이 있다고 한다.

O형은 단무지 (단순하고, 무식하고, 지랄 맞는)

A형은 소세지 (소심하고, 세심하고, 지랄 맞는)

B형은 오이지 (오기 있고, 이기적이고, 지랄 맞는)

AB형은 지지지 (지랄 맞고, 지랄 맞고, 또 지랄 맞는다는?)

선거에 대입해보자.

전략은 소세지.

소소할 정도로 구체적이고 세심하게 세운다.

개표장에서는 오이지.

오기를 갖고 이기적일 정도로 내 표 도둑맞지 않도록 감시해야 한다.

메시지는 단무지.

단순한 내용을 무식할 정도 지속적으로 알려야 한다.

유권자들을 1:1로 만나는 방법으로는 대면, 문자, 카톡 등의 SNS 등이다.

선거기간 13일 동안에 유권자들을 1,000명 이상을 직접 만나는 것은 현실적으로 불가능 하다. 500명 만나기도 버겁다는 후보들의 하소연이다. 문자나 카톡을 이용한 메시지가 당락에 영향을 미친다.

많은 후보들은 반복하는 것을 싫어한다.

신선하고 참신한 메시지만 요구하는 후보들도 있다.

이런 후보들에게 던지고 싶은 메시지는?

"선거는 글짓기 대회가 아닙니다!!!"

신선함(?)이 오히려 효과적인 메시지 전달을 막는 부작용으로 나타나기도 한다. 듣기에 좋은 말, 멋있는 슬로건이 좋은 메시지가 아니다.

메시지는 유기적이다.

메시지가 살아 있기 위해서는 지역 유권자의 정서와 욕구가 반영되어야 한다.

후보자의 정체성과 이미지에 맞아야 한다. 정해진 메시지를 반복적으로 되풀이해서 유권자들에게 선거 유행어가 될 정도면 대성공이다. 유권자들이 왜 자꾸 같은 말만 되풀이 하냐고 타박하는 말이 들린다면 오히려 잘 먹혀 들어가고 있다는 반증이다.

나만 할 수 있는 메시지를 찾아라!

위탁선거는 도전자에게 불리한 선거구도임에는 틀림없다.

지명도를 끌어 올리지 못한 도전자 입장에서는 선거 구도를 선점하는 것이 더욱 중요하다. 후보를 기억시키는 좋은 방법이 공약이다.

2007년 대선에서 이명박 후보의 '대운하 건설'이 경제 대통령 이미지와 함께 대세론으로 이끌어 낸 경우다. 2021년 민주당 경선에서 이재명 후보의 '기본소득'도 마찬가지다.

이 두 가지 공약의 공통점은 후보자의 살아온 이력과 이미지가 결부되어 효과가 강력했다.

메시지 전략은 대중의 심리와 경쟁후보의 약점, 자신의 강점을 분석하여

'나만 할 수 있는' 메시지를 개발하는 것이 좋다.

서먹서먹한 유권자와
말 잘하기?

유권자와 큰 인연이 없어서 특별히 할 말이 떠오르지 않을 때는 어떻게 해야 할지 고민한 경우가 많을 것이다. 무슨 말을 꺼내야 할 지 망설이다가 말할 타이밍도 놓치면서 서먹서먹한 상황이 되면서 긴장감으로 근육이 긴장된다. 이는 자신감이 부족한 느낌의 이미지가 만들어질 가능성이 높다.

말하기가 어려운 이유는 할 말이 없어서다.
할 말만 있으면 말하는 것이 두렵지 않다.
말을 많이 하는 것이 말 잘하는 것이 아니다.

직장에서 상사가 회의나 토론하지고 하면
'바빠 죽겠는데 또 무슨 토론이야' 하며 짜증부터 난다.
바빠서가 아니다.
'할 말도 없는데 무슨 토론이야' 하는 마음이 더 크다.
토론이 마무리 되면 뒤늦게 하고 싶었던 이야기들을 못한 것이 후회로 몰려온다.

이런 후회를 반복하지 않기 위한 세가지 방법을 제안한다.

첫째, 질문한다.
말의 궁극적인 가치는 서로의 궁금증 해소를 통한 소통이다.
모르는 것을 알려주기, 해결책을 제시하기, 의문점을 해소하는
것이 말의 기본적 가치다. 먼저 질문을 받고 생각하면 늦다.
내 생각이나 의견을 남들이 묻기 전에 스스로에게 질문을 던지
고 답을 찾아둔다. 그러기 위해서는 남들이 궁금해 하는 것은
무엇인지 알아야 한다.
남들이 궁금해 하는 것은 어떻게 찾을까?
내가 궁금했던 것을 들춰봐라.
내 생각이나 남의 생각이나 도찐개찐이다.
어떤 주제에 어떤 답을 내리든, 내 생각과 의견, 느낌을 정리하
는 연습이 필요하다.

둘째, 관찰한다.
우리는 본 것이나 들은 것을 바탕으로 상황을 묘사하거나 설명
한다.
묘사가 있는 그대로를 말하는 기술이라면, 설명은 상대가 이해
하기 쉽게 밝히는 것이다.
설명에는 비유나 예시가 들어간다.
설명할 대상에 관해 자기 의견을 보태면 '해설'이 된다.

해설을 잘하려면 대상을 관찰하는 데 그치지 않고 자기만의 관점이나 시각을 가질 필요가 있다. 관점이나 시각이 쌓이면 철학이 만들어진다. 나의 경험이나 일화를 되새겨 보는 것도 방법이다.

마지막으로, 공부한다.
책을 읽거나 강의를 듣는 것, 신문이나 칼럼 읽기, 남과 대화하는 것도 도움이 된다. 그리고 혼자 연습한다. 좋은 말들은 메모해둔다.
메모의 습관이 필요하다.

선거공보물,
어떻게 준비하는가?

선거 준비하는 과정에서 무엇보다 중요한 것이 공보물이다.
공보물은 슬로건과 공약, 출마의 변, 얼굴, 후보자의 약력 등 후
보자의 모든 것을 집약시켜놓은 것이다.
후보자의 약력이나 얼굴은(표현이 좀 그렇긴 하지만) 있는 그대로
옮겨놓는다고 치자.
슬로건이나 공약을 비롯한 전략과 구도는 머리를 짜내야 한다.
전략과 구도를 바탕으로 슬로건과 공약이 만들어지고, 선거공
보물의 결과물로 만들어진다. 전략이나 구도는 선거구 지역별,
상대후보에 따라 달라진다.

슬로건, 무엇을 말할 것인가?

선거 슬로건 - 한 가지만 얘기하라.
유권자 분석, 후보 분석, 지역 현안 분석을 통해 유권자들에게
할 말을 만든다. 짧고 간결하게 한마디로 정리할 수 있는 메시
지를 정리해 본다. 일관되고 집약된 의미의 문장이 슬로건이

된다.

유념할 것은 짧고 간단하게 하나의 내용만 담아야 한다.

슬로건의 초점은 대게 부동층을 겨냥한다.

고정 지지층은 후보자와 유권자의 출신지별, 연령별, 거주지별 직능별 관계에 따라 거의 결정되기 때문에 부동층을 대상으로 한 득표의 확장성을 목표로 슬로건이 작성되어야 한다.

슬로건을 만들어 놓고 슬로건의 분위기에 맞춰 공약을 개발할 수도 있지만, 가능한 공약을 뽑아놓고 맨 나중에 이들 공약을 한마디로 요약해 슬로건화하기도 한다.

구구절절하게 많은 공약보다는 단 한마디의 슬로건이 더욱 유권자의 심장을 파고든다. 슬로건은 그 중요성 때문에 본격적인 선거에 돌입하기 전까지 생각과 생각을 모아 좋은 한 단어를 찾기 위해 노력해야 한다.

공약의 성격과 원칙은?

유권자들이 요구하는 것이어야 한다.

공약은 유권자들에게 가장 중요한 문제여야 한다.

유권자들은 자신들에게 가장 중요한 문제일수록 관심과 지지를 불러일으킬 수 있다. 그 문제에 대한 정보도 많이 가지고 있을 가능성이 높다.

유권자들이 이해하기 쉬워야 한다.
선거운동 기간이 짧기 때문에 유권자에게 익숙해져 있지 않은
정책은 아무리 중요하더라도 유권자를 이해시키고 설득하기
쉽지 않다. 복잡하고 어려운 공약은 아무리 좋은 것이라도 선
거에는 쓸모가 없다. 짧은 선거운동 기간에 설명하고 이해시키
다 보면 선거는 끝나간다.
유권자들에게 익숙한 정책을 익숙한 단어로 설명하는 것이 중
요하다.

2023년 대선에서 이재명 후보의 기본소득 공약이 그 예다.
좋은 공약인데, 유권자들은 기본소득에 대한 개념부터 세수 문
제, 소득 공정성 문제 등의 설명을 듣다가 이해 못 해서 손을 내
젓고 만다. 유권자는 기억하고 싶은 것을 기억한다. 그 기억은
유권자에게 이미 존재하고 있거나 잠자고 있던 기억장치에서
끄집어 내야한다. 입력할 준비가 덜된 기억장치에 전혀 새로운
메시지를 집어넣는 것은 시간이 필요하다.
공약을 한 문장으로 설명할 수 있어야 좋다. 전혀 새로운 메시
지는 한 문장으로는 부족하다.

다른 후보자들과 차별화가 뚜렷해야 한다.

그렇게 해야 유권자들이 후보자들 사이의 차이를 쉽게 이해할 수 있다. 만약 후보자들과 차이가 분명하지 않다면 공약 이행 능력의 차이를 강조하여야 한다. 최대 현안 또는 과제에 대한 유권자들의 요구사항이 일치하여 별수 없이 동일한 공약을 낼 수밖에 없더라도 그 실현 방법이나 추진 과정에서 차이를 만들어낼 수 있다. 실현 방법과 추진 과정의 차이가 분명치 않다면 공약 이행 능력의 차이를 강조한다.

선거공약의 작성은 어떻게 할 것인가?

위탁단체의 기존 사업, 조직 운영, 경영 방식의 문제점을 개선하는 내용과 새로운 사업 등 새로운 아이디어를 제시하는 내용을 지역 실정에 맞게 적합하게 제시한다. 역대 공약과 타 지역의 공약들을 살펴 나에게 맞는 공약을 찾아낸다.

출마자 선거 공보 초안(예시)

신뢰하는 **농협
주인이 대접받는 **농협!
검증된 경영 전문가 ***이 확실히 바꾸겠습니다.

1. 경영 전문가로서의 공약

▶ 조합원이 신뢰하는 투명경영으로 보답하겠습니다.

▶ 판매 증진으로 우리 지역 농산물의 자존심을 회복시키겠습니다.

▶ 농산물 선별장 설치 운영하겠습니다.

▶ 도시농협과 연계하여 농산물 직판장을 설치 운영하겠습니다.

▶ 원로조합원 무료 건강검진을 실시하겠습니다.

▶ 미곡처리장의 건조, 저장 시설을 스마트 시설로 첨단화 하겠습니다.

▶ 지도사업, 구매사업, 판매사업, 가공사업, 신용·공제사업, 문화복지사업, 기타 생활편익 증대 사업

▶ 타 조합이나 금고와 연합사업

▶ 지방자치단체와 협력 사업

2. 조직 운영 방식의 개선에 관한 공약

▶ 대의원회, 이사회, 영농회, 부녀회, 동아리

▶ 원로 조합원의 고문단 운영

▶ 청년, 여성, 동아리 등 조직 대표의 의견 수렴

3. 경영의 개선에 관한 공약

▶ 수지예산, 결산, 업무분장과 권한

▶ 투명한 경영, 책임 경영에 관한 사항

▶ 업무추진의 효율화

▶ 직원의 전무 성과 책임성 제고

4. 조합원 복리증진

▶ 장학사업 확대

▶ 복지 및 환원사업 확대 실시

▶ 조합원 편익시설 확충

▶ 장제사업 실시 등

공약이 어느 정도 정리되었으면 출마의 변이나 정견발표용 메시지를 다듬어야 한다. 위탁단체에서 주관하는 행사에서 정견발표가 가능하다.

미리 스피치 연습이 필요하다.

가장 설득력 강하고 공감하는 메시지는

"메신저가 곧 메시지가 되는 것이다."

강도가 정직을 외친다면 누가 감동을 받겠는가?

공약사항을 바탕으로 한 정견발표 초안(예시)

존경하는 조합원 여러분!

저 ○○○은 조합장에 당선되면 여러 선배 어른들을 모시고 고견을 받들어 모시고 혼신의 힘을 다해 **농협의 희망찬 미래를 열어 나가겠습니다.

■ 조합경영의 공개를 정례화하고 투명한 조합을 만들겠습니다.
조합의 지도자가 정직해야 양심적인 조합을 만들 수 있습니다.
제가 조합장에 당선되면 조합원 여러분께 조합 살림을 낱낱이
공개해 투명경영을 이루겠습니다. 대차대조표, 손익계산서 등
각종 회계장부도 쉽게 알아볼 수 있도록 하고 조합의 지도사업
비 내역을 제대로 공개하겠습니다.
분기별 경영실적을 공개하고 이에 대한 조합원님의 의견을 수
렴해 반영토록 하겠습니다. 양심과 원칙에 따라 모든 일을 공
명정대하게 처리하고 부단한 경영혁신을 통해 우리 조합을 지
역 최우수 조합으로 만들어 내겠습니다.

■ 조합원과 소통을 강화하겠습니다.
조합장은 조합의 사장이 아니라 조합원과 함께하는 동반자이면
서 심부름꾼이라고 생각합니다. 조합원님을 대신해서 살림을
맡은 책임감을 한시도 잊지 않겠습니다. 조합장실의 문턱을 없
애고 상시 개방하여 언제든지 찾아와 애로사항을 함께 고민하
는 조합장이 되겠습니다. 조합원 전용 민원전화를 개통하여 접
수된 사항은 조합장이 직접 검토하고 개선하도록 하겠습니다.

■ **조합원님이 생산한 농산물을 조합이 책임 판매하겠습니다.**

조합의 판매사업에 대해 조합원님들의 만족도가 낮습니다. 조합원님이 생산한 농산물의 판매사업을 활성화시키겠습니다. 판로개척과 도시농협과 연계하여 농산물을 제값 받도록 하여 활력 넘치는 영농생활이 되도록 하겠습니다. 이런 조합의 기본업무를 제대로 실천하겠습니다.

■ **조합의 장기발전 계획을 수립하고 추진하겠습니다.**

치열한 경쟁 속에 살아남기 위해 고정관념을 버리고 장기 비전을 만들겠습니다. 조합원 여러분의 의견을 수렴하여 조합으로 올바른 방향으로 나아가는데 함께 만들어나가겠습니다. 조합원에게 신뢰받는 조합, 희망이 있는 조합, 저 ○○○이 반드시 책임지겠습니다.

공보물 작성할 때
학력기재에 관한 유의사항

공보물 작성할 때 가장 실수를 많이 하는 것이 학력 기재 사항
이다.

물론 있는 그대로를 기재하면 문제가 될 것이 없을 것이다.

없는 것을 있는 것처럼 만들어서 넣는 것이 문제가 될 것이고
단순하게 부주의나 실수로 문제가 되기도 하는 것이다.

학력을 기재하는데 있어서 다음 요소들을 잘 지켜서 기재를 하
면 크게 문제 될 것은 없을 것이다.

중퇴와 수료라는 말을 넣지않아서 선거법 위반으로 당선 무효
가 된 사례에서 보듯 단어 한 두개를 넣고 안넣고에 따라서
선거법 위반이 될 수있음을 명심해야 할 것입니다.

**1. 학교명이 개명된 경우에는 졸업, 수료 당시의 학교명을 기재
하여야 한다.**

다만, 개명된 학교명을 ( )로 병기하는 것은 가능하다.

2. **대학교를 거쳐 @@대학원을 졸업한 사람이 선거벽보 등에

굳이 ** 대학교 졸업 이하의 학력만 게재하고자 하는 때에는
**대학교의 학력 증명서만 제출하면 된다.

3. 학력은 정규학력에 관한 최종학력의

출신학교명 또는 국내 정규학력에 준하는 외국의 교육기관에서 이수한

학교명(졸업, 수료 중퇴 당시의 학교명)과 중퇴한 경우에는 수학 기간을 기재하여야 한다.

4. 외국의 교육기관에서 이수한 학력을 게재하는 경우에 그 교육과정명, 수학 기간 및 학위를

취득한 때의 취득한 위명을 기재하지 않으면 법 250조에 따라 허위사실 공표죄로 처벌받을 수 있다.

5. 「학점인정 등에 관한 법률」 제7조, 제8조에 따라 학점 학력이 인정되는 사람이

그 학력을 게재하고자 할 경우, 대학의 장이 학위를 수여한 때에는 "학점인정 등에 관한 법률에 따른
(**대학교 부설 00교육원) @@학사학위 취득" 으로,
교육부장관이 학위를 수여한 때에는 "학점인정 등에 관한 법률에 따른 @@학사학위 취득" 으로,
학점 이수 중인 때에는 "학점인정 등에 관한 법률에 따른(**대학

교 부설 00교육원) @@학사과정 이수중" 으로 게재하여야 한다.

6. 정규학력이 있는 사람은 '독학' 또는 '무학'으로 기재할 수 없다.

다만, 학력기재를 원하지 않는 경유에는 후보자등록신청서의 학력란을 '미기재'로 기재할 수 있다.

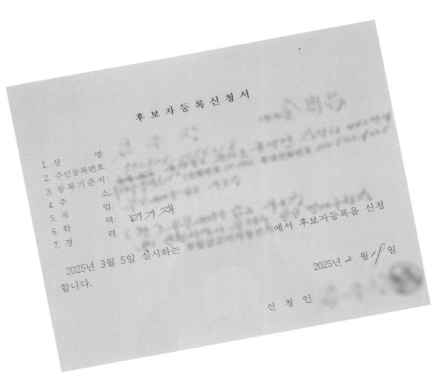

정견발표 대비를 위한
말의 기술

말하는 것도 전략이고 기술이다.

말 잘하는 법?

어렵지 않다.

상대의 말을 듣는 것만 잘해도 절반은 먹고 들어간다.

모든 게 전략이다.

전략의 첫 번째는 지피지기, 두 번째는 상대방의 입장에서 생각하기, 세 번째는 제대로 된 콘텐츠 준비하는 것이다.

역사적 명연설가로 꼽히는 A. 링컨도 연설시간의 80%는 청중이 듣고 싶은 내용을, 20%는 자신이 하고 싶은 말을 하는 것을 원칙으로 삼았다고 한다. 100% 내가 하고 싶은 말을 해야 할 경우도 있을 것이다. 그래도 목표에서 눈을 떼지 말라. 전쟁과 선거의 목표는 이기는 것이다!

"테크닉은 완숙의 기본이다!"

발표를 잘하기 위한 요소는 다음과 같다.

내용: 키 메시지를 분명히, 순서를 정해, 쉽고 재미있게 말하기

태도: 발표 자세, 표정, 자연스러운 제스처와 시선처리법

음성: 크고 힘차게, 명확한 발음, 억양과 말의 리듬, 사이두기 요령

매너: 마음의 태도, 인사와 마이크 사용법, 상대방 입장에서 말하기 등

1. 말이 너무 빨라요

말이 빠르거나 더듬게 되는 이유는 뭘까?

지나치게 긴장하거나 흥분했을 때, 그리고 시간은 짧은데 할 말이 많을 때다.

밥이 입으로 먹는 음식이라면 말은 귀로 먹는 음식이다. 급하게 먹는 밥에 체한다. 천천히 먹어야 맛을 느끼고 소화가 용이하듯, 천천히 얘기해야 말의 내용을 알고 이해할 수 있을 것이다.

아무리 좋은 내용이라도 전달하는 방법 즉, 청중을 이해시키는 능력이 뒷받침되지 않으면 오랫동안 준비한 노력의 빛이 바랜다.

2. 말이 빨라지는 이유는?

말이 빨라지는 근본적인 이유는 말의 속도와 생각의 속도의 차이 때문이다. 글을 1분 동안 소리 내어 읽고 난 뒤, 띄어쓰기를

기준으로 낱말을 세어 보라. 1분 동안 말로 표현할 수 있는 낱말의 숫자는 겨우 150개 이내이다. 그러나 생각 속도는 그 4배인 600개 이상을 처리해 낸다.

이것은 두 가지 현상을 낳는다.

첫째, 상대방의 이야기를 끝까지 안 듣게 된다.

대화를 나눌 때 상대방의 말 한두 마디만 들으면 대개 내용이 파악되기 때문이다. 4배 이상 앞질러가는 생각 속도가 위력을 발휘하여 '아하, 지금 상대가 말하려는 게 이곳이로군!' 하고 넘겨짚어 버린다. 당연히 상대방의 말허리를 싹둑 자르고 들어가기 때문에 말이 잘린 상대방의 기분은 엉망이 된다.

전쟁을 비롯한 지구상의 대부분의 분쟁은 듣지 않아서 생긴다.

서로 상대방의 말에 고개만 끄덕여 줘도 사랑은 식지 않는다.

그래서 필요한 것이 상호'감성'이다.

말하는 사람은 청중을 배려하고, 듣는 사람은 귀를 기울여주는 마음의 자세다.

심리학자 프로이트가 "표현 자체가 치료다"라는 말을 기억하라.

말도 배설이라는 이야기다.

둘째, 말이 빨라진다.

뇌에서는 한꺼번에 600개 이상의 낱말이 "내려가!"라고 명령

하는데, 입으로 표현할 수 있는 단어는 고작 150개에 불과하다.
다.
병목현상이 생긴다.
따발총처럼 말이 발라지고, 신호체계 오류로 버벅거릴 수 있다.
다.

3. 현상을 극복하려면?
나도 말이 아주 빠른 편이다.
두 가지에 신경을 쓰며 말하려고 노력한다.
'한 글자 한 글자 발음을 분명히 해야지'
'문장과 문장 사이엔 침묵해야지'
말을 할 때 전달 자체가 아닌 내용에 대한 이해가 목적이라면 적절한 사이 두기는 필수다.
세계적으로 존경받는 경영인으로 수차례 선정된 GE의 잭 웰치 전 회장. 그도 어릴 적에는 말더듬이였다고 한다.
초등학교 시절, 말더듬 때문에 친구들에게 놀림당하여 의기소침해지자 그의 어머니가 항상 들려준 말 덕분에 극복할 수 있었다고 한다.
"얘야, 네가 말을 더듬는 것은 똑똑해 서란다. 말보다 생각이 앞질러가기 때문이다. 조금만 천천히 생각해라."
어느 순간부터 말더듬 증상이 사라졌다고 한다.
말투나 억양은 글을 소리 내어 읽을 때의 증상과 동일하게 나타난다.

말투나 억양, 속도 조절이 필요하면 글을 소리 내어 읽는 연습도 좋은 방법이다.

신문 칼럼이나 사설을 하나 정해놓고 읽어보라.

자신의 목소리를 녹음해서 들어보라.

하나를 정해 3번 정도 읽어보라.

하루에 5분 정도, 매일 한 달 정도만 꾸준히 연습하면 좋은 결과를 기대할 수 있다.

정리하자면,

말이 너무 빠른 것은 말의 속도와 생각 속도의 차이 때문이다.

이는 대화 장애, 발표 시 버벅거리는 현상을 초래하기도 한다.

구와 절 사이, 문장과 문장 사이에서는 한 박자씩 쉬어가는 글을 읽는 연습으로 극복한다.

4. 시선처리 문제는?

내성적이고 소심한 사람은 상대방의 눈을 정면으로 바라보지 못하는 경우가 많다. 상대방의 발치를 보거나 창이나 출입구, 사물, 허공 등을 보면서 말하는 경우가 많다. 촌뜨기가 서울역 광장에 처음 내린 사람처럼 어리숙하게 보인다. 구태여 상대방을 노려볼 필요는 없지만 부드러운 시선으로 상대의 눈을 쳐다보라. 습관이 되지 않아 어색하다면 상대방의 코 언저리, 턱 언저리에 시선을 두고 상대방의 행동을 지켜보는 것도 좋다.

그런 후 미소를 지어라.

상대방의 얘기에 집중하며 반응하다 보면 내성적인 사람도 곧잘 자신의 성격을 잊곤 한다.

5. 상대방의 입장은?

정치가가 아닌 이상 처음 만나는 사람이나 많은 사람들이 모인 자리에서 우리는 누구나 앞에 나서기를 꺼려한다. 때론 흥분으로 인해 얼굴이 붉어지거나 땀으로 얼룩지기도 한다. 준비된 사람에게는 모든 것이 여유롭다. 자기 자신을 관리하는 사람은 어떠한 상황이 닥치더라도 침착해지며 어려운 일에도 즐겁게 해 나갈 수 있다.

먼저 자신의 마음을 열고 상대방을 대하는 습관을 길러야 한다.

내가 먼저 마음의 문을 열고 상대방을 원할 때 상대방도 나와 마찬가지로 마음의 문을 연다. 그때 우리가 원하는 것을 얻을 수가 있다.

내가 말할 준비를 하는 것처럼 상대방도 들을 준비의 기회를 준다.

그래서 첫 마디는 서로가 공감할 수 있는 화제로 시작하는 것이 좋다. 날씨나 기념일, 화젯거리의 뉴스, 공통된 취미 등의 이야기로 풀어가는 것도 방법이다.

하게 옆집에 돈 빌리러 간다고 치자.

만나자마자 "돈 좀 빌려줘" 하면 당황하지 않을까?

빙빙 말 돌리면서 이런 말 저런 말로 눈치나 분위기 파악하다가 상대가 말을 받아 줄 준비가 되었다 싶을 때 본론 이야기하지 않은가.

자신의 위치를 당당하게 굳히며 성공하기 위해서는 상대방의 마음을 먼저 읽어내고 그것에 자신의 수준을 맞추는 것이다.

원하는 것 이상의 이익을 얻을 수 있다.

그렇다고 가식적으로 행동해서는 안 된다.

나 자신의 말과 행동이 진심에서 우러나오는 것이라면, 굳게 닫고 있던 상대방도 마음의 문을 연다.

상대방의 상황과 입장을 먼저 생각하자.

그러면 길이 보인다.

정견발표 잘하려면?

연설이란 자신에게 주어진 시간을 이용하여 대중을 상대로 설
득하는 기술이다. 훌륭한 연설은 내용, 태도, 음성, 자세, 표정,
매너 등이 어우러진 종합예술이라 할 수 있다. 하지만 잘못하
면 기술적인 말솜씨로만 기억될 수 있다. 진정한 연설은 자신
의 인격에서 우러나오는 진실한 말, 책임 있는 말, 언행일치되
는 말이어야 한다.

목소리는 크고 힘차게, 천천히, 또박또박, 자연스럽게 말한다.

말끝은 분명하게,

발음은 정확하게,

화법은 긍정적으로 유머를 사용하면 금상첨화다.

정견발표를 위한 연설을 잘하려면?

1. 먼저 뼈대를 세우라.

연설문을 쓸 때는 먼저 뼈대를 세우고 거기에 살을 붙여 가는
방법으로 작성한다.

선거 연설문이라면 '첫인사-자기소개-출마 배경-공약사항(3개 정도가 좋다)-마지막 다짐-끝인사'의 순서가 기본 구조다.

행사 연설의 경우엔 '첫인사-내 외빈 참석에 감사-날씨-준비과정 소개-행사 취지 언급-성공 기원 멘트-끝인사'의 순서면 무난하다.

취임사의 경우엔 '첫인사-참석자에게 감사--취임의 변-비전 제시-당부의 말-끝인사'의 순서가 좋다.

주제발표라면 '첫인사- 자기소개- 내용 발표-마무리-끝인사'의 순서로 말하는 게 바람직하다.

단, 누구나 말할 수 있는 평범한 전개는 재미가 없다.

첫인사를 한 다음에 유머나 가벼운 농담으로 시작한다든지, 시사성을 곁들인다든지, 청중 가운데 누군가를 칭찬하는 등 자신만의 방법으로, 나만의 이야기 방법으로 풀어나가도록 고민하라.

2. 눈 맞춤을 잘하라.

눈 맞춤에 성공하면 스피치에 성공한다.

말은 언제나 1대1의 주고받음이다.

대화는 물론 좌담이나 회의, 또는 대중연설에서도 청중과 1대1의 관계는 변함없다. 눈 맞춤이 없으면 청중의 생각은 집중하지 않고 우주여행을 간다.

3. 재미있고 유익할 때 성공한다.

연설은 재미있고 청중에게 유익한 말일 때 성공한다.

많은 연설자들은 재미보다는 훌륭한 연설을 하려 한다.

사실 청중은 재미있는 이야기를 듣고 싶어 한다.

이는 마치 영양이 많은 음식이지만 맛이 없으면 사람들이 별로 좋아하지 않는 것과 같다.

'맛과 영양이 고루 배합된 음식'처럼 재미도 있고 내용도 훌륭한 연설이 금상첨화다.

4. 리듬을 타라.

발표 시간 내내 열정적인 스피치는 불가능하다.

중요한 부문에선 고에너지, 높은 음성으로 하고, 그렇지 않은 부문에선 낮은 에너지로 리드미컬하게 말을 한다.

처음부터 끝까지 일정한 소리의 크기로 밋밋하게 얘기해서는 재미가 없다.

중요한 문장은 강조하고, 문장 가운데 포인트가 되는 낱말을 또한 강조하는 게 요령이다.

5. 의사전달에는 발음이 중요하다.

본인은 아주 잘 이야기했다고 생각하더라도 듣는 사람이 무슨 말인지 알아들을 수 없었다고 하면 실패한 연설이다. 우물쭈물 말하거나 말끝이 희미한 경우, 이해하기 어려운 어휘를 골라

쓰는 경우도 나쁜 발음의 요소가 된다. 그렇다고 말 한마디 한 마디를 너무 끊어서 또박또박 말하면 그 역시 듣기 거북하고 훈시 조로 들려 자연스럽지 못하다.

준비가 제대로 되려면 별도의 발음 공부와 함께 적어도 5번 이상 자기 목소리를 녹음하여 들어보는 것이 좋다.

6. 제스처를 활용하라.

입말이 라디오라면 몸말은 TV라고 할 수 있다.

입말만 하면 단조롭다.

제스처, 즉 보디랭귀지는 단조롭고 무미건조한 입말의 스피치보다 훨씬 강력한 메시지를 전달한다. 청중이 많을수록 큰 제스처로 분위기를 끌어올릴 필요가 있다. 높은 시각적 에너지가 음성 에너지도 상승시켜 긴장감이 완화된다.

7. 질문을 많이 활용하라.

연설이 후보가 일방적으로 말하고, 이야기를 진행하듯이 보이지만 실은 그렇지 않다. 청중도 마음속으로는

'맞아, 맞아'

'좋아, 나도 공감해!'

'아니, 그건 달라!' 라고 다양하게 반응한다.

노련한 후보는 끊임없이 청중과 대화를 나눈다.

질문을 통해서 답을 얻는 것이다.

질문은 청중들의 집중도를 높이는 효과가 크다.

8. 이야기 사이의 쉼에 주의하라.

말문이 막히면 당황하지 말고 잠시 쉬자.

1,2초는 긴 시간이 아니다.

오히려 청중의 시선과 신경을 집중시킬 수 있는 기회의 시간이다.

스피치에 자신 없는 사람일수록 또박또박 말하지 못한다.

적절한 사이 두기는 내용에 대해서 생각하고, 기대하게 하고, 동의를 구하거나 강조하는 효과가 있다.

9. 결론부터 말하라.

좋은 연설의 기본은 '결론부터, 청중이 궁금할 수 있는 이야기부터'라는 것이다.

그러기 위해서는,

'나는 누구인가?'

'내가 선택받아야 할 이유는 무엇인가?'

에 대한 해답을 던져 줄 수 있어야 한다.

10. 80% 정도면 성공이다.

아무리 많은 준비를 했어도 연설을 마치고 후보가 충분히 만족해하는 경우는 극히 드물다.

'이렇게 하면 더 좋았을 걸'

'하아, 이 말을 빼 먹었네'

'이런 순서로 할 걸'

하는 아쉬움은 누구에게나 있다.

연습 때와는 달리 실전에 임하면 엄습해오는 주체할 수 없는 긴장감 때문이다. 애초에 기대했던 바의 80% 정도 실력 발휘되었다면 성공한 것이나 다름없다. 스스로에 대한 반성은 다음의 지침이 되기 때문에 열등감 가질 필요 없다.

다만, 서투른 사람일수록 많은 연습과 경험을 거듭해야 한다. 명 연설가는 타고난 것이 아니라 반복되는 실수와 불만족, 자괴감을 겪는 과정을 통해서 만들어지는 것이다.

토론회 등
대화의 준비

형식이 내용을 담는다.

선거는 메시지 전쟁이다.

메시지의 내용도 중요하지만 형식도 중요하다.

내용이 형식을 이기지만, 형식이 갖춰지지 않은 메시지는 힘이 부족하다. 정견발표의 연설이나 선거운동을 하다보면 대화를 하게 된다. 모두가 내 편이면 좋으련만, 딴지를 거는 경우도 많다.

정견발표나 토론 등의 대화에 관한 대응방안을 정리한다.

1. 마음의 여유는 리더의 기본이다.

후보자들이 토론회에서 가장 착각하기 쉬운 점이 상대 후보를 이기려 드는 것이다. 토론은 상대 후보와 하지만, 조합원을 상대로 이야기 한다는 점을 간과해서는 안된다. 조합원들에게 경영전문가적 이미지, 지적 이미지 등 긍정적 이미지를 심어줘야 한다. 흥분하면 지는 것이다. 논쟁하는 모습보다는 중재자의 모습이 여유와 인간미가 더 드러날 수 있다.

2. 비판적 사고는 반론의 힘을 키운다.

문제의식이 비판적 사고를 만든다.

잘못된 반론은 반대를 위한 반대로 비칠 수 있다.

3. 역질문은 분위기를 빼앗아올 수 있다.

예상치 못한 질문이나 상대의 이야기를 이해가 부족한 경우에는 당황하지 말고 역질문으로 대응하라. 역질문을 통해서 생각할 시간을 벌 수 있다. 역질문을 통해 비집고 들어갈 수 있는 상대의 틈새를 포착할 수 있다.

4. 다양한 시각을 가져라.

한 가지 상황을 다양한 사람의 관점에서 살펴봐라.

조합의 경영에 관한 논쟁이 있다고 치자.

조합장, 이사나 감사, 조합 임직원, 조합원의 관점은 서로 다르다.

방향이 다르고 기대치나 평가도 다를 수 밖에 없다.

5. 장황한 설명은 구차할 뿐이다.

논점에 대한 설명은 주장하고자 하는 결론을 먼저 설명하는 두괄식 전개가 좋다. 시간적 제한을 감안하여 결과를 먼저 말하고 부수적인 설명이 좋다. 말하기는 간결한 문장이 좋다. 구구절절 설명하면 지루해지고, 이는 이미지에도 타격을 준다.

6. 지식 싸움이 아니라 인식 싸움이라는 것을 잊지 말아야 한다.

후보자의 긍정적 이미지를 인식시키는 것이 목표로 삼아라. 어설픈 지식 자랑하다가 변명하는 모습을 보이면 최악이다.

진심이 통한다.

모르는 것이 죄가 아니라 변명이 최악일 뿐이다.

7. 메시지를 공격할 수 없으면 메신저를 공격하라.

메시지에 대한 반박논리가 부족할 때에는

"다른 사람이라면 모르겠는데, 당신은 말할 자격이 없다!"

라는 전개가 필요하다.

메신저에 대한 공격 논리가 부족하다면, 메시지에 대한 논쟁을 회피하는 전략이 필요하다.

"좀 더 고민해 보자."

"메시지에 대한 토론을 대하는 자세나 준비가 부족하다."

"애석하게도 당신은 그 메시지에 대한 공부를 더 하고나서 질문할 필요가 있다."

토론에서 가장 실수하기 쉬운 점이 상대방을 이기려다 조급함을 드러내는 경우다. 토론이나 대화는 상대방과 싸우는 것이 아니라 경쟁후보와 비교대상으로서, 조합원들에게 보다 더 긍정적 이미지를 심어줄 수 있도록 하는 것이 중요하다.

갑작스럽게 치러지는
보궐선거 준비는?

조합장 보궐선거 준비하시는 분들에게 던지고 싶은 말 한마디는?
"미리 준비한 후보의 미래는 당선이다!"

조합의 보궐선거는 현직조합장의 사퇴나 사고 등의 사유로 30
일 이내 선거를 치르게 된다. 선거를 치르기 위한 기본적인 사
항은 미리 준비가 되어 있지 않으면 결과는 이미 정해져 있다
고 봐도 무방할 정도다.
번갯불에 콩 볶아 먹을 수는 없다.
처음 도전하는 후보들이 너무 쉽게 생각하고 여유를 부리다 낭
패 보는 경우를 너무나 많이 봐 왔다.

수면 위의 오리 깃털은 유유자적 즐기는 모습으로 비치지만,
수면 아래의 오리 발은 끊임없이 움직인다는 사실을 간과하면
안된다. 갑작스럽게 실시하는 조합보궐선거를 위해 기본적으
로 준비해야 할 것은 무엇인지, 얼마나 준비되어 있는지를 스
스로에게 질문해 본다. 일련의 준비과정은 결코 짧은 시간에

완성할 수 없다. 출마를 결심한 순간, 후보는 선거에 나오는 것이 목표가 아니라 당선이 목표라는 당연한 사실을 가끔 놓치지 않는지 되돌아봐야 한다.

현직 조합장선거법위반 등으로 기소 가능성이 높을 경우, 선거 준비는 수면 아래에서 미리 만반의 준비를 해야 한다. 수면 위에서 유권자들과 일상적인 소통을 강화해 나갈 필요가 있다. 대부분의 도전자들이 소통하는 모습을 들여다보면, 카카오톡이나 문자로 일상적인 인사말 정도다. 이왕이면 인사말 내용도 유권자들과 공감하는 내용으로 신경을 쓰기를 바란다.

선거를 전쟁에 많이 비유한다.
전쟁은 싸워서 이기는 것이고, 선거는 이겨놓고 싸우는 것이다.
러시아와 우크라이나 전쟁을 살펴보자.
누가 봐도 러시아가 3개월 안에 이길 거라고 예상했지만, 벌써 3년째다.
이겨야 끝나는 것이 전쟁이다.
전쟁은 유효기간이 없기 때문이다.
선거는 13일이라는 유효기간이 정해져 있다.
13일 동안에 큰 변곡점이 있지 않는 한 선거 구도를 뒤바꾼다는 것은 결코 쉽지 않다.
유권자가 후보자를 선택하여 투표로 이어지는 심리적 선택과정은 하루아침에 이뤄지지 않는다.

▶ 특정 후보의 이름이 오르내리면서 후보자에 대한 인식 단계
▶ 후보에 대한 정보 탐색 단계
▶ 정보를 기반으로 신뢰성을 구축해 나가는 단계
▶ 신뢰도가 강화되어 호감 단계
호감만 가면 뭐 하겠는가? 충성도 높은 지지자로 이끌어야한다.
▶ 지지 단계로 이끌어 내야겠지요.

지지단계로 이끌어낸 지지자는 후보자를 소문낸다. 열렬한 지지자는 자신의 지지선택이 옳고 정당한 합리적 판단이라는 것을 주변에 설파하는 심리가 강하다. 충성도 높은 지지그룹이 만들어지는 것이다.
우리 집 식당을 내가 맛있다고 소문내는 것보다 제3자가 소문내 주는 것이 더 신뢰도가 높듯이.

말 많고 탈 많은 무자격
조합원... "조합장 선거 무효"

무자격 조합원 문제가 파장을 일으킨 사례를 소개한다.
1년 여 앞으로 다가온 전국동시조합장 선거와 관련 조합장 출마자들이 참고할만한 판결 사례다.

2019년 3월 13일 치러진 농협 조합장선거와 관련한 '선거무효확인의 소' 민사재판에서 2심에서 "000농협조합장 선거는 무효임을 확인 한다"고 판시했다.

농협조합장 선거에 출마했다가 낙선한 문○○씨가 제기한 '선거무효확인의 소' 항소심에서 농협의 손을 들어 준 1심과 달리 2심에서는 "농협 조합장 선거는 무효"라는 판결이 나왔다.

조합장선거 이후 선거무효를 주장해 온 문씨는 "선거인명부에 등재된 농협 조합원 3,265명 중 최소한 72명은 농업인이 아니거나 경작면적이 미달되는 등의 사유로 조합원 자격이 없었다"고 전제한 뒤 "이 사람들은 조합원이 아니어서 선거권이 없었음에도 법령과 정관의 규정을 위반하여 선거에서 투표했다"고 주장했다.

이어 "따라서 선거에서 법령과 정관의 규정을 위반한 중대한 하자가 있고, 이는 선거결과에 영향을 미쳤다"며 "선거는 무효이거나 현 조합장에 대한 당선인 결정은 취소되어야 한다"고 지속적으로 제기해 왔다.

반면 농협측은 "농지원부, 농업경영체 등록확인서, 영농확인서, 현지실태조사서 등 농지의 경작 또는 경영 현황을 파악할 수 있는 자료를 기초로 조합원 자격요건을 심사하여 선거인명부를 확정했다"면서 "선거에 참여한 사람들은 선거 당시 모두 조합원의 자격요건을 충족하였으므로 선거에는 하자가 없다"고 맞받았다.

양측의 팽팽한 주장 속에 재판부는 왜 농협 조합장 선거에 하자가 있다고 판단했을까.

재판부는 문씨가 주장한 72명 중 집중적으로 다툼이 있었던 김○○씨 등 10명에 대해 '조합원 자격 여부'를 검증했다.

검증결과 재판부는 10명 중 단 한명, 즉 강○○씨만 농지원부 및 농업경영체 등록을 마친 점, 개표참관인으로 관여한 점 등을 고려해 "조합원 자격이 있음"을 인정했을 뿐 나머지 9명에 대해서는 "조합원 자격 없었다"고 봄이 상당하다고 판단했다.

이를 근거로 재판부는 "투표자 중 선거권이 없음이 증명된 사람이 9명인데 (2019년 3월 13일) 선거에서 조합장으로 당선된 현 조합장의 득표수와 문○○씨의 득표수의 차이가 불과 4표인 점을 고려하면 법령 및 정관 위반은 선거의 공정성을 현저히 침해하는 것으로서 선거의 결과에 영향을 미쳤다고 봄이 타당하다"며 "따라서 이 사건 선거는 무효"라고 판시했다.

재판부는 덧붙여 농협 측의 주장을 받아들이지 않는 이유에 대해서도 판결문에 적시했다.
재판부는 "이 사건과 같이 선거를 무효로 하는 사유가 존재한다면 무효를 주장한 사람의 의도가 무엇이든 관계없이 그 효력을 부인할 수밖에 없고, 그렇게 함으로써 선거의 자유와 공정성을 공고히 할 수 있다"면서 "선거가 무효가 됨으로 인하여 농협 조합원들이 피해를 입게 되고, 또 다른 선거에서 이 사건과 같은 주장이 받아들여져서 선거가 무효가 되는 일이 생길 수 있을 것"이라고 했다.

덧붙여 "그러나 눈앞에 생기는 당장의 피해를 피하고자 위법을 묵인하게 되면 위법을 시정할 기회가 없어질 뿐만 아니라 위법의 정도가 심화되어 결과적으로는 더 큰 피해가 발생하게 된다."고 농협 측의 주장을 받아들이지 않는 이유를 설명했다.

조합원, 무자격 논란으로
오히려 구사일생?

일반적으로 조합원 자격논란은 현직에 대한 공격이 일반적이다. 현직 프리미엄을 활용해 우호적인 조합원의 자격 심사에 고무줄 잣대를 이용해서 문제된 경우가 많다. 이번 사례는 도전자의 금품수수와 관련하여 무자격 조합원 때문에 구사일생이 된 사례다.

○○○출마예정자는 조합장 선거를 준비하면서 평소 알고 지내던 조합원에게 도와달라는 부탁과 함께 명절에 수십만 원의 금품을 제공했다. 금품을 받았던 조합원은 후보 등록일이 임박해질 즈음에 ○○○에게 "금품제공 사실을 고발할 수 있으니, 후보 등록을 포기하라"고 종용했다. ○○○가 거절하고 후보 등록을 강행하자 조합원은 선관위에 금품수수 사실을 자수하게 된다.
선관위와 경찰 조사에서 후보자와 조합원이 주장하는 금품수수 내용이 서로 달라 다툼의 여지가 있었으며 조합원은 대질심문을 거절했다.

후보자는 무죄를 주장했지만, 결국 기소가 되어 재판에 이르게
된다.
1심 재판부는 벌금 150만원을 선고하여 후보자는 차기 조합장
선거 출마자격 박탈이라는 위험에 빠졌다.

천운이 있는 걸까?
항소하여 2심 재판은 수도권의 유명 법무법인 변호사를 선임
하여 1심 재판을 뒤엎을 수 있는 단초를 찾아냈다. 금품을 제공
받은 조합원의 자격을 문제를 삼은 것이다. 조합원인줄 알았던
당사자의 농지 등을 분석해서 무자격 조합원임을 주장했다.
'설령 금품을 제공받았다 하더라도 조합원 자격이 없기 때문에
조합원 자격이 박탈되어야 하며, 박탈될 경우 해당 조합원은
선거권이 없다'는 논리로 무죄를 이끌어 냈다.

여기서 눈여겨 볼 것은 무자격 조합원에게 금품 제공한 것에
머무른 것일 뿐이지, 만일 무자격 조합원에게 '주변에 지지해
달라' 는 등의 선거에 영향을 미치는 언행을 했었다면 다른 결
과가 만들어 졌을 것이다.

위탁선거법 사례예시집

WINNER'S
검증된 경험의 차이 / 중앙선거관리위원회

차례

제1장 선거운동

제2장 금지·제한사례

일러 두기

📖 이 사례집은 2027. 3. 3. 실시되는 제4회 전국동시조합장선거를 공정하고 깨끗하게 치르기 위하여 조합장선거 등 각종 위탁선거 시 자주 발생한 사례 중에서 「공공단체등 위탁선거에 관한 법률」에 따라 조합장선거에 적용될 수 있는 사례 중심으로 작성하였습니다.

📖 이 사례집에 수록된 내용은 관련 법규의 개정이나 헌법재판소의 결정, 법원의 판결 또는 중앙선거관리위원회의 유권해석에 따라 일부 내용이 달라질 수 있습니다.

📖 또한 이 사례집에 열거되지 아니한 사례도 「공공단체등 위탁선거에 관한 법률」에서 금지·제한하는 행위는 허용되지 아니하며, 할 수 있는 사례로 제시된 경우라도 그 행위의 주체·시기·목적·내용·방법·대상·범위 등 구체적인 양태에 따라 관련법에 위반될 수 있습니다.

📖 용어의 표기
  ○ '후보자'는 선거관리위원회에 후보자등록을 마친 사람, '예비후보자'는 선거관리위원회에 예비후보자로 등록을 마친 사람을 말합니다.
  ○ '(예비)후보자 및 (예비)후보자가 그의 배우자, 직계존비속 또는 해당 위탁단체의 임직원이 아닌 회원 중에 지정하는 1명' ⇒ '(예비)후보자 등'으로 표기
  ○ 「공공단체등 위탁선거에 관한 법률」 ⇒ '법' 또는 '위탁선거법'으로 표기
  ○ 「공공단체등 위탁선거에 관한 규칙」 ⇒ '규칙'으로 표기
  ○ '제33조제1항' ⇒ '제33조제1항' 또는 '§33①'로 표기
  ○ '선거관리위원회' ⇒ '위원회'로 표기

제1장

선 거 운 동

I 선거운동 개괄

법규요약(법 §23·§24·§24의2·§24의3)

1. 선거운동 정의(법 §23)

- 선거운동 : 당선되거나 되게 하거나 되지 못하게 하기 위한 행위
- 선거운동으로 보지 아니하는 행위
  - 선거에 관한 단순한 의견개진 및 의사표시
  - 입후보와 선거운동을 위한 준비행위

2. 선거운동의 주체(법 §24, §24의2, §24의3)

- 후보자와 예비후보자
- 후보자 또는 예비후보자가 그의 배우자, 직계존비속 또는 해당 위탁단체의 임직원이 아닌 회원 중에서 지정하는 1명[이하 '선거운동원' 이라 함.]

※ 이하 '후보자와 선거운동원'을 '후보자등', '예비후보자와 선거운동원'을 '예비후보자등'이라 함.

- 규칙으로 정하는 장애인 예비후보자·후보자가 그의 활동을 보조하기 위하여 선임한 1명의 활동보조인[이하 '활동보조인'이라 함.]

※ 활동보조인은 예비후보자·후보자와 함께 다니는 경우에 한하여 선거운동을 할 수 있음에 유의

3. 선거운동기간(법 §24)

- 후보자등록마감일의 다음날부터 선거일 전일까지(2027. 2. 18.~3. 2.)

○ 예외
  - 후보자가 선거일에 자신의 소견을 발표하는 행위 (총회 또는 대의원회에서 선출하는 경우에 한함.)
  - 예비후보자등이 법 제24조의2제7항에 따라 선거운동을 하는 경우
  - 예비후보자와 함께 다니는 활동보조인이 법 제24조의3제3항제1호에 따라 선거운동을 하는 경우

4. 벌칙
제1장Ⅱ·Ⅲ의 선거운동 주체·방법·기간등 위반
⇨ 2년 이하의 징역 또는 2천만원 이하의 벌금

TIP!

- 「공공단체등 위탁선거에 관한 법률」에서는 선거운동기간과 방법을 엄격하게 제한하고 있으며, 선거운동 주체도 '후보자'와 '예비후보자', '선거운동원', '후보자·예비후보자와 함께 다니는 활동보조인'으로 한정하고 있음.
- 따라서, 선거운동기간 전에는 '예비후보자'와 '선거운동원', '예비후보자와 함께 다니는 활동보조인'을 제외하고는 누구든지 일체의 선거운동을 할 수 없으며,
- 선거운동기간 중이라도 '후보자'와 '선거운동원', '후보자와 함께 다니는 활동보조인'에 한하여 법에서 정한 방법과 절차에 따라 선거운동을 하여야 함.
- **'선거운동'의 판단기준**
- '선거운동'이란 위탁선거법 제3조에서 규정한 위탁선거에서의 당선 또는 낙선을 위하여 필요하고도 유리한 모든 행위로서 당선 또는 낙선을 도모한다는 목적의사가 객관적으로 인정될 수 있는 능동적·계획적인 행

위를 말하고, 구체적으로 어떠한 행위가 선거운동에 해당하는지를 판단할 때에 단순히 그 행위의 명목뿐만 아니라 행위의 태양, 즉 그 행위가 행하여지는 시기·장소·방법 등을 종합적으로 관찰하여 그것이 특정 후보자의 당선 또는 낙선을 도모하는 목적의지를 수반하는 행위인지를 선거인의 관점에서 객관적으로 판단하여야 함(대법원 2021. 4. 29.선고 2019도14338 판결).

- **'선거운동'의 상대방**
  '기부행위'의 경우와는 달리 '선거운동'에 있어서는 그 상대방이 제한되어 있지 않으므로, 그 선거운동의 상대방이 선거인이나 그 가족 또는 선거인이나 그 가족이 설립·운영하고 있는 기관·단체·시설을 대상으로 하여야만 선거운동에 해당한다고 볼 것은 아님(대법원 2007. 3. 30. 선고 2006도9043 판결).

- **'후보자가 되려는 사람'의 정의**
  '후보자가 되려는 사람'이란 선거에 출마할 예정인 사람으로서 그 신분·접촉대상·언행 등에 비추어 선거에 입후보할 의사를 가진 것을 객관적으로 인식할 수 있을 정도에 이른 사람을 말함.

 TIP!

〈선거운동원 및 활동보조인 선임신고 등〉

- 선거운동원 및 활동보조인을 지정·선임·해임·교체한 경우 지체 없이 관할위원회에 서면으로 신고하여야 함.
- 선거운동원 및 활동보조인은 관할위원회로부터 교부받은 표지를 잘 보이도록 패용하고 선거운동을 하여야 함.
- 활동보조인에게 1일 6만원 이내의 수당과 아래에 해당하는 실비를 지급할 수 있음.

철도 운임	선박 운임	항공 운임	자동차 운임	일비 (1일당)	숙박비 (1박당)	식비 (1일당)
실비 (일반실)	실비 (2등급)	실비	실비	2만5천원	실비 (상한액 : 서울 10만원, 광역시 8만원, 기타 7만원)	2만5천원

※ 식사 또는 교통편의를 제공한 때에는 지급될 실비의 금액에서 그 금액을 공제하고 지급

• 선거운동원에게는 수당과 실비를 지급를 지급할 수 없음.

2 사례 예시

할 수 있는 사례

• 각종 행사에 참석하여 의례적인 인사말을 하거나 행사 주제와 관련된 사항에 대하여 자신의 견해를 밝히는 행위
• 조합장이 연말연시에 자신의 직·성명(사진포함)이 게재된 의례적인 내용의 연하장을 소속 회원들에게 조합 또는 개인의 경비로 발송하는 행위
• 후보자가 되려는 사람이 선거운동기간 전에 자신의 직·성명(사진포함)을 표시한 의례적인 내용의 명절 현수막을 거리에 게시하는 행위
• 이 경우 「옥외광고물 등의 관리와 옥외광고산업 진흥에 관한 법률」등 다른 법령에 위반되지 아니하는 방법으로 게시하여야 함(이하 현수막의 경우에서 같음).

- 후보자가 되려는 사람이 선거운동기간 전에 자신의 직·성명(사진포함)을 게재한 의례적인 내용의 명절인사 신문광고를 하는 행위
- 후보자가 되려는 사람이 선거운동기간 전에 다수의 회원에게 명절 등을 계기로 의례적인 내용의 인사말(음성·화상·동영상 파일 등 포함)을 문자메시지로 전송하는 행위
  - ⇒ 의례적인 인사말을 문자메시지로 전송할 수 있는 명절 등의 범위에 정월대보름 등 세시풍속, 연말연시, 농번기, 성년의 날, 각종 기념일 등은 이에 포함되나 선거인 개인의 애경사(생일, 결혼, 장례 등), 향우회·종친회·동창회·동호인회·계모임 등 개인간의 사적모임이나 행사 등은 이에 포함되지 아니함.
- 후보자가 되려는 사람이 통상적으로 사용하는 업무용 명함에 자신의 학력이나 경력을 게재하여 통상적인 수교방법으로 교부하는 행위
  - ⇒ 이 경우 허위 학·경력을 게재하거나 통상적인 수교방법을 벗어나 배부하는 때에는 위반
- 후보자가 되려는 사람이 선거와 무관하게 선거인이 포함된 지인들이 참석하는 퇴임식 행사를 개최하거나, 본인 또는 참석한 지인이 선거와 무관한 내용의 퇴임사나 축사를 하는 행위

할 수 없는 사례

- (예비)후보자등, (예비)후보자의 활동보조인이 아닌 사람이 (예비)후보자나 후보자가 되려는 사람을 위하여 선거운동을 하는 행위
- 선거운동기간 전에 선거인의 모임 등에 참석하여 지지호소·선

거공약 발표 등 선거운동에 이르는 발언을 하는 행위

⇒ 선거운동기간 전이라도 예비후보자등이 해당 조합이 사전에 공개한 행사장에서 명함을 직접 주거나 지지를 호소하며 선거운동을 하거나, 예비후보자가 해당 조합이 개최하는 공개행사에서 정책발표 가능

- 후보자 명의 또는 기호를 나타내거나 후보자의 목소리로 녹음된 투표독려용 ARS메시지(음성)를 전송하는 행위
- (예비)후보자등이 아닌 후보자가 되려는 사람이 선거운동기간 전에 연말연시·명절·국경일 또는 재난·재해 등 통상적인 계기 없이 또는 계속적·반복적으로 조합원들에게 전화(문자메시지 전송 포함)하는 행위

3 주요 위반행위 판례

○ 조합장선거의 후보자가 되려는 사람이 선거운동기간 전에 조합 대의원이 운영하는 식당과 집에 찾아가 "이번에 나왔으니까 잘 부탁드립니다. 도와 달라."라고 하면서 지지를 호소(대구지방법원 안동지원 2016. 2. 16. 선고 2015고단545 판결)

○ 후보자가 되려는 사람이 현직 조합장에게 불리하도록 조합 운영을 비판하는 내용으로 작성된 카카오톡 메시지를 전달받은 후 선거운동기간 전에 선거인 및 선거인의 가족 총 49명에게 전송(대법원 2021. 2. 4. 선고 2020도13757 판결)

○ 후보자가 되려는 사람이 관공서 등을 방문하여 그곳에 근무하던 공무원 등과 일일이 악수하면서 지지 부탁(광주지방법원 순천지원 2010. 10. 28. 선고 2010고합196 판결)

○ 후보자가 되려는 사람의 배우자가 노인정, 마을회관, 도로 위에서 "남편이 농협 선거에 나온다. 밀어 달라."라고 말하는 등 선거운동기간 전에 총 19회에 걸쳐 선거운동(대구지방법원 2023. 10. 25. 선고 2023고단2760 판결)

○ 후보자가 되려는 사람이 선거운동기간 전에 자신에 대한 지지호소 문구와 학력 등이 게재된 인쇄물을 제작하여 조합원 1,745명에게 우체국을 통해 발송·배부(광주지방법원 2015. 7. 16. 선고 2015고단1263 판결)

○ 현직 조합장이 이사로 하여금 18명의 대의원들을 커피숍으로 모이게 한 후 조합장에 대한 출마 권유 유도 및 지지 호소(대법원 2020. 4. 24. 선고 2020도3070 판결)

○ 후보자의 동생이 자신의 휴대전화를 이용하여 ○○축협 조합원들에게 전화하여 "형이 이번 축협 조합장 선거에 출마한다."라고 말하며 총45회에 걸쳐 후보자에 대한 지지 호소(청주지방법원 제천지원 2015. 7. 10. 선고 2015고약699 약식명령)

　⇒ 후보자의 동생이 해당 금고의 임직원이 아닌 회원으로서 선거운동원으로 지정된 경우에는 가능

○ 후보자가 되려는 사람 A의 지인이 네이버블로그에 A의 선거 관련 인터뷰 기사를 1회 링크하고 기사 주소를 게재하였고, 선거기간에 카카오톡을 이용하여 A의 선거공보 이미지 파일을 조합원에게 2회 발송(수원지방법원 안산지원 2019. 10. 30. 선고 2019고단3166 판결)

　⇒ 그 지인이 (예비)후보자의 선거운동원으로 지정된 경우에는 가능

○ 조합원이 선거운동기간 전에 '우리 농협은 현 조합장을 하루빨리 정리해야만 합니다.', '이제는 조합원들께서 해결하여야 합니다'라는 내용이 포함된 인쇄물을 조합원 약 6,270명에게 우편 발송(전주지방법원 군산지원 2023. 10. 19. 선고 2023고약2495 약식명령)

○ 선거일에 조합원이 투표소 입구에서 성명불상자 및 다른 조합원에게 '기호 2번

에 투표해 달라'는 의미로 엄지와 검지 손가락을 펴 'V'자를 4회 만들어 보이고 선관위의 제지를 받았음에도 성명불상 지인을 향해 'V'자를 1회 만들어 보이며 선거운동(대전지방법원 홍성지원 2023. 8. 22. 선고 2023고합36 판결)

○ A조합원이 특정 후보자의 란에 붉은색으로 동그라미 기표를 한 투표용지모형과 조합원 명단을 B조합원에게 제공하며 조합원들에게 특정 후보자에게 기표하도록 설명해 주라고 지시(광주지방법원 2006. 9. 6. 선고 2006고정 1299 판결)

TIP!

〈선거운동방법을 제한하는 이유〉

조합장 임원선거는 선거인들이 비교적 소수이고, 선거인들 간의 연대 및 지역적 폐쇄성이 강하며, 선거과정에서 공정성을 확보하는 데 어려움이 있는데 비해 불법적인 행태의 적발이 어렵다는 특수성을 가지므로, 공직 선거법에 의해 시행되는 선거에 비해 선거운동의 방법을 제한할 필요성이 인정됨. 선거인들은 대부분 임원 선거의 후보자들과 가까운 친인척이나 이웃, 친구, 선·후배 관계인 경우가 많고, 조합장이나 이사가 선거인 개개인의 이해관계에 직접적인 영향을 미칠 수도 있어 임원 선거과정에서 공정성을 확보하는 데 많은 어려움이 있음. 이러한 상황에서 선거운동의 방법을 제한 없이 허용하게 되면 새마을금고 임원선거가 후보자들의 능력, 인품, 공약이 아니라 인맥이나 경제력에 의하여 좌우되거나 실질적으로 특정 후보자를 위한 형식적인 선거로 전락할 우려도 배제할 수 없음(헌법 재판소 2018. 2. 22. 2016헌바364 결정).

II 예비후보자의 선거운동방법

『 선출방법별 선거운동방법 』

구분	직선	총회	대의원회	비 고(주체)
전화 및 문자 (법 §24의2⑦1)	○	○	○	예비후보자등 (예비후보자와 선거운동원)
정보통신망 (법 §24의2⑦1)	○	○	○	예비후보자등 (예비후보자와 선거운동원)
명함배부 (법 §24의2⑦2) 위탁단체가 사전에 공개한 행사장에서만 가능	○	○	×	예비후보자등 (예비후보자와 선거운동원), 활동보조인

법규요약(법 §24의2 · §24의3 · §28 · §29 · §30 · §30의4)

1. 선거운동 정의(법 §23)

ㅇ

1. 주   체 : 예비후보자등

2. 기   간 : 예비후보자등록 이후

※ 예비후보자 등록신청 개시일 : 2027. 1. 19.

3. 방   법

ㅇ 전화를 이용하여 송·수화자간 직접 통화하는 방법

ㅇ 문자(문자 외의 음성·화상·동영상 등은 제외)메시지를 전송하는 방법

※ 전화 및 문자메시지를 전송하는 방법은 오후 10시부터 다음날 오전 7시까지 금
지됨.

ㅇ 인터넷 홈페이지의 게시판·대화방 등에 글이나 동영상 등을 게시
하는 방법

ㅇ 전자우편(컴퓨터 이용자끼리 네트워크를 통하여 문자·음성·화상 또는
동영상 등의 정보를 주고받는 통신시스템을 말함)을 전송하는 방법

ㅇ 해당 조합이 사전에 공개한 행사장에서 명함을 배부하거나 지지를
호소하는 방법(대의원회에서 선출하는 조합장선거는 제외)

※ 장애인 예비후보자와 함께 다니는 활동보조인도 가능

ㅇ 해당 조합이 개최하는 공개행사에 방문하여 자신의 정책을 발표하
는 방법(예비후보자만 가능, 선거운동원은 불가)

※ 후보자등록을 한 자는 선거기간개시일 전일까지 예비후보자에게 허용된 방법으
로 선거운동을 할 수 있음(선거기간개시일 2027. 2. 18.).

※ 사례별 예시는 "Ⅲ. 후보자의 선거운동방법 4·5·6·8" 참조

후보자의 선거운동방법

『 선출방법별 선거운동방법 』

구분	직선	총회	대의원회	비 고(주체)
선거공보 (법 §25, 규칙 §12)	○	○	○	후보자
선거벽보 (법 §26, 규칙 §13)	○	○	×	후보자
어깨띠·윗옷·소품 (법 §27)	○	○	×	후보자등 (후보자와 선거운동원), 활동보조인
전화 및 문자 (법 §28)	○	○	○	후보자등 (후보자와 선거운동원)
정보통신망 (법 §29)	○	○	○	후보자등 (후보자와 선거운동원)
명함 (법 §30, 규칙 §15)	○	○	×	후보자등 (후보자와 선거운동원), 활동보조인
선거일 소견발표 (법 §30의2, 규칙 §15의2)	×	○	○	후보자
공개행사 정책발표 (법 §30의4, 규칙 §15의7)	○	○	○	후보자

| 1 | 선거공보

1 법규요약(법 §25, 규칙 §12)

○ 작성·제출자 : 후보자
○ 규격·종수 등
  - 규격 : 길이 27cm 너비 19cm 이내
  - 종수·면수 : 1종, 8면 이내
○ 게재내용
  - 앞면에 선거명, 후보자의 기호·성명
  - 둘째면에 범죄경력(범죄경력회보서에 게재된 내용을 그대로 기재)

※ 선거공보를 제출하지 아니하는 경우 범죄경력에 관한 서류를 별도로 작성하여 제출마감일까지 관할위원회에 제출

  - 후보자의 홍보 등 선거운동을 위하여 필요한 사항 게재

    ⇒ 제출된 선거공보는 정정 또는 철회할 수 없음. 다만, 오기나 위탁선거법에 위반되는 내용이 게재되었을 경우에는 제출마감일까지 해당 후보자가 정정할 수 있음.

○ 제출 및 발송시기
  - 제출 : 선거인명부 확정일 전일(2027. 2. 20.)까지

    ⇒ 제출마감일까지 선거공보 또는 범죄경력에 관한 서류를 제출하지 아니하거나 규격을 넘는 선거공보를 제출한 때에는 발송하지 않음.

  - 발송 : 선거인명부 확정일 후 2일(2027. 2. 23.)까지
○ 경력 등 이의제기
  - 후보자 및 선거인은 선거공보의 내용 중 경력·학력·학위·상벌·범죄경력에 관하여 거짓으로 게재되어 있음을 이유로 관할위원회에 서면으로 이의제기 가능

TIP!

범죄경력 미제출시 등록무효가 될 수 있음에 유의!

범죄경력을 게재하지 아니한 선거공보를 제출하거나 범죄경력에 관한 서류를 별도로 제출하지 아니한 것이 발견된 때에는 그 후보자의 등록은 무효로 함[법§19①3.].

2 사례 예시

할 수 있는 사례

- 비방 또는 허위사실에 이르지 않는 내용으로서 선거공약 등 홍보에 필요한 사항을 게재하는 행위
- 경력·학력(비정규 학력 포함) 등을 사실대로 게재하는 행위
- 졸업한 학교의 명칭이 변경된 경우 졸업 또는 수료 당시의 학교명을 우선 표기하고 현재의 학교명을 괄호안에 병기하여 기재하는 행위
- '자신의 기표란에 기표한 투표용지 그림'을 게재하는 행위
- 후보자의 선거운동에 필요한 사진을 게재하는 행위
- 과거에 타인과 함께 찍었던 활동사진이나 제3자가 직업적 또는 단순한 모델로서 출연한 사진을 선거공보에 게재하는 행위
  ⇒ 다만, 선거인에게 인지도와 호감도 등이 높아 후보자의 득표에 도움이 되는 인사들이 후보자로부터 출연 요청을 받고 그에 응하여 동영상 등에 출연하는 경우에는 선거운동의 고의가 인정되므로 위반

할 수 없는 사례

- 허위의 사실 또는 비방에 이르는 내용을 게재하는 행위

- 허위학력·경력 등을 게재하는 행위
- 범죄경력회보서상 범죄경력을 축소·누락·허위 기재하는 행위
- 선거운동원이 아닌 제3자의 추천사를 게재하는 행위
- 후보자가 선거공보를 가지고 다니며 선거인에게 직접 배부하는 행위
- 선거공보의 종수·수량·면수 또는 배부방법을 위반하는 행위

3 주요 위반행위 판례

○ '○○대학교 ○○대학원 고급정책개발전공 6개월 과정' 교육을 수료하였음에도 선거공보에 '○○대학교 ○○대학원 수료'라고 게재 (서울북부지방법원 2020. 6. 10. 선고 2020고정382 판결)

○ '○○대학교 행정대학원 최고관리자반', '○○대학교 경영대학원 경영자 연수과정'을 각각 이수하였을 뿐임에도 선거공보에 '○○대학교 행정대학원 수료', '○○대학교 경영대학원 수료'라는 허위사실 게재(전주지방법원 2015. 9. 4. 선고 2015고단808 판결)

○ 조합장으로 재직할 당시 하나로마트 ○○지점을 개설한 사실이 없음에도 선거공보 제2면 '조합장 임기성과'란에 '하나로마트 ○○지점 개설'이라는 허위사실 게재(춘천지방법원 강릉지원 2015. 8. 13. 선고 2015고단662 판결)

○ 불우이웃돕기 성금을 동사무소에 기탁한 사실이 없음에도 선거공보에 '매월 불우이웃돕기 성금을 동사무소에 기탁하였다'는 허위사실 게재(대법원 1999. 2. 24. 선고 98도4388 판결)

○ 선거공보를 가정집 우편함에 투입하거나 선거인에게 임의로 배부 (서울고등법원 1995. 12. 29. 선고 95노2832 판결)

| 2 | 선거벽보

1 법규요약(법 §26, 규칙 §13)

○ 작성·제출자 : 후보자(대의원회에서 선출하는 조합장선거의 후보자는 제외)
○ 규   격 : 길이 53cm 너비 38cm
○ 작 성 방 법 : 길이를 상하로 하여 종이로 작성
○ 게 재 내 용 : 선거운동을 위하여 필요한 사항

⇒ 제출된 선거벽보는 정정 또는 철회할 수 없음. 다만, 오기나 위탁선거법에 위반되는 내용이 게재되었을 경우에는 제출마감일까지 해당 후보자가 정정할 수 있음.

○ 제출시기 등
- 제출시기 : 선거인명부 확정일 전일(2027. 2. 20.)까지

⇒ 제출마감일까지 제출하지 아니하거나 규격을 넘거나 미달하는 선거벽보를 제출한 때에는 첩부하지 않음.

- 첩부시기 : 제출마감일후 2일(2027. 2. 22.)까지
- 첩   부 : 관할위원회가 해당 위탁단체의 주된 사무소와 지사무소의 건물 또는 게시판 및 위탁단체와 협의한 장소에 첩부

○ 경력 등 이의제기
- 후보자 및 선거인은 선거벽보의 내용 중 경력·학력·학위·상벌·범죄경력에 관하여 거짓으로 게재되어 있음을 이유로 관할위원회에 서면으로 이의제기 가능

사례 예시

- 방송통신대학교 법학과 1학년에 재학 중인 경우 선거벽보나 선거공보에 '방송통신대학교 재학 중'이라고 기재하는 행위
- 대학교를 졸업한 자가 선거벽보에 학력을 기재하지 아니하거나 대학교 학력은 기재하지 아니하고 고등학교 졸업 학력만을 기재하는 행위
- 선거벽보에 자신의 기표란에 기표한 투표용지 모형을 게재하는 행위
- 졸업한 학교의 명칭이 변경된 경우 졸업 또는 수료 당시의 학교명을 우선 표기하고 현재의 학교명을 괄호안에 병기하여 기재하는 행위
- 후보자가 선거벽보에 자신이 조합장으로 재임 중에 신축했던 건물 사진을 게재하는 행위(허위사실에 이르지 않을 경우 가능)

- 허위사실 또는 비방에 이르는 내용을 게재하는 행위
- 규학교를 수학한 이력이 있음에도 학력 또는 경력에 '독학'으로 게재하는 행위(학력기재를 원하지 않는 경우 '미기재'는 가능)

- 후보자가 다수의 선거인이 왕래하는 식당 등의 내부에 선거벽보를 게시하는 행위
- 선거벽보의 종수·수량 또는 첩부방법을 위반하는 행위
- 선거공보의 종수·수량·면수 또는 배부방법을 위반하는 행위

| 3 | 어깨띠·윗옷·소품

1 법규요약(법 §27)

○ 주　　체 : 후보자등, 활동보조인(대의원회에서 선출하는 조합장 선거의 후보자등은 제외)

○ 기　　간 : 선거운동기간 중(2027. 2. 18. ~ 3. 2.)

○ 방　　법 : 어깨띠나 윗옷 착용 또는 소품 이용

○ 종류 및 규격 : 제한없음(다만, '소품'은 본인이 입거나 옷에 붙여 사용하거나 한 손으로 지닐 수 있는 크기여야 함)

TIP!

착용의 의미!

착용의 사전적 의미는 '의복, 모자, 신발 등을 입거나, 쓰거나, 신는 등의 행위'로, '착용'은 통상적으로 '신체에 부착하거나 고정하여 사용하는 행위'를 의미함. 단순히 신체에 가까이 두거나 신체에 부착·고정하지 아니한 채 신체 접촉만을 유지하는 행위는 '착용'의 통상적 의미에 포섭되지 않음 [대법원 2023. 11. 16. 선고 2023도5915 판결].

사례 예시

- 후보자등이 자신의 홍보에 필요한 사항을 게재한 어깨띠나 상의를 착용하고 선거운동을 하는 행위
- 선거운동을 위한 어깨띠·윗옷·소품에 발광기능을 부착하는 행위
- 어깨띠나 윗옷 또는 소품에 후보자 성명, 기호, 구호 등 선거운동을 위해 필요한 문자·그림 등을 삽입하는 행위
- 후보자등이 어깨띠를 착용한 채 자전거를 타고 이동하는 행위
- 후보자등이 선거벽보와 동일하게 제작한 피켓 등을 제작하여 들고 다니면서 선거운동을 하는 행위

- 후보자등이 자전거 또는 오토바이 등에 자신을 선전하는 선전물을 부착하여 이동하는 행위
- 어깨띠 등에 허위사실 또는 비방에 이르는 내용을 게재하는 행위
- 후보자등이 아닌 선거운동을 할 수 없는 가족이나 제3자가 어깨띠나 윗옷·소품 등을 이용하여 선거운동을 하는 행위
- 녹음·녹화기, 확성장치를 선거운동용 소품으로 사용하는 행위

| 4 | 전화를 이용한 선거운동

1 법규요약(법 §24의2⑦1·§28)

o 주   체 : 후보자등
o 기   간 : 선거운동기간 중(2027. 2. 18. ~ 3. 2.)
※ 선거운동기간 전 예비후보자등도 가능
o 게재내용
  - 전화를 이용하여 송·수화자간 직접 통화하는 방법
  - 문자(문자 외의 음성·화상·동영상 등은 제외)메시지를
    전송하는 방법
o 금지시간 : 오후 10시부터 다음날 오전 7시까지

TIP!

〈문자메시지와 전자우편 비교〉

구분	문자메세지	전자우편 (페이스북·카카오톡 등 SNS 포함)
전공범위	문자 외의 음성·화상·동영상 불가	문자·음성·화상·동영상 가능
금지시간	오후 10시 ~ 다음날 오전 7시	제한없음
방법	자동동보통신 이용 전송 가능	전송대행업체에 위탁하여 전송 가능

- (예비)후보자등이 휴대전화를 이용하여 송·수화자간 직접 통화하는 방법의 선거운동을 하면서 통신사의 문자레터링 서비스를 이용하여 수신자의 휴대전화 화면에 선거운동 내용의 문자를 표출하는 행위
  ⇒ 문자 외에 사진 등을 표출하는 경우에는 위반
- (예비)후보자등이 (예비)후보자의 홍보 및 안내멘트('후보자 기호 ○번 ○○○입니다. 많은 성원과 지지 부탁드립니다' 등)를 자신의 휴대폰 통화연결음으로 사용하는 행위
- (예비)후보자등이 자동동보통신에 의한 방법으로 선거운동정보를 문자(문자 외의 음성·화상·동영상 등은 제외)메시지로 전송하는 행위
  ⇒ 음된 음성에 (예비)후보자의 성명을 밝히는 것을 넘어 (예비)후보자를 선전하는 내용이 있는 경우에는 위반
- (예비)후보자등이 조합원과 직접 통화하는 방식으로 지지를 호소한 후에 상대방의 동의를 받고 녹음한 (예비)후보자의 육성 메시지로 공약을 전달하는 행위
  ⇒ 상대방의 동의를 받지 않거나 제3자의 음성으로 녹음된 메시지를 들려주는 경우에는 위반
- (예비)후보자등이 음성·화상·동영상 등이 포함되지 않고, 단순히 문자, 색상, 숫자로만 구성된 카드형태의 이미지를 전송하는 행위

- 후보자등이 언론기사의 URL주소, 선거운동정보가 게시되어 있는 자신의 SNS 주소(URL)를 게재하여 문자메시지(전자우편 포함)로 전송하는 행위

할 수 없는 사례

- 후보자등 외의 가족이나 제3자가 전화를 이용하여 선거운동을 하는 행위
- 후보자등 외의 가족이나 제3자가 전화를 이용하여 선거운동을 하는 행위

3 주요 위반행위 판례

○ '후보자가 10명의 인원으로 하여금 선거운동을 하도록 교사하고, 피교사자들이 선거인에게 전화를 걸어 후보자에 대한 지지 호소 (대법원 2021. 4. 29. 선고 2020도16599 판결)

○ '후보자가 지인을 통해 선거운동기간 중 대량문자 발송사이트를 이용하여 문자메시지를 발송하면서 자신의 명함사진과 함께 조합원 2,200명에게 전송하도록 지시 (창원지방법원 진주지원 2016. 2. 16. 선고 2015고단719 판결)

○ 후보자가 되려는 사람이 선거운동기간 전에 선거인에게 전화를 걸어 "곧 있을 조합장선거에 나가려고 하니 잘부탁한다.", "경쟁 후보가 안 나오면 나를 좀 도와달라."고 선거운동 (울산지방법원 2022. 7. 15. 선고 2022노378 판결)

⇒ 후보자가 되려는 사람이 예비후보자로 등록한 경우에는 가능
○ '후보자가 되려는 사람이 조합원 1,444명에게 "○○농협이사 ○○
　○입니다. 12월 31일자로 이사직을 퇴임합니다. 다가오는 2015년
　3월 11일, 큰 뜻을 가지고 조합장선거에 출마하오니, 많은 성원 부
　탁드리며, 귀댁에도 웃음과 행복이 가득한 새해 되시길 기원합니
　다. -○○○ 올림-"이라는 문자메시지 발송
　(창원지방법원 거창지원 2015. 6. 24. 선고 2015고단99 판결)
○ 후보자의 배우자가 조합원 185명에게 전화하여 "○○○후보자의
　집입니다. 도와달라고 전화드렸습니다."라고 지지 호소
　(대구지방법원 경주지원 2023. 10. 26. 선고 2023고단464 판결)
　⇒ 후보자의 배우자가 선거운동원으로 지정된 경우에는 가능
○ '후보자가 되려는 사람의 부친이 조합원 108명에게 전화하여 "아
　들이 ○○축협 조합장선거에 나오니까 잘 부탁한다"라는 취지로
　말하며 아들의 출마사실을 알리고 지지 호소
　(춘천지방법원 원주지원 2015. 7. 3. 선고 2015고약1658 약식명령)
　⇒ 부친이 (예비)후보자의 선거운동원으로 지정된 경우에는 가능
○ 후보자가 되려는 사람과 11촌 관계인 자가 조합원 21명에게 "제
　목 ○○문중대표, 전○○문중대표, 전 조합장A. 내년도 조합장
　후보 뜻 밝혔습니다. 주위 농민조합원들의 권유로 2달 남은 동안
　친지분들은 하나같이 힘을 실어주시기 바랍니다. ○○○드림" 이
　라는 문자메시지 전송
　(대법원 2022. 4. 28. 선고 2021도17194 판결)
　⇒ 조합의 임직원이 아닌 조합원으로서 (예비)후보자의 선거운동원으
　　로 지정된 경우에는 가능

〈휴대전화 가상번호〉

- 후보자는 전화를 이용한 선거운동을 하기 위하여 위탁단체에 휴대전화 가상번호(구성원의 이동전화번호가 노출되지 않도록 생성한 번호)를 제공하여 줄 것을 요청할 수 있음.
- 휴대전화 가상번호 관련 금지행위

(1) 후보자

   ⑦ 제공받은 휴대전화 가상번호를 법 제28조에 따른 전화를 이용한 선 거운동 외의 다른 목적으로 사용하는 행위

   ⑭ 제공받은 휴대전화 가상번호를 다른 자에게 제공하는 행위

   ⑭ 유효기간이 지난 휴대전화 가상번호를 즉시 폐기하지 않는 행위

(2) 위탁단체

   ⑦ 명시적으로 거부의사를 밝힌 구성원의 휴대전화 가상번호를 제공하는 행위

30 이동통신사업자(대표자 및 구성원 포함)

   ⑦ 제공을 요청한 위탁단체 이외의 자에게 제공하는 행위

   ⑭ 유효기간을 설정하지 아니하고 제공하거나 제공하는 날부터 선거일까지의 기간을 초과하는 유효기간을 설정하여 제공하는 행위

⇒ 벌칙 : (1)·(2)·(3)⑦ – 3년 이하의 징역 또는 3천만원 이하의 벌금
               (3)⑭ – 2년 이하의 징역 또는 2천만원 이하의 벌금

| 5 | 정보통신망을 이용한 선거운동

1 법규요약(법 §24의2⑦1·§29)

○ 주　　체 : 후보자등
○ 기　　간 :·선거운동기간 중(2027. 2. 18. ~ 3. 2.)
※ 선거운동기간 전 예비후보자등도 가능
○ 방　　법
　- 인터넷 홈페이지의 게시판·대화방 등에 글이나 동영상 등을
　　게시하는 방법
　- 전자우편(컴퓨터 이용자끼리 네트워크를 통하여 문자·음성·화상
　　또는 동영상 등의 정보를 주고받는 통신시스템을 말함)을 전송
　　하는 방법

2 사례 예시

할 수 있는 사례

• (예비)후보자등이 인터넷 홈페이지에 선거공보, 선거운동용 명
　함을 스캔하여 게시하거나 특정 후보자에 대한 지지·반대를 표
　현한 글 또는 동영상을 게시하는 행위
• (예비)후보자등이 선거운동을 위하여 만든 (예비)후보자 홍보 관
　련 제작물인 글, 이미지, 동영상 등을 직접 PC, 스마트폰 등을
　활용해 SNS(트위터, 페이스북, 카카오톡 등)로 회원들에게 전송
　또는 전달(리트윗)하는 행위
• (예비)후보자등이 카카오톡 단체 채팅방을 이용하여 선거운동
　메시지를 선거인 다수에게 전송하는 행위

- (예비)후보자등이 전자우편 전송대행업체에 위탁하여 전자우편 (문자·음성·화상·동영상 등 포함)을 전송하는 행위
- (예비)후보자가 되려는 사람이 선거와 무관한 자신의 일상적인 활동 등으로 구성된 인터넷홈페이지, 블로그 등을 개설·운영하는 행위

할 수 없는 사례

- (예비)후보자등이 아닌 제3자가 SNS 등을 이용하여 선거운동을 위한 정보를 선거인에게 전송하는 행위
- 허위사실이나 후보자 비방에 이르는 내용을 게시하거나 전송하는 행위
- 후보자(후보자가 되려는 사람 포함), 그의 배우자 또는 직계존·비속이나 형제자매에 관한 허위사실이나 비방에 해당되는 내용을 최초 작성한 주체가 아니라 하더라도 이를 리트윗 하는 행위
- 누구든지 선거운동을 위하여 인터넷 홈페이지에 광고를 하는 행위

3 주요 위반행위 판례

○ '비상임이사인 조합원 2명이 카카오톡 단체채팅방에 특정 후보자에 대한 반대를 호소하는 글 게시
(제주지방법원 2023. 11. 29. 선고 2023고약5070 약식명령)

○ 조합원이 카카오톡을 이용하여 총 300회에 걸쳐 후보자의 비리
의혹과 검찰수사 상황이 담긴 메시지를 조합원들에게 전송
(대전지방법원 2019. 11. 29. 선고 2019고약9114 약식명령)

⇒ 해당 조합의 임직원이 아닌 조합원으로서 (예비)후보자의 선거운동
원으로 지정되어 허위사실공표, 비방 등 법에 위반되지 않는 내용을
카카오톡 등 SNS로 전송하는 행위는 가능

| 6 | 명함을 이용한 선거운동

 법규요약(§24의2⑦2·§30, 규칙 §15)

○ 주　　체 : 후보자등, 활동보조인(대의원회에서 선출하는 조합장
　　　　　　선거의 후보자등은 제외)

○ 기　　간 :·선거운동기간 중(2027. 2. 18. ~ 3. 2.)

※ 선거운동기간 전 예비후보자등 및 예비후보자의 활동보조인도 가능

○ 규　　격 :·길이 9cm 너비 5cm 이내

○ 게재사항 : 후보자의 홍보에 관한 사항

○ 방　　법 :·다수인이 왕래하거나 집합하는 공개된 장소에서 선거
　　　　　　인에게 명함을 직접 주거나 지지 호소

※ 예비후보자등 및 예비후보자의 활동보조인은 위탁단체가 사전에 공개한 행사장
에서만 가능

○ 명함배부 및 지지호소 금지장소
　- 병원·종교시설·극장의 옥내(대관 등으로 해당 시설이 본래의
　　용도 외의 용도로 이용되는 경우 제외)
　- 위탁단체의 주된 사무소나 지사무소의 건물 안

〈명함을 이용한 선거운동방법 비교〉

구분	예비후보자등	예비후보자등
방법	문자 외의 음성·화상·동영상 불가	
장소	위탁단체가 사전에 공개한 행사장	다수인이 왕래하거나 집합하는 공개된 장소
금지장소	위탁단체가 사전에 공개한 행사장 이외의 장소	•병원·종교시설·극장의 옥내 (대관 등으로 해당 시설이 본래의 용도 외의 용도로 이용되는 경우 제외) •위탁단체의 주된 사무소나 지사무소의 건물 안

2 사례 예시

할 수 있는 사례

• 예비후보자등 및 예비후보자와 함께 다니는 활동보조인이 해당 조합이 사전에 공개한 행사장에서 선거인에게 명함을 직접 주거나 지지를 호소하는 행위
• 후보자등이 선거운동기간에 마트, 시장, 찜질방, 백화점, 공원 등에서 명함을 배부하는 행위
• (예비)후보자등이 카카오톡 단체 채팅방을 이용하여 선거운동 메시지를 선거인 다수에게 전송하는 행위

⇒ 다만, 호별방문에는 이르지 아니하여야 하며 명함을 배부할 수 있는 장소의 경우에도 그 소유·관리자의 의사에 반하여 사유재산권 또는 관리권을 침해하는 방법까지 위탁선거법에서 보장하는 것은 아님.

- 후보자등이 관공서·공공기관의 민원실에서 명함을 배부하거나 지지를 호소하는 행위
- 명함에 일반인(할머니·어린이·청년 등)과 함께 찍었던 사진을 게재하는 행위
- 명함에 (예비)후보자 자신의 기표란에 기표한 투표용지 그림을 게재하는 행위
- 명함에 (예비)후보자의 선거운동용 홈페이지나 블로그로 이동할 수 있는 QR코드를 게재하는 행위

할 수 없는 사례

- 예비후보자등 및 예비후보자의 활동보조인이 해당 조합이 사전에 공개한 행사장이 아닌 장소에서 명함을 직접 주거나 지지를 호소하는 방법으로 선거운동을 하는 행위
- (예비)후보자등 및 (예비)후보자의 활동보조인이 아닌 자가 명함을 이용하여 선거운동을 하는 행위
- (예비)후보자등이 위탁단체 총회 등에 참석하여 단상으로 나와 자신을 지지해 줄 것을 호소하는 행위
  ⇒ 단, (예비)후보자가 법 제30조의4에 따른 공개행사에 방문하여 정책을 발표하는 행위는 가능

- (예비)후보자등 및 (예비)후보자의 활동보조인이 조합원들의 주거지를 연속적으로 찾아가 지지를 호소하고 명함을 배부하는 행위
- 명함에 허위사실을 게재하여 배부하는 행위
- 명함을 경로당, 식당, 이·미용실 등에 비치하는 행위

3 주요 위반행위 판례

○ 후보자등록을 마친 후 선거운동기간 직전에 조합원이 포함된 초등학교 총동창회 정기총회 참석자 132명을 상대로 선거운동을 위해 제작한 명함 수 십장을 직접 주면서 지지 호소
(제주지방법원 2015. 8. 20. 선고 2015고정560 판결)
⇒ 후보자등록 후 선거운동기간 전 예비후보자등에게 허용된 방법(위탁단체가 사전공개한 행사장에서의 명함배부 또는 지지호소)으로 선거운동을 하는 것은 가능
○ 후보자가명함을 직접 주거나 '개별적'으로 지지를 호소하는데 그치지 않고 집회를 이용하여 정견을 발표하는 방식 등 '집단적'으로 지지 호소
(대법원 2007. 9. 6. 선고 2007도1604 판결))
⇒ 법 제30조의4에 따른 공개행사에서의 정책발표는 가능
○ 명함을 호별투입, 아파트 세대별 우편함에 넣어 두거나 아파트 출입문 틈새 사이로 투입
(대법원 2004. 8. 16. 선고 2004도3062 판결)

| 7 | 선거일 후보자 소개 및 소견발표

1 법규요약(법 §30의2, 규칙 §15의2)

○ 대상선거 : 총회 및 대의원회에서 선출하는 조합장선거
　　　　　　 (조합원의 투표로 직접 선출하는 조합장선거 제외)
○ 시　　기 : 선거일 투표 개시 전
○ 장　　소 : 투표소 또는 총회나 대의원회가 개최되는 장소
　　　　　　 (이하 '투표소등'이라 함.)
○ 방　　법
　- 투표관리관 또는 투표관리관이 지정하는 사람(이하 '투표관리관
　　등'이라 함)이 선거인에게 기호순에 따라 각 후보자 소개

　※ 해당 후보자의 소견발표 순서에 그 기호, 성명 및 경력(후보자등록신청서에
　　 기재된 경력을 말함)을 소개

　- 후보자는 10분의 범위에서 조합 운영에 대한 소견발표
○ 제한행위
　- 후보자가 자신의 소견발표 순서가 될 때까지 투표소등에 도착
　　하지 아니한 때에는 소견발표를 포기한 것으로 간주
　- 투표관리관등은 후보자가 허위사실·비방에 해당하는 발언을
　　하는 때에는 중지를 명하여야 하고, 불응시 소견발표 중지 등
　　필요 조치
　- 투표관리관등은 소견발표를 방해하거나 질서를 문란하게 하는
　　사람이 있는 때에는 이를 제지하고, 불응시 투표소 등 밖으로
　　퇴장 조치

　※ 투표관리관등의 제지명령에 불응한 자는 2년 이하의 징역 또는 2천만원 이
　　 하의 벌금에 처함.

- 투표관리관이 후보자를 소개할 사람을 지정하는 경우에는 위탁
  단체의 구성원이 아닌 사람 중에서 공정한 사람으로 선정
- 소견발표를 하는 장소에는 특정 후보자를 지지·추천하거나 반대
  하는 내용의 시설물·인쇄물, 그 밖의 선전물을 설치·게시 또는
  첩부 불가

| 8 | 공개행사에서의 정책발표

1 법규요약(법 §24의2⑦3·§30의4, 규칙 §15의7)

○ 주　　체 : 예비후보자, 후보자
○ 장　　소 : 위탁단체가 개최하는 공개행사
○ 방　　법
  - 예비후보자와 후보자는 해당 위탁단체가 개최하는 공개행사에
    방문하여 자신의 정책 발표 가능
  - 위탁단체는 예비후보자등록신청개시일 전 5일부터 선거일 전일
    까지 매주 공개행사의 일시와 소견발표가 가능한 시간을 해당
    위탁단체의 인터넷 홈페이지 등에 게시하는 방법으로 공고

  ※ 다만, 공개행사가 없는 경우 공고를 생략할 수 있으며, 이미 공고한 내용에
    변경사항이 있는 경우에는 지체 없이 변경된 사항 공고

  - 공개행사에서 정책을 발표하려는 예비후보자와 후보자는 참석
    할 공개행사의 일시, 소견발표에 소요되는 시간과 발표 방법 등
    을 공개행사 전일까지 해당 위탁단체에 신고　하지 아니한 때에
    는 소견발표를 포기한 것으로 간주
  - 위탁단체는 정책발표 순서, 시간 배분, 진행 방법 등을 모든
    예비후보자·후보자에게 공평하게 결정

제**2**장

금지·제한사례

I 금품·음식물 등 기부행위

1 법규요약(법 §32·§33·§34·§35)

1. 기부행위의 개념(금고법 §32)

○ 선거인[선거인명부를 작성하기 전에는 그 선거인명부에 오를 자격이 있는 자(해당 위탁단체에 가입되어 해당 법령이나 정관등에 따라 위탁선거의 선거권이 있는 자 및 해당 위탁단체에 가입 신청을 한 자를 말함.)를 포함]이나 그 가족, 선거인이나 그 가족이 설립·운영하고 있는 기관·단체·시설을 대상으로 금전·물품 또는 그 밖의 재산상 이익을 제공하거나 그 이익제공의 의사를 표시하거나 그 제공을 약속하는 행위[선거인명부를 작성하기 전에는 그 선거인명부에 오를 자격이 있는 자(해당 위탁단체에 가입되어 해당 법령이나 정관등에 따라 위탁선거의 선거권이 있는 자 및 해당 위탁단체에 가입 신청을 한 자를 말함.)를 포함]이나 그 가족, 선거인이나 그 가족이 설립·운영하고 있는 기관·단체·시설을 대상으로 금전·물품 또는 그 밖의 재산상 이익을 제공하거나 그 이익제공의 의사를 표시하거나 그 제공을 약속하는 행위

※ 선거인의 가족의 범위(이하 같음).

- 선거인의 배우자, 선거인 또는 그 배우자의 직계존비속과 형제자매
- 선거인의 직계존비속 및 형제자매의 배우자

- '기부행위'란 당사자 일방이 상대방에게 금품 기타 재산상 이익을 무상으로 제공하거나 일부 대가관계가 있더라도 급부와 반대급부 간의 불균형으로 그 일부가 무상이나 다름없는 경우를 말하며, 비록 유상으로 행해지는 경우에도 그것으로 인하여 다른 일반인은 얻기 어려운 재산상 이익을 얻게 되는 경우 기부행위로 봄.
- 기부행위를 약속한 후 비록 사후에 이를 취소하였다고 하더라도 약속을 함으로써 기부행위위반죄는 성립됨.
- 어떠한 행위가 기부행위라고 인정되기 위하여는 기부행위의 상대방이 위 규정에서 정해진 자로 특정되어야 할 뿐만 아니라, 그 상대방은 금품이나 재산상 이익 등을 제공받는 구체적이고 직접적인 상대방이어야 하고 추상적이고 잠재적인 수혜자에 불과할 경우에는 이에 해당되지 아니함.
  ⇒ 후보자가 '매년 (연봉) 5,000만 원을 조합원의 복지기금으로 내놓겠습니다'라는 내용이 기재된 선거공보와 소형인쇄물을 발송한 행위는 금품이나 재산상 이익제공의 의사표시를 한 것으로 볼 수 없음(대법원 2008. 6. 12. 선고 2008도3019 판결)

2. 기부행위 제한기간(금고법 §22의2⑥, 법 §34·§35⑤·부칙〈2023. 8. 8.〉§2)

  ○ 조합장 ⇒ 재임중
  ○ 조합장이 아닌 기부행위 금지 주체
    ⇒ 임기만료일 전 1년부터 선거일(2027. 3. 3.)까지

3. 주체별 제한내용(법 §35)

주 체	제한기간	제 한 내 용	조문
후보자와 그의 배우자, 후보자가 속한 기관·단체·시설	기부행위 제한기간 중	조합장선거에 관한 여부를 불문하고 일체의 기부행위 금지	§35①
누구든지	기부행위 제한기간 중	해당 조합장선거에 관하여 후보자를 위하여 기부행위를 하거나 하게 하는 행위 금지 ※ 이 경우 후보자의 명의를 밝혀 기부행위를 하거나 후보자가 기부하는 것으로 추정할 수 있는 방법으로 기부행위를 하는 것은 해당 조합장선거에 관하여 후보자를 위한 기부행위로 봄.	§35②
누구든지	기부행위 제한기간 중	해당 조합장선거에 관하여 기부행위가 제한되는 자로부터 기부를 받거나 기부의 의사표시를 승낙하는 행위 금지	§35③
누구든지	기부행위 제한기간 중	위 제35조 ①항부터 ③항까지 규정된 행위에 관하여 지시·권유·알선·요구하는 행위 금지	§35④
누구든지	재임 중	조합장선거에 관한 여부를 불문하고 일체의 기부행위 금지	§35⑤

※ '후보자'에는 '후보자가 되려는 사람'을 포함함.

4. 벌   칙 : 3년 이하의 징역 또는 3천만원 이하의 벌금

5. 기부행위로 보지 아니하는 행위(법 §33)
○ 직무상의 행위

- 기관·단체·시설(위탁단체 제외)이 자체사업계획과 예산에 따라 의례적인 금전·물품을 그 기관·단체·시설의 명의로 제공하는 행위(포상을 포함함.)
- 조합이 해당 법령이나 정관등에 따른 사업계획 및 수지예산에 따라 집행하는 금전·물품을 그 조합의 명의로 제공하는 행위(포상을 포함함.)
- 물품구매·공사·역무의 제공 등에 대한 대가의 제공 또는 부담금의 납부 등 채무를 이행하는 행위
- 법령에 근거하여 물품 등을 찬조·출연 또는 제공하는 행위

◈ **직무상의 행위시 주의사항**(법 §33②)
- 위탁단체의 직무상 행위는 해당 법령이나 정관등에 따라 포상하는 경우를 제외하고는 해당 위탁단체의 명의로 하여야 하며,
- 해당 위탁단체의 대표자의 직명 또는 성명을 밝히거나 그가 하는 것으로 추정할 수 있는 방법으로 제공하는 행위는 기부행위로 간주함.
- 다음 어느 하나에 해당하는 경우에는 '그가 하는 것으로 추정할 수 있는 방법'에 해당됨.
1. 종전의 대상·방법·범위·시기 등을 법령 또는 정관등의 제정 또는 개정 없이 확대 변경하는 경우
2. 해당 위탁단체의 대표자의 업적을 홍보하는 등 그를 선전하는 행위가 부가되는 경우

○ 의례적 행위
 - 「민법」제777조(친족의 범위)에 따른 친족의 관혼상제의식이나 그 밖의 경조사에 축의·부의금품을 제공하는 행위
※ 친족의 범위(이하 같음) : 8촌 이내의 혈족, 4촌 이내의 인척, 배우자

- 친족 외의 사람의 관혼상제의식(그 밖의 경조사는 제외함)에 통상적인 범위(5만원 이내)에서 축의·부의금품을 제공하거나 주례를 서는 행위
- 소속 기관·단체·시설(위탁단체 제외)의 유급 사무직원이나 친족에게 연말·설 또는 추석에 의례적인 선물(3만원 이내)을 제공하는 행위
- 친목회·향우회·종친회·동창회 등 각종 사교·친목단체 및 사회단체의 구성원으로서 그 단체의 정관 등 또는 운영관례상의 의무에 기하여 종전의 범위에서 회비를 납부하는 행위
- 평소 자신이 다니는 교회·성당·사찰 등에 통상의 예에 따라 헌금(물품의 제공을 포함함)하는 행위

○ 의례적 행위
- 법령에 의하여 설치된 사회보호시설 중 수용보호시설에 의연금품을 제공하는 행위
- 「재해구호법」의 규정에 의한 구호기관(전국재해구호협회를 포함함) 및 「대한적십자사 조직법」에 의한 대한적십자사에 천재·지변으로 인한 재해의 구호를 위하여 금품을 제공하는 행위
- 「장애인복지법」제58조에 따른 장애인복지시설(유료복지시설 제외)에 의연금품·구호금품을 제공하는 행위
- 「국민기초생활 보장법」에 의한 수급권자인 중증장애인에게 자선·구호금품을 제공하는 행위
- 자선사업을 주관·시행하는 국가·지방자치단체·언론기관·사회단체 또는 종교단체 그 밖에 국가기관이나 지방자치단체의 허가를 받아 설립된 법인 또는 단체에 의연금품·구호금품을 제공하는 행위

⇒ 다만, 광범위한 선거인을 대상으로 하는 경우 개별 물품 또는 그 포장지에 직명·성명을 표시하여 제공하는 행위는 위반

- 자선·구호사업을 주관·시행하는 국가·지방자치단체, 그 밖의 공공기관·법인을 통하여 소년·소녀가장과 후원인으로 결연을 맺고 정기적으로 제공하여 온 자선·구호금품을 제공하는 행위
- 국가기관·지방자치단체 또는 구호·자선단체가 개최하는 소년·소녀가장, 장애인, 국가유공자, 무의탁노인, 결식자, 이재민, 「국민기초생활 보장법」에 따른 수급자 등을 돕기 위한 후원회 등의 행사에 금품을 제공하는 행위
⇒ 다만, 개별 물품 또는 그 포장지에 직명·성명을 표시하여 제공하는 행위는 위반

- 근로청소년을 대상으로 무료학교(야학을 포함함)를 운영하거나 그 학교에서 학생들을 가르치는 행위

2 사례 예시

1. 직무상의 행위

- 법령이나 정관등에 따른 당해 조합의 사업계획 및 수지예산에 따라 당해 조합 명의로 조합원복지·법률상담지원사업 등을 실시하는 행위
- 법령이나 정관등에 따른 당해 조합의 사업계획 및 수지예산에 따라 당해 조합의 명의로 선진지견학 등을 지원하는 행위

- 법령이나 정관등에 따른 당해 조합의 사업계획 및 수지예산에 따라 당해 조합 명의로 간담회를 개최하면서 참석한 조합원에게 식사류의 음식물을 제공하는 행위
- 법령이나 정관등에 따른 당해 조합의 사업계획 및 수지예산에 따라 당해 조합 명의로 회원 자녀 학자금·경조사비를 지원하는 행위
- 법령이나 정관등에 따른 당해 조합의 사업계획 및 수지예산에 따라 조합장 이·취임식에서 통상적 범위의 다과·음식물 또는 답례품을 금고 명의로 참석자에게 제공하는 행위
- 조합이 기부행위 제한기간 중에 해당 법령이나 정관등에 따른 사업계획 및 수지예산에 따라 조합 명의로 화환·화분이나 축·부의금을 제공하는 행위
- 조합이 해당 법령이나 정관등에 따른 사업계획 및 수지예산에 따라 병원에 입원한 조합원에게 조합 명의로 위로금을 제공하는 행위
- 조합이 해당 법령이나 정관등에 따른 사업계획 및 수지예산에 따라 병원에 입원한 조합원에게 조합 명의로 위로금을 제공하는 행위

할 수 없는 사례

- 조합이 조합원복지사업을 실시하면서 법령 또는 정관등의 제정 또는 개정 없이 종전의 대상·방법·범위·시기 등을 확대 변경하는 경우

- 조합이 법령이나 정관등에 따른 사업계획 및 수지예산에 따라 조합원복지사업을 실시하면서 조합장의 업적을 홍보하는 등 그를 선전하는 행위
- 조합이 법령이나 정관등에 따른 사업계획 및 수지예산에 근거 없이 조합원 또는 조합원의 가족이 설립·운영하는 단체 등에 사무실·사무기기·용품 등을 무상으로 사용하게 하는 행위

2. 의례적 행위

할 수 있는 사례

- 후보자(후보자가 되려는 사람 포함) 또는 조합장이 「민법」제777조에 따른 친족의 관혼상제의식이나 그 밖의 경조사에 축의·부의금품을 제공(금액 제한 없음)하거나, 친족 외의 사람의 관혼상제의식에 통상적인 축의·부의금품(5만원 이내)을 제공하는 행위
- 후보자 또는 조합장이 친족 또는 회원 자녀의 결혼식에 주례를 서는 행위
- 후보자가 각종 사교·친목단체 및 사회단체의 구성원으로서 그 단체의 정관 또는 운영관례상의 의무에 기하여 종전의 범위에서 회비를 납부하는 행위
- 후보자가 관혼상제 의식이나 그 밖의 경조사에 참석한 하객이나 조객 등에게 음식물(3만원 이내) 및 답례품(1만원 이내)을 함께 제공하는 행위

- 후보자가 친족이 아닌 선거인의 관혼상제 의식에 5만원을 초과하는 축의·부의금품(화환·화분 포함)을 제공하거나 기타 경조사(회갑, 칠순, 병문안 등)에 축의·부의금품(화환·화분 포함)을 제공하는 행위
- 후보자가 선거인의 모임, 야유회, 체육대회 등 각종 행사에 금품을 제공하는 행위
- 후보자가 특정 행사의 추진을 위하여 일시적으로 구성된 단체의 고문이 되어 분담금을 납입하는 행위
- 후보자가 평소 다니는 교회가 아닌 다른 교회의 예배에 참석하여 헌금하는 행위
- 후보자가 기부행위 제한기간 중에 개최하는 본인의 퇴임식 행사에 참석한 선거인이나 그 가족에게 음식물 또는 답례품을 제공하는 행위
- 제3자가 후보자로부터 활동비 등의 명목으로 금품을 받아 이를 선거인이나 그 가족의 경조사비로 제공하는 행위

3 주요 위반행위 판례

1. 직무상 행위 중 기부행위로 본 사례

- '조합장이 조합원의 자녀 결혼식에 참석하여 'A조합 □□□'(성명 기재) 명의로 된 봉투에 A조합의 경비로 마련된 축의금 5만원을 넣어 제공(전주지방법원 정읍지원 2023. 9. 15. 선고 2023고약664 약식명령)

○ '조합장이 조합원의 자녀 결혼식에 참석하여 'A조합 □□□'(성명 기재) 명의로 된 봉투에 A조합의 경비로 마련된 축의금 5만원을 넣어 제공(전주지방법원 정읍지원 2023. 9. 15. 선고 2023고약664 약식명령)

○ '조합장이 조합의 이사, 감사, 대의원 및 봉사단원들에 대하여 선진지견학 명목으로 관광을 실시하면서 조합의 사업계획 및 수지예산상 분과위원회 실비로 책정된 예산을 전용하여 총 5,461,918원 상당의 교통편의, 음식물, 주류, 선물 등 제공(대구지방법원 2010. 10. 15. 선고 2010고단855 판결)

○ '조합의 사업계획 및 수지예산서에 영농회 총회를 개최하면서 상품권과 식사를 제공하는 것으로만 규정되어 있으나, 별도의 법령 등에 근거 없이 업무추진비로 총회에 참석한 반장들에게 물품 제공(춘천지방법원 2009. 12. 3. 선고 2009고단463 판결)

2. 의례적 행위 중 기부행위로 본 사례

○ '후보자가 되려는 사람이 ○○축제 추진위원회(위원 14명 중 위원장 포함 8명이 선거인) 위원장으로부터 축제 후원금을 지급해 줄 것을 부탁받고 축제 추진위원회 간사 명의의 계좌로 축제 후원금 명목으로 200만원 송금(광주지방법원 해남지원 2023. 10. 19. 선고 2023고단149 판결)

○ '후보자가 되려는 사람이 조합원들로만 구성된 A산악회 모임에 참석하여 조합원 22명에게 시가 25,000원 상당의 배 한 상자(25개)를 제공하고, 조합원 7명과 그 외 회원들이 참석한 B산악회 모임에서 조합원 7명에게 1,000원 상당의 배 한 개씩 제공(광주지방법원 2023. 9. 21. 선고 2023고단1476 판결)

○ '후보자가 되려는 사람이 기부행위 제한기간에 선거인의 주거지에

찾아가 "좋은 것이니 꼭 잡수라"는 말을 하며 시가 5만원 상당의 구기자즙 1박스 제공(광주지방법원 2023. 9. 19. 선고 2023고단 3466 판결)

○ '후보자가 되려는 사람 A가 설 명절을 앞두고 마트를 운영하는 사위와 공모하여 마트 직원 명의로 배송하도록 하는 방법으로 조합원 84명에게 합계 2,958,000원 상당의 사과 85박스(개당 34,800원) 제공 및 A 단독으로 조합원 7명에게 합계 157,000원 상당의 사과, 배 배송(대법원 2022. 4. 28. 선고 2021도17194 판결)

○ '후보자가 되려는 사람이 식당에서 조합원에게 '장어정식과 음료 등 35,000원 상당의 음식물'을 제공한 것을 비롯하여, 총 5명의 조합원에게 합계 137,000원 상당의 음식물을 제공하거나 제공의 의사표시(대전지방법원 2020. 12. 10. 선고 2019노3487 판결)

○ '후보자가 되려는 사람은 기부행위 제한기간 중 기부행위를 할 수 없고, 친족 외의 사람의 관혼상제의식에 축의·부의금품을 제공할 경우 5만원 이내의 범위에서 제공하여야 함에도 기부행위 제한기간 중 조합원 7명에게 각각 축의금으로 10만원 제공(대구지방법원 2020. 10. 6. 선고 2019노4340 판결)

○ '후보자가 되려는 사람이 평소 ○○교회에 다니고 있음에도, 의사결정기구의 상당수가 조합원이나 조합원의 가족으로 구성되어 있는 △△교회 등 3곳의 예배에 참석하여 감사헌금 봉투에 자신의 이름을 기재한 후 헌금 명목으로 각 5만원씩(총 15만원)을 헌금함에 넣음으로써 조합원이나 그 가족이 설립·운영하는 단체에 기부(대전지방법원 서산지원 2019. 10. 23. 선고 2019고단444 판결)

○ '후보자가 되려는 사람이 기부행위 제한기간 중 조합원의 집을 방문하여 "설 잘 쉬라."라며 현금 5만원을 제공하였으며, 조합원의 손녀에게 "할아버지 세뱃돈이다."라며 현금 5만원을 제공(창원지

방법원 진주지원 2015. 8. 11. 선고 2015고단312, 520 병합판결)

○ '후보자가 병원에서 입원치료를 받고 있는 조합원을 병문안하면서 현금 20만원을 제공(청주지방법원 2009. 2. 5. 선고 2008고단1746 판결)

○ '후보자가 관광버스 총 6대로 인적사항을 모르는 조합원들을 투표 소까지 운송하도록 하는 등 총 180만원 상당의 교통편의를 제공 (광주지방법원 순천지원 2008. 7. 4. 선고 2008고단969 판결)

○ '후보자가 되려는 사람의 친구(선거인)가 입후보예정자 및 선거인 들과 함께 2차례 식사를 하면서 효과적인 선거운동 방법, 후보로 서의 포부 등에 관하여 대화를 한 후 전체 식사비를 현금으로 결제 함으로써 선거인 4명에게 70,000원 상당의 식사 제공(대전지방법 원 천안지원 2024. 2. 1. 선고 2023고단2110 판결)

○ '조합원이 식당에 조합원 8명을 초대하여 "○○면과 △△면은 똘 똘 뭉쳐야 군의원이든 조합장이든 우리 지역에서 만들 수 있다. 나 는 ○○○을 찍어줄 것이다."라고 특정 후보자에 대한 지지를 호소 하며 총 204,000원 상당의 닭볶음탕과 주류 등 제공(대전지방법원 논산지원 2023. 11. 10. 선고 2023고단350 판결)

○ '입후보예정자가 하나로마트를 운영하는 자에게 전화를 걸어 조합 원에게 시가 45,000원 상당의 음료 10박스를 배달하는 방법으로 제공(대구지방법원 서부지원 2019. 8. 21. 선고 2019고단1246 판결)

○ '조합장 모친상에 10만원을 제공한 조합원의 결혼식에 그 답례로 10만원을 축의금으로 제공 (광주지방법원2010. 5. 25. 선고 2010노335 판결)

○ '후보자가 제3자와 공모하여 후보자를 홍보하는 내용이 수록된 책 자(권당 12,000원)를 선거인 39명에게 제공(대구지방법원 2007. 4. 18. 선고 2007고합37판결)

| 2 | 현직 조합장의 기부행위 상시제한

1 법규요약(법 §35⑤)

- 주　체 : 조합장
- 제한기간 : 재임 중
- 제한내용 : 법 §33조(기부행위로 보지 아니하는 행위)를 제외한
　　　　　일체의 기부행위
- 벌　칙 : 3년 이하의 징역 또는 3천만원 이하의 벌금

2 주요 위반행위 판례

- '합장이 마을회관에서 조합원 2명 및 불상의 마을 주민 약 10명과 술자리를 하면서 조합원 2명에게 시가 9,480원 상당의 육회를 제공하고, 이어서 비닐하우스를 방문하여 조합원 3명에게 시가 46,125원 상당의 육회를 제공

  (대전지방법원 서산지원 2023. 9. 11. 선고 2023고약1904 약식명령)

- '조합장이 임의로 선정한 조합원 29명에게 배 선물세트(39,000원 상당)를 제공하고, 비공식적으로 전직 조합장들을 소집하여 참석한 사람에게 과일 박스 등 기념품을 전달하거나 참석하지 못한 사람에게는 음료수 선물을 전달하는 등 조합장 재임기간 중 조합원 33명에게 129만원 상당의 금품 제공

  (대법원 2022. 2. 24. 선고 2020도17430 판결)

- '조합장과 조합 직원이 공모하여 설 명절을 계기로 조합원 2명에게 시가 45,000원 상당의 굴비 1세트씩(시가 합계 90,000원 상당)을, 조합원 41명에게 시가 25,000원 상당의 사과 1상자씩(시가 합계 1,025,000원 상당)을 제공

(대법원 2021. 5. 7. 선고 2021도1707 판결)

○ '조합장이 선거인이 운영하고 있는 향우회 단합회에 참석하여 20만원 상당의 음료수를 제공하고, 선거인이 운영하고 있는 번영회 하계총회에 참석하여 합계 10만원 상당의 아이스크림 100개 제공(대구지방법원 서부지원 2019. 10. 2. 선고 2019고단1704 판결)

○ '조합장이 '풍요롭고 행복한 추석 보내세요. 1등 농협을 이룬 큰 일꾼 ○○농업협동조합장 △△△' 내용의 스티커가 부착된 '1만원 상당의 쌀'을 농협 직원 5명으로 하여금 조합원(선거인명부에 오를 자격이 있는 자 포함) 77명에게 제공(시가 총 770,000원 상당)(대구지방법원 2019. 8. 22. 선고 2019고단3283 판결)

○ '조합장이 조합원에게 "형님, 손자들 세뱃돈이나 주십시오."라고 말하며 조합장실 책상 서랍에서 20만원(5만원권 4매)을 꺼내어 제공(광주지방법원 해남지원 2015. 11. 19. 선고 2015고단296 판결)

○ '조합장이 농협 조합원 180명에게 '○○농협 △△△'이라고 표시한 멸치세트 1박스(시가 17,500원 상당)를 각각 택배를 이용하여 발송함으로써 합계 315만원 상당의 물품 제공(전주지방법원 2015. 8. 28. 선고 2015고단830 판결)

○ '조합장이 관내 게이트볼장 준공식과 관련하여 선거인이 설립·운영하는 게이트볼 모임에 개인의 경비로 43만원 상당의 철제 난로 제공(수원지방법원 여주지원 2015. 7. 10. 선고 2015고단403 판결)

| 3 | 현직 조합장의 축의·부의금품 제공제한

1 법규요약(법 §36)

○ 주　　체 : 조합장
○ 제한기간 : 재임 중
○ 제한내용
  - 조합의 경비로 관혼상제 의식이나 그 밖의 경조사에 축의·부의금품을 제공하는 경우에는 해당 조합의 경비임을 명기하여 해당 조합의 명의로 제공하여야 함.
  - 해당 조합의 대표자 직명 또는 성명을 밝히거나 그가 하는 것으로 추정할 수 있는 방법으로 제공할 수 없음.
○ 벌　　칙 : 2년 이하의 징역 또는 2천만원 이하의 벌금

TIP!

〈관혼상제 의식이나 그 밖의 경조사에 축의·부의금품 제공방법 구분〉

경비주체	제공명의	기재사항	유의사항
조합	조합	해당 조합의 경비임을 명기해야 함.	조합장의 직명 또는 성명을 밝히거나, 조합장이 하는 것으로 추정할 수 있는 방법으로 제공할 수 없음.
조합장 (개인)	조합장		친족이 아닌 선거인의 경우 관혼상제 의식에만 5만원 이내에서 제공 가능함.

○ 조합장이 조합원 자녀의 결혼식 참석(2건) 및 조합원 병문안(1건) 시 '□□조합장 ○○○(성명)' 명의로 된 봉투에 조합의 경비로 마련한 축의금 및 위로금 각 5만원(3건, 합계 15만원)을 넣어 제공
(전주지방법원 정읍지원 2023. 9. 15. 선고 2023고약664 약식명령)

○ 조합장이 총 360회에 걸쳐 조합원들의 장례식에 시가 14,000원 상당의 근조 조향세트를 조합 경비로 제공하면서 '○○조합 조합장 △△△'라고 기재하여 조합의 경비임을 명기하지 않고 조합의 대표자의 직·성명을 밝혀 제공
(전주지방법원 제2형사부 2020. 8. 20. 선고 2019노1649 판결)

○ 조합장이 조합원 아들의 결혼식에 'A농협 조합장 B 배상'이라고 기재된 봉투에 10만 원을 넣어 제공한 것을 비롯하여, 조합의 경비로 성명과 직명을 밝혀 조합원 총 35명에게 합계 350만원의 축·부의금 제공
(대구지방법원 2019. 9. 27. 선고 2019노2868 판결)

○ 조합장이 모친상을 당한 조합원에게 조합의 경비로 부의금을 지급하면서 조합장의 명의를 밝히는 방법으로 기부행위를 하였으며, 총 37회에 걸쳐 조합원들에게 축·부의금 등을 지급하면서 자신의 명의를 밝히거나 자신이 직접 지급하는 등의 방법으로 합계 3,250,000원 상당을 기부
(대전지방법원 공주지원 2016. 9. 23. 선고 2015고단308 판결)

○ '조합장이 조합원의 장인상에 참석하여 조합의 경비로 부의금 5만원을 제공하면서 그 봉투에 '○○농업협동조합'이라고만 기재하고 그 부의금이 ○○농업협동조합의 경비임을 명기하지 아니하였으며, 총 35회에 걸쳐 조합원의 장례식에 조합경비로 합계

1,050,000원 상당의 근조영정화환을 제공하면서 그 화환 비용이 위 조합의 경비임을 명기하지 아니함(제주지방법원 2015. 12. 22. 선고 2015고단987 판결).

o 조합장과 조합직원이 공모하여 설 명절을 계기로 조합원 2명에게 시가 45,000원 상당의 굴비 1세트씩(시가 합계 90,000원 상당)을, 조합원 41명에게 시가 25,000원 상당의 사과 1상자씩(시가 합계 1,025,000원 상당)을 제공(대법원 2021. 5. 7. 선고 2021도1707 판결)

o 조합장이 특정 기업에서 생산하는 '친환경 부숙토'를 해당 기업의 직원으로 하여금 화물차를 이용하여 조합원 3명에게 배송토록 하여 시가 총 4,547,952원(37.4톤, 1,870포) 상당의 물품 및 불상액의 교통편의를 제공(대구지방법원 서부지원 2019. 9. 27. 선고 2019고단1748 판결)

o 조합장이 "풍요롭고 행복한 추석 보내세요. 1등 농협을 이룬 큰 일꾼 ○○농업협동조합장 △△△" 내용의 스티커가 부착된 '1만원 상당의 쌀'을 농협 직원 5명으로 하여금 조합원(선거인명부에 오를 자격이 있는 자 포함) 77명에게 제공(대구지방법원 2019. 8. 22. 선고 2019고단3283 판결)

o 조합장이 조합원으로 선거인명부에 오를 자격이 있는 박○○를 보고 "형님, 들어와서 차 한 잔 하십시다."라고 말하며 조합장실 책상 서랍에서 20만원(5만원권 4매)을 꺼내어 위 박○○에게 "형님, 손자들 세뱃돈이나 주십시오"라고 말하며 제공(광주지방법원 해남지원 2015. 11. 19. 선고 2015고단296 판결)

o 조합장이 농협 조합원 180명에게 '○○농협 △△△'이라고 표시한 멸치세트 1박스(시가 17,500원 상당)를 각각 택배를 이용하여 발송함으로써 합계 315만원 상당의 물품 제공

(전주지방법원 2015. 8. 28. 선고 2015고단830 판결)

- 조합장이 관내 게이트볼장 준공식과 관련하여 선거인이 설립·운영하는 게이트볼 모임에 개인의 경비로 43만원 상당의 철제 난로 제공(수원지방법원 여주지원 2015. 7. 10. 선고 2015고단403 판결)

- 조합장이 총 360회에 걸쳐 조합원들의 장례식에 시가 14,000원 상당의 근조 조향세트를 조합 경비로 제공하면서 '○○농업협동조합 조합장 △△△'라고 기재하여 조합의 경비임을 명기하지 않고 조합의 대표자의 직·성명을 밝혀 제공(전주지방법원 제2형사부 2020. 8. 20. 선고 2019노1649 판결)

| 4 | 선거일 후 답례금지

1   법규요약(법 §37)

○ 주   체 : 후보자, 후보자의 배우자, 후보자가 속한 기관·단체·시설
○ 금지내용
  선거일 후 당선되거나 되지 아니한 데 대하여 선거인에게 축하·위로 그 밖의 답례를 하기 위하여
  - 금전·물품 또는 향응을 제공하는 행위
  - 선거인을 모이게 하여 당선축하회 또는 낙선에 대한 위로회를 개최하는 행위.
○ 벌   칙 : 2년 이하의 징역 또는 2천만원 이하의 벌금

2   사례 예시

할 수 있는 사례

• 당선·낙선에 대한 의례적인 인사장을 선거인에게 발송하는 행위
• 당선 또는 낙선에 대한 현수막을 거리에 게시하는 행위
• 당선 또는 낙선에 대한 인사를 전화나 문자메시지를 이용하여 하는 행위
• 당선인 또는 낙선인이 선거일 후에 당선되거나 되지 아니한 것에 대해 신문에 의례적인 내용의 답례광고를 하는 행위

- 당선인이 관내 경로당, 마을회관에 방문하여 당선 인사를 하고 음료 등을 제공하는 행위

Ⅱ 매수 및 이해유도

법규요약(법 §58)

○ 주　　체 : 누구든지
○ 제한시기 : 선거운동을 목적으로
○ 방　　법
　- 선거인[선거인명부를 작성하기 전에는 그 선거인명부에 오를 자격
　　이 있는 자(해당 위탁단체에 가입되어 해당 법령이나 정관등에 따라
　　위탁선거의 선거권이 있는 자 및 해당 위탁단체에 가입 신청을
　　한 자를 말함.)를 포함함. 이하 이 조에서 같음]이나 그 가족, 또
　　는 선거인이나 그 가족이 설립·운영하고 있는 기관·단체·시설에
　　금전·물품·향응이나 그 밖의 재산상 이익이나 공사의 직을 제공
　　하거나 그 제공의 의사를 표시하거나 그 제공을 약속하는 행위
　- 후보자가 되지 아니하도록 하거나 후보자가 된 것을 사퇴하게
　　할 목적으로 후보자가 되려는 사람이나 후보자에게 금전·물품
　　·향응이나 그 밖의 재산상 이익이나 공사의 직을 제공하거나 그
　　제공의 의사를 표시하거나 그 제공을 약속하는 행위
　- 위탁단체의 회원으로 가입하여 특정 후보자에게 투표하게 할 목
　　적으로 위탁단체의 조합원이 아닌 자에게 금전·물품·향응이나
　　그 밖의 재산상 이익이나 공사의 직을 제공하거나 그 제공의 의
　　사를 표시하거나 그 제공을 약속하는 행위
　- 위 각 목에 규정된 이익이나 직을 제공받거나 제공의 의사표시
　　를 승낙하는 행위

- 위 각 목에 규정된 행위에 관하여 지시·권유·알선하거나 요구하
  는 행위
- 후보자등록개시일부터 선거일까지 포장된 선물 또는 돈봉투 등
  다수의 선거인(선거인의 가족 또는 선거인이나 그 가족이 설립·운
  영하고 있는 기관·단체·시설을 포함)에게 배부하도록 구분된 형
  태로 되어 있는 금품을 운반하는 행위
○ 벌   칙 : 3년 이하의 징역 또는 3천만원 이하의 벌금

TIP!

• '제공의 의사표시', '제공의 약속'의 의미
후보자가 되려는 사람의 부친이 조합원 108명에게 전화하여 "아
들이 ○○축협 조합장선거에 나오니까 잘 부탁한다"라는 취지로
말하며 아들의 출마사실을 알리고 지지 호소

• '구분된 형태로 되어 있는 금품'의 의미
구분이라 함은 소정의 금품을 일정한 기준에 따라 전체를 크게
또는 작게 몇 개로 갈라 나누는 것을 말하고, 구분의 방법에는
제한이 없어 돈을 포장 또는 봉투에 넣거나 물건으로 싸거나 띠
지로 감아매는 것은 물론, 몇 개의 단위로 나누어 접어 놓는 등
따로따로 배부할 수 있도록 분리하여 소지하는 것도 포함됨(대
법원 2009. 2. 26. 선고 2008도11403 판결).

○ 이사장이 ①대의원 A에게 "내가 노래교실 송년회 현찰로 보태줄게", "얘기하지 말고 써"라고 전화하고, 금고 지점장을 통해 A에게 현금 10만원 제공, ②대의원 A·B·C에게 "내가 이사장선거에 걱정 있는 거지 뭐" 등으로 말한 다음 황태구이 등 36,000원 상당의 향응 제공, ③대의원 D·E에게 식사 중 "내가 이사장에 두 번째 출마 하니까 나를 뽑아 달라"고 말하면서 소고기 등 91,200원 상당의 향응을 제공하고 귀가 중 백화점 상품권 1만원권 10장씩 제공
(대법원 2022. 11. 17. 선고 2022도11460 판결)

○ 이사장이 금고 임원에게 심부름센터 사람들을 고용하여 상대 후보자의 불법선거운동 현장을 적발하는 등 자신을 위해 선거운동을 해달라며 현금 200만원을 제공
(대구지방법원 김천지원 2016. 3. 16. 선고 2016고단152 판결)

○ 이사장이자 후보자가 되려는 사람 A와 금고 전무인 B는 공모하여 이사 출마자 8명을 모이게 한 후 대의원명부를 나누어주면서 "각자 친분 있는 대의원 5명씩을 정해서 나에게 투표할 수 있게 해달라"고 하고 술과 LA갈비 등 시가 335,000원 상당의 향응을 제공하고, A는 대의원 N과 공모하여 이사 출마자 8명을 모이게 하여 "A이사장을 중심으로 다같이 잘해보자. 선거는 전쟁이다. 무조건 이기고 봐야된다"라고 말하면서 술과 안주 등 시가 700,000원 상당의 향응을 제공
(대법원 2015. 3. 12. 선고 2014도5918 판결)

○ 후보자가 되려는 사람 A와 조합원 B가 공모하여 B는 조합원 C에게 전화하여 집 앞으로 나오라고 하고, A는 C에게 "조합장선거 때 잘 부탁드립니다"라고 말하면서 5만원 권 6매, 합계 30만원을

제공한 것을 비롯하여 총 18회에 걸쳐 조합원 총 18명에게 합계 570만원의 현금 제공

(대구지방법원 상주지원 2023. 7. 19. 선고 2023고단210 판결)

○ 후보자가 되려는 사람이 이사장에 당선될 목적으로 선거인의 처를 통해 선거인에게 현금 100만원을 제공한 것을 비롯하여 선거인 5명에게 현금 100만원씩 총 500만원을 제공하고, 21명의 선거인에게 시가 합계 30만원 상당의 음료수 30박스 제공

(대법원 2017. 2. 9. 선고 2016도20280 판결)

○ 이사장선거의 후보자가 되려는 사람 A가 갑, 을과의 후보단일화 논의가 진척이 없자 금고 부이사장 B에게 갑, 을의 출마를 포기하도록 그 동안의 선거비용 등을 보전해 주자고 제의하고 B가 동조하여, A는 B에게 "갑, 을에게 하나씩 전해줘라"고 말하면서 현금 300만원이 든 봉투 2개를 건네주고, B는 이를 갑, 을에게 각각 전달

(대구지방법원 2013. 1. 18. 2012노3233 판결)

○ 후보자가 되려는 사람이 후보자가 되려는 다른 사람에게 "후보자 등록을 하지 않으면 1억 7,000만원을 제공하겠다"고 제안함으로써 금전 제공의 의사표시

(전주지방법원 정읍지원 2024. 1. 23. 선고 2023고단136, 225 병합 판결)

○ "준비 많이 하셨는데 도와주세요.", "예우에 맞게 시 □□□ 부회장 하시는 걸로 조율을 다 해놨어요. 얘기가 다 된 상태니까 선거 나오고 이러는 것보다 그렇게 해서 적당히 해서 좋지 않겠습니까?" 등 후보자가 되지 아니하도록 할 목적으로 공사의 직 제공의사 표시

(대전지방법원 2023. 9. 13. 선고 2023고단2277 판결)

○ 후보자가 ○○낚시점 앞길에서 선거인 2명에게 본인에 대한 지지를 호소하면서 현금 합계 100만원을 교부하고, 주차된 차량에서 선거인 2명에게 본인에 대한 지지를 호소하면서 현금 합계 200만

원을 제공하고, △△△에게 "선거인이나 선거인의 가족 중에서 나의 당선에 도움이 될 만한 사람에게 수고비 명목 으로 돈을 주어라"라고 말하며 총 2차례 현금 합계 950만원을 교부하여 매수 및 이해유도 지시

(대법원 2021. 4. 29. 선고 2020도16599 판결)

○ 준비 많이 하셨는데 도와주세요.", "예우에 맞게 시 □□□ 부회장 하시는 걸로 조율을 다 해놨어요. 얘기가 다 된 상태니까 선거 나오고 이러는 것보다 그렇게 해서 적당히 해서 좋지 않겠습니까?" 등 후보자가 되지 아니하도록 할 목적으로 공사의 직 제공의사 표시

(대전지방법원 2023. 9. 13. 선고 2023고단2277 판결))

○ 입후보예정자가 선거운동을 목적으로 ○○농협하나로마트 지점장에게 선물세트를 보낼 명단을 전달하며 "소고기 선물 세트를 준비해서 배송해 달라. 내가 주는 것이라고 얘기해 달라."라고 하여 위 하나로마트 배달서비스를 통해 선거인 명부에 오를 자격이 있는 조합원 총 46명에게 합계 230만원 상당의 선물세트(1세트당 5만원) 제공

(대전지방법원 홍성지원 2019. 10. 15. 선고 2019고단406 판결)

○ 후보자가 되려는 사람의 지지자가 본인의 주차된 승용차 내에서 조합원인 선거인에게 "○○○보다는 자격이 있는 △△△을 지지해 달라"고 말하며 현금 50만원(5만원권 10매) 제공

(대전지방법원 공주지원 2019. 8. 23. 선고 2019고단221 판결)

○ 후보자가 되려는 사람의 배우자가 본인 소유 축사 사무실에서 조합원에게 "내가 ○○리에 아는 사람이 없으니까 □사장이 대신 해서 ○○리하고 △△리에 있는 조합원들에게 20만원씩 전달해주세요."라고 말하며 현금 100만원(5만원권20매) 제공

(대전지방법원 공주지원 2019. 8. 23. 선고 2019고단232 판결)

○ 후보자가 5만원권 지폐 4장씩을 반으로 접어 만든 돈묶음 3개, 5
만원권 지폐 2장씩을 반으로 접은 돈묶음 1개 합계 70만원을 바지
주머니에 넣은 채 조합원들의 집을 호별방문하면서 다수의 선거인
에게 배부하도록 구분된 형태로 금품을 운반

(대구지방법원 2015. 4. 16. 선고 2015고단1139 판결)

○ 조합장이 자신의 지인과 공모하여 같은 조합의 입후보 예정자
에게 불출마 명목으로 자신의 지인을 통해 현금 2,700만원을
전달

(전주지방법원 2015. 1. 27. 선고 2014고단640 판결)

○ 제3자가 조합원의 집을 찾아가 "이 계란은 내가 직접 생산한 것이
니 부담 갖지 말고 받아달라. ○○○은 한우도 직접 기르고 여러
면에서 이번 조합장선거에서 당선되는게 조합원들을 위해서라도
좋을 것 같다."라는 취지로 말하면서 ○○○의 명함 1장과 계란 30
개들이 2판을 제공하는 등 조합원 2명에게 총 16,000원 상당의
계란 제공

(전주지방법원 2010. 8. 31. 선고 2010고단1085 판결)

○ 선임이사의 지정권한이 있고 조합에서 상당한 영향력이 있는 현직
조합장이 전직 조합장인 입후보예정자에게 이사직을 제공하겠다
고 하고 입후보예정자가 이를 승낙

(대법원 1996. 7. 12. 선고 96도1121 판결)

○ 조합원이 선거인에게 전화를 걸어 "마을 어른들에게 막걸리라도
대접하면서 후보자의 선거운동을 해달라, 선거가 끝나면 선거운동
비용을 보상해 주겠다."라는 취지로 금전제공의 의사를 표시

(창원지방법원 진주지원 2009. 2. 5. 2008고약10461 약식명령)

○ 후보자의 친형이 동생을 당선되게 할 목적으로 조합원의 집을 찾아가 조합장선거에 출마하는 동생을 잘 부탁한다는 취지로 인사하면서 현금 20만원을 건네주려고 하였으나 조합원이 그 자리에서 거절하는 등 조합원에 대하여 금전제공의 의사를 표시 (울산지방법원 2007. 10. 18. 선고 2007고단1767 판결)

III 허위사실공표 및 비방

1 법규요약(법 §61·§62)

1. 당선목적 허위사실공표(법 §61①)

- ○ 주　　　체 : 누구든지
- ○ 금 지 기 간 : 언제든지
- ○ 주관적 요건 : 당선되거나 되게 할 목적으로
- ○ 금지행위

  선거공보나 그 밖의 방법으로 후보자(후보자가 되려는 사람을 포함함. 이하 'III. 1'에서 같음)에게 유리하도록 후보자, 그의 배우자 또는 직계존비속이나 형제자매에 관하여 허위의 사실을 공표하는 행위

- ○ 벌　　　칙 : 3년 이하의 징역 또는 3천만원 이하의 벌금

2. 낙선목적 허위사실공표(법 §61②)

- ○ 주　　　체 : 누구든지
- ○ 금 지 기 간 : 언제든지
- ○ 주관적 요건 : 당선되거나 되게 할 목적으로
- ○ 금지행위

  선거공보나 그 밖의 방법으로 후보자에게 불리하도록 후보자, 그의 배우자 또는 직계존비속이나 형제자매에 관하여 허위의 사실을 공표하는 행위

- ○ 벌　　　칙 : 5년 이하의 징역 또는 5백만원 이상 5천만원 이하의 벌금

• '허위의 사실'의 판단기준

'허위의 사실'이란 진실에 부합하지 않은 사항으로서 선거인으로 하여금 후보자에 대한 정확한 판단을 그르치게 할 수 있을 정도로 구체성을 가진 것이면 충분함. 하지만 공표된 사실의 내용 전체의 취지를 살펴볼 때 중요한 부분이 객관적 사실과 합치되는 경우에는 세세한 부분에 진실과 약간 차이가 나거나 다소 과장된 표현이 있더라도 이를 허위의 사실이라고 볼 수는 없음. 어떤 표현이 허위사실을 표명한 것인지는 일반 선거인이 그 표현을 접하는 통상의 방법을 전제로 하여 그 표현의 전체적인 취지, 객관적 내용, 사용된 어휘의 통상적인 의미, 문구의 연결 방법 등을 종합적으로 고려하여 그 표현이 선거인에게 주는 전체적인 인상을 기준으로 판단하여야 함(대법원 2015. 5. 14. 선고 2015도1202 판결).

• '공표'의 의미

'공표'라 함은 불특정 또는 다수인에게 허위사실을 알리는 것이고, 비록 개별적으로 한 사람에 대하여 사실을 유포하더라도 이로부터 불특정 또는 다수인에게 전파될 가능성이 있다면 이 요건을 충족한다고 할 것임(대법원 1998. 12. 10. 선고 99도3930 판결).

• "어떠한 소문이 있다"라고 공표한 경우 그 소문의 내용이 허위이면 소문이 있다는 사실 자체는 진실이라 하더라도 허위사실공표죄에 해당함(대법원 2002. 4. 10. 선고 2001모193 판결).

- '후보자의 비리 등에 관한 의혹의 제기는 비록 그것이 공직 적격여부의 검증을 위한 것이라 하더라도 무제한 허용될 수는 없고 그러한 의혹이 진실인 것으로 믿을만한 상당한 이유가 있는 경우에 한하여 허용되어야 하며, 또한 제시된 소명자료 등에 의하여 그러한 의혹이 진실인 것으로 믿을만한 상당한 이유가 있는 경우에는 비록 사후에 그 의혹이 진실이 아닌 것으로 밝혀지더라도 표현의 자유 보장을 위하여 이를 벌할 수 없음(대법원 2007. 7. 13. 선고 2007도2879 판결).

3. 후보자 등 비방죄(법 §62)

- 주　　　체 : 누구든지
- 금 지 기 간 : 언제든지
- 주관적 요건 : 당선되거나 되게 할 목적으로
- 금지행위
  선거공보나 그 밖의 방법으로 공연히 사실을 적시하여 후보자, 그의 배우자 또는 직계존비속이나 형제자매를 비방하는 행위
- 예외(위법성 조각사유)
  진실한 사실로서 공공의 이익에 관한 때에는 처벌하지 아니함.
- 벌　　　칙 : 3년 이하의 징역 또는 3천만원 이하의 벌금

TIP!

- '비방'의 의미
'비방'의 의미는 '사회생활에서 존중되는 모든 것에 대하여 정당한 이유 없이 상대방을 깎아내리거나 헐뜯는 것'이라고 해석할 수 있음(헌법재판소 2004. 11. 25. 2002헌바85 결정).

- '사실의 적시'의 의미

'사실의 적시'란 가치판단이나 평가를 내용으로 하는 의견표현에 대치하는 개념으로서 시간과 공간적으로 구체적인 과거 또는 현재의 사실관계에 관한 보고 내지 진술을 의미하는 것이며 그 표현 내용이 증거에 의한 입증이 가능한 것을 말하고, 판단할 진술이 사실인가 또는 의견인가를 구별함에 있어서는 언어의 통상적 의미와 용법, 입증가능성, 문제된 말이 사용된 문맥, 그 표현이 행하여진 사회적 정황 등 전체적 정황을 고려하여 판단하여야 할 것임(대법원 1996. 11. 22. 선고 96도1741 판결).

- '위법성 조각' 사유

적시된 사실이 전체적으로 보아 진실에 부합하고 그 내용과 성질에 비추어 객관적으로 볼 때 공공의 이익에 관한 것으로서 행위자도 공공의 이익을 위하여 그 사실을 적시한다는 동기를 가지고 있으며, 반드시 공공의 이익이 사적 이익보다 우월한 동기가 된 것이 아니더라도 양자가 동시에 존재하고 거기에 상당성이 인정된다면 위법성이 조각된다고 할 것임(대법원 2000. 4. 25. 선고 99도4260 판결).

2 사례 예시

할 수 있는 사례

- 적법한 선거운동을 위한 인쇄물 등에 비정규학력을 정규학력으로 오인되지 않도록 사실대로 게재하거나 공표하는 행위
- 후보자가 허위사실 또는 비방에 이르는 내용 없이 자신의 소문에 대한 해명 문자메시지를 회원들에게 전송하는 행위

- '○○대학원 최고경영자과정'을 수료했음에도 '○○대학원 수료' 라고 공표하는 행위
- '○○재단의 □□지역위원회 운영위원'인 자가 명함 등에 '○○ 재단운영위원'이라고 기재하는 행위

3 주요 위반행위 판례

1. 당선목적의 허위사실공표

○ 새마을금고 임원선거 후보자 A는 선거공보에 B대학교 C대학원 고급정책개발전공 6개월 과정 교육을 수료하였음에도 '1998. 서울 B대학교 C대학원 수료'라고 기재하고, 선거인인 대의원들에게 발송되게함으로써 당선되게 할 목적으로 거짓 학력을 유포
(서울북부지방법원 2020. 6. 10. 선고 2020고정382)

○ 후보자가 본인이 ○○농협조합장으로 재임하였던 기간인 2018년도의 ○○농협의 출자배당률이 관내 최고가 아니었음에도 조합원 3,286명에게 "2018년도 3.5%라는 관내 최고의 출자 배당률이 이를 증명합니다."라는 문구가 포함된 선거운동 문자메시지를 전송함으로써 후보자인 자신을 당선되게 할 목적으로 자신의 업적에 관한 허위사실을 공표
(대전지방법원 공주지원 2019. 9. 6. 선고 2019고단219 판결)

○ 조합장으로 재직할 당시 하나로마트 ○○지점을 개설한 사실이 없음에도 선거공보 제2면 '조합장 임기성과'란에 '하나로마트 ○○지점 개설'이라는 허위사실을 게재
(춘천지방법원 강릉지원 2015. 8. 13. 선고 2015고단662 판결)

○ A후보가 조합장 재직시 이사회 의결을 거치지 않고 사업을 추진했으며, 업무상 배임혐의에 대해 고의가 없어 혐의없음 처분을 받았음에도 소가 취하되어 혐의없음 처분을 받은 것으로 허위사실을 공표
(대법원 2016. 10. 27. 선고 2016도11343 판결)

2. 낙선목적의 허위사실공표

○ 공약을 상당부분 이행하여 공약이행률이 0%가 아니었고, 전임 조합장 때보다 사업이익이 증가하는 등 부실 경영한 사실이 없음에도, 문자메시지 및 카카오톡을 통해 '공약이행률 0%', '전기 이월금은 전임조합장의 반토막 부실경영' 등 후보자가 당선되지 못하게 할 목적으로 허위사실을 공표
(창원지방법원 밀양지원 2024. 1. 18. 선고 2023고단381 판결)

○ 후보자가 되려는 사람이자 ○○농협 비상임 감사인 자가 비상임 감사라는 지위를 이용하여 감사대상 기간이 아닌 2018년도 이전의 일들에 대해 현 조합장을 당선되지 못하게 할 목적으로 허위사실의 의혹을 제기하는 취지의 본인 개인명의 감사보고서를 작성하여, 2019년 ○○농협 정기총회에 참석한 현 조합장 등 총 78명의 ○○농협 임원들에게 위 감사보고서 50부를 배부하고 이 내용을 전부 읽는 방식으로 발표
(수원지방법원 2019. 11. 14. 선고 2019고단4474 판결)

○ 조합장인 후보자가 당선되지 못하게 할 목적으로 '2. 위판장 부지매입과 관련하여 시세보다 높은 가격에 매수하였다는 의혹, 5. 직원 채용과 관련한 비리 의혹' 등 허위의 사실을 기재한 우편물을 만들어 조합원에게 익명으로 발송
(대전지방법원 2016. 1. 20. 선고 2015노2941 판결)

○ "어떠한 소문이 있다"라고 공표한 경우 그 소문의 내용이 허위이
면 소문이 있다는 사실 자체는 진실이라 하더라도 허위사실 공표
죄에 해당함
(대법원 2002. 4. 10. 선고 2001모193 판결)

3. 후보자 등 비방

○ A후보자의 도덕성과 농협 경영상 비리, 공사발주시 담합 의혹이
게재된 유인물을 조합원들에게 보여주고 진정서에 서명을 받는 등
A후보를 비방
(대법원 2016. 10. 27. 선고 2016도9766 판결)

○ 후보 1번이 주먹을 쓰는 사채업자가 아니었음에도, "2번 부탁해
요. 1번은 사채업자, 주먹쓰는 사람이고, 딸이 ○○새마을금고에
서 근무했는데 2~3차례 공금횡령으로 새마을금고 짤림. 아버지가
후보 1번 이래요. 절대 뽑으면 안 된다고 함."이라는 카카오톡 메
시지를 같은 아파트 주민 등 30여명에게 전송
(광주지방법원 순천지원 2015. 11. 4. 선고 2015고단1862 판결)

○ 후보자 본인이 감사를 받은 사실이 없음에도 감사결과 무혐의 처
분을 받았다는 내용으로 조합원에게 허위 문자를 발송하고, 상대
후보가 조합장 재임 중 노조와 충돌이 잦았고 노조와의 분쟁비용
으로 조합 경비를 낭비했다는 내용의 문자를 조합원에게 발송함으
로써 상대 후보를 비방
(창원지방법원 진주지원 2016. 2. 16. 선고 2015고단719 판결)

○ 이사장선거 후보자를 당선되지 못하게 할 목적으로 '새마을금고
이사장으로 재직하면서 자신의 재산을 비싼 가격에 새마을금고에
매도하였으니 이사장이 되어서는 안된다.'라는 내용이 담긴 유인
물 50부 가량을 대의원들에게 우편으로 송부함으로써 후보자에

관하여 공연히 사실을 적시하여 비방

(대구지방법원 2014. 3. 14. 선고 2013노2076 판결)

○ "후보자가 어떻게 이혼을 했는지 그 소문을 이 자리에서 입이 부끄러워서 얘기하지 않겠습니다. 조강지처 버리고 잘된 사내가 없다."라고 발언하여 후보자를 비방

(대법원 2002. 6. 14. 선고 2000도4595 판결)

○ "2월 1일 ○○시 쓰레기 매립장에서 이유 없이 폭행을 해놓고도 자신의 행동을 미화하여 거짓말만 하는 상습범이며 과거 현직에 있는 경찰관과 공명선거 감시반 대학생, 마을 주민까지 폭행한 사실이 있다."라고 발언하여 후보자를 비방(대법원 1998. 9. 22. 선고 98도1992 판결)

IV 임·직원의 지위를 이용한 선거운동

1 법규요약(법 §31)

1. 당선목적 허위사실공표(법 §61①)

○ 주　　　체 : 조합 임·직원

○ 금 지 기 간 : 언제든지

○ 금지행위
- 지위를 이용하여 선거운동을 하는 행위
- 지위를 이용하여 선거운동의 기획에 참여하거나 그 기획의 실시에 관여하는 행위
- 후보자(후보자가 되려는 사람 포함)에 대한 선거권자의 지지도를 조사하거나 이를 발표하는 행위

○ 벌　　　칙 : 2년 이하의 징역 또는 2천만원 이하의 벌금

TIP!

• '임·직원이 그 지위를 이용하여'의 의미

임·직원이 그 직무를 집행함에 즈음하여 선거운동을 한 경우는 물론, 임·직원이 신분상 또는 직무상 지휘 감독권이 미치는 사람에게 선거운동을 하였거나 외견상 그 직무에 관련한 행위에 편승하여 선거운동을 함으로써 선거인에게 영향을 줄 수 있는 경우도 포함됨(대법원 1969. 7. 22. 선고 69도195 판결).

• '임·직원이 지위를 이용하여 선거운동의 기획에 참여하는 행위'의 의미

임·직원이 개인의 자격으로서가 아니라 임·직원의 지위와 결부되

어 선거운동의 기획에 참여하거나 그 기획의 실시에 관여하는 행위를 뜻하는 것으로, 임·직원의 지위에 있기 때문에 특히 선거운동의 기획행위를 효과적으로 할 수 있는 영향력 또는 편익을 이용하는 것을 의미하고 구체적으로는 그 지위에 수반되는 신분상의 지휘감독권, 직무권한, 담당사무 등과 관련하여 임·직원이 직무를 행하는 사무소 내부 또는 외부의 사람에게 작용하는 것도 포함되고, 이때 '선거운동의 기획에 참여하는 행위'라 함은 선거운동의 효율적 수행을 위한 일체의 계획 수립에 참여하는 것을 말함
(대법원 2007. 3. 29. 선고 2006도9392 판결 등 참조).
• '선거운동의 기획에 참여하거나 그 기획의 실시에 관여하는 행위'의 의미 당선되게 하거나 되지 못하게 하기 위한 선거운동에는 이르지 아니하는 것으로서 선거운동의 효율적 수행을 위한 일체의 계획 수립에 참여하는 행위 또는 그 계획을 직접 실시하거나 실시에 관하여 지시·지도하는 행위를 말하는 것으로 해석하여야 하고, 반드시 구체적인 선거운동을 염두에 두고 선거운동을 할 목적으로 그에 대한 기획에 참여하는 행위만을 의미하는 것으로 볼 수 없음(대법원 2007. 10. 25. 선고 2007도4069 판결 등 참조).

2 사례 예시

할 수 있는 사례

• 조합이 조합사업과 관련된 유언비어에 대하여 조합의 자본현황에 대한 객관적인 사실을 당해 조합이 설치·운영하는 인터넷 홈페이지나 기관지(조합소식지)·내부문서·게시판 등 통상적으로 행하여 오던 고지·안내 방법에 따라 소속 조합원에게 알리거나

언론기관에 보도자료를 제공하는 행위
⇒ 다만, 선거가 임박한 시기에 별도의 해명서를 작성하여 전 조합원
   에게 배부하는 것은 위반

- 조합이 선거기간 전에 선거와 무관하게 조합의 경비로 조합의
  운영, 사업수행, 재난·재해 안내·고지 등 직무상 행위의 일환으
  로, 조합장의 직명·성명·사진(음성·화상·동영상 등 포함)을 게재
  하여 조합원에게 통상적인 내용의 안내장 등 인쇄물 또는 문자
  메시지·전자우편을 보내거나, 거리에 현수막을 게시하거나, 조
  합원에게 조합장 명의의 ARS 전화를 하는 행위
⇒ 다만, 조합의 설립 및 활동 목적 범위안에서 통상적으로 안내·고지
   해오던 수준을 넘어 계속적·반복적으로 하거나, 선거기간중에 시행
   하거나, 조합장에 대한 지지·선전 등 선거운동에 이르는 내용이 포
   함되는 경우에는 위반

할 수 없는 사례

- 조합의 임·직원이 그 방법(여론조사기관 의뢰 등)이나 횟수를 불
  문하고 후보자(후보자가 되려는 사람 포함)에 대한 선거권자의
  지지도나 적합도를 조사하거나 이를 발표하는 행위
- 조합의 임·직원이 후보자의 선거운동을 하는 행위
- 조합의 직원이 후보자로 출마하는 조합장의 인터뷰 자료 등을
  작성하는 행위
- 조합의 임원 또는 간부가 소속 직원을 자신의 사무실로 불러 특
  정 후보자의 지지를 부탁하는 발언을 하는 행위
- 조합의 직원이 선거공약 등 선거운동에 활용되는 기획문건 등
  을 작성하여 후보자에게 제공하는 행위

- 조합장이 선거권자인 회원을 대상으로 후보자가 되고자 하는 전·현직 조합장의 직무평가 여론조사를 실시하는 행위

3 주요 위반행위 판례

○ 위탁단체 임원이 위탁단체의 사무실에서 직원 6명을 모이게 한 뒤 "아무래도 ○○○(위탁단체명)와 시장님이 가까워야 ○○○가 잘 돌아가지 않겠나, 현 시장님이 현 회장을 지지하니 이런 분위기에서 직원들도 함께 했으면 좋겠다"라고 발언
(전주지방법원 남원지원 2023. 8. 31. 선고 2023고약261 약식명령)

○ 조합의 이사가 조합장의 업무상횡령 사건의 약식명령문과 이를 비판하는 편지를 작성하여 소속 조합원에게 발송
(부산지방법원 2008. 12. 16. 2008고약56101 약식명령)

○ 조합 이사들이 조합장의 재직시 발생한 문제들에 대하여 감사요청을 하여 특별감사 결과보고서를 조합원들에게 송부하면서 이와 함께 '조합소식'이라는 문서를 제작하여 '조합장은 축산농가 육성에는 관심이 없이 조합행사라는 이름으로 해외여행을 다녔다'는 내용을 기재하여 발송
(대법원 2008. 6. 12. 선고 2008도1421 판결)

○ 후보자인 조합장과 조합의 임원인 상임이사가 공모하여 수차례에 걸쳐 신규조합원을 대상으로 특강을 실시하면서 조합장 재직중의 사업실적과 향후 계획을 홍보
(대법원 2011. 6. 24. 선고 2010도9737 판결)

○ 조합장이 선거운동기간 전에 자신의 사진, 이력, 경영성과, 공약사항 등이 포함되어 있는 '○○산림조합 보도자료'라는 제목의 파일을 작성하여 조합직원에게 ○○산림조합 홈페이지 공지사항 란에

게시하도록 지시
(광주지방법원 목포지원 2016. 2. 16. 선고 2015고정412 판결)
- ○○농협 총무과장이 조합장 후보자로 출마한 □□□를 위하여 조합원 1,986명에게 "안녕하십니까? 존경하는 ○○조합원님! 이번 조합장선거에 출마한 기호 1번 □□□ 인사드립니다."라는 내용의 문자메시지를 발송
(광주지방법원 2015. 8. 19. 선고 2015고단2292 판결)

V 호별방문

법규요약(법 §31)

○ 주　　　체 : 누구든지
○ 금 지 기 간 : 언제든지
○ 주관적 요건 : 선거운동을 위하여
○ 금지행위
　- 선거인(선거인명부작성 전에는 선거인명부에 오를 자격이 있는
　　자를 포함함. 이하 이 조에서 같음)을 호별로 방문하는 행위
　- 선거인을 특정 장소에 모이게 하는 행위
○ 벌　　　칙 : 2년 이하의 징역 또는 2천만원 이하의 벌금

🔍 TIP!

• '호'의 의미 및 판단기준
- 호별방문죄가 성립하는 방문 장소의 전형적인 예는 '거택'이라고 할
  것이나, 호별방문죄가 성립하는 '호(戶)'에는 '관혼상제의 의식이 거
  행되는 장소와 도로, 시장, 점포, 다방, 대합실 기타 다수인이 왕래하
  는 공개된 장소'가 아닌 곳으로서, 비록 피방문자가 일시적으로 거주
  하는 경우라도 불특정·다수인의 자유로운 출입이 제한된 비공개적인
  장소도 포함됨(대구고등법원 2007. 3. 15. 선고 2007노38 판결).
- 일반인의 자유로운 출입이 가능하도록 공개된 장소인지 여부는 그
  장소의 구조, 사용관계와 공개성 및 접근성 여부, 그에 대한 선거권
  자의 구체적인 지배·관리형태 등 여러 사정을 종합적으로 고려하여
  판단함(대법원 2015. 9. 10. 선고 2014도17290 판결).

- '호별방문'의 성립요건
- 호별방문죄는 타인과 면담하기 위하여 그 거택 등에 들어간 경우는 물론 타인을 면담하기 위하여 방문하였으나 피방문자가 부재중이어서 들어가지 못한 경우에도 성립하는 것임(대법원 1999. 11. 12. 선고 99도2315 판결).
- 거택 등의 출입문 안으로 들어가지 않고 대문 밖에 서서 인사를 하였다고 하더라도 '방문'한 것으로 봄이 상당함(대법원 2000. 2. 5. 선고 99도4330 판결).
- 호별방문죄는 연속적으로 두 호 이상을 방문함으로써 성립하는 범죄로서, 연속적인 호별방문이 되기 위해서는 각 방문행위 사이에 어느 정도의 시간적 근접성은 있어야 하지만 반드시 각 호를 중단 없이 방문하여야 하거나 동일한 일시 및 기회에 방문하여야 하는 것은 아니므로 해당 선거의 시점과 법정 선거운동기간, 호별방문의 경위와 장소, 시간, 거주자와의 관계 등 제반 사정을 종합하여 단일한 선거운동의 목적으로 둘 이상 조합원의 호를 계속해서 방문한 것으로 볼 수 있으면 그 성립이 인정됨(대법원 2010. 7. 8. 선고 2009도14558 판결).

2 사례 예시

- 후보자가 회원의 점포를 방문하는 행위
⇒ 점포가 주거와 함께 구성되어 있는 경우 방문할 수 있는 부분은 주거가 아닌 영업하는 장소에 한정됨

• 후보자가 불특정다수인이 언제든지 자유롭게 출입할 수 있도록 공개된 장소가 아닌 병원의 각 입원실을 방문하여 입원환자인 회원에게 명함을 배부하고 지지를 호소하는 행위

3 주요 위반행위 판례

○ 후보자가 조합원 17명의 주거지에 방문하여 명함 및 시가 합계 49,000원 상당의 목토시 16개를 제공하거나 지지를 호소하며 선거운동(창원지방법원 밀양지원 2024. 1. 18. 선고 2023고단381 판결)

○ 후보자가 관공서 사무실(민원실 미포함)을 방문하여 명함을 돌리고 지지호소(대법원 2015. 9. 10. 선고 2014도17290 판결)

○ 후보자가 주거지, 학교 교장실, 설계사무소, 법률사무소 등 선거인이 근무하고 있는 장소 방문(춘천지방법원 강릉지원 2006. 12. 27. 선고 2006고합93 판결)

○ 후보자가 되려는 사람이 조합원의 주거지 마당에서 "조합의 이사로 있는데 이번에 조합장에 출마하니 부탁한다"는 취지로 말하는 등 총 17개의 호를 호별방문하고, 조합원의 고추하우스 앞 도로에서 '음료 10병들이 1상자를 교부'한 것을 비롯하여 총 14회에 걸쳐 합계 196,775원 상당의 음료 등을 제공하거나 제공의사를 표시(대법원 2020. 9. 25. 선고 2020도8887 판결)

○ 후보자가 되려는 사람과의 공모 하에 그 배우자가 조합원 12명의 집을 찾아가 "남편 ○○○이 농협에 나온다, 밀어달라.", "신랑이

조합장선거에 나온다, 한표 부탁한다." 등으로 말하며 지지호소 (대구지방법원 2023. 10. 25. 선고 2023고단2760 판결)

○ 후보자의 5촌 조카인 조합원이 선거인 9명의 주거지를 방문하여 "기호 ○을 지지해달라"고 말하며 현금 교부(대법원 2022. 2. 10. 선고 2021도11500 판결)

○ 아파트 다수의 세대를 연속적으로 돌아다니면서 인터폰 상으로 또는 인터폰을 통하여 밖으로 나오게 한 후 지지 부탁(서울지방법원 북부지원 2002. 8. 30. 선고 2002고합308 판결)

○ 조합장선거 출마·불출마 의사를 번복했던 현직 조합장이 조합 이사와 공모하여 선거인들의 모임에 참석한 후 자연스럽게 출마선언을 하기 위하여 선거인 18명을 특정 장소에 모이게 하고 지지호소 (대법원 2020. 4. 24. 선고 2020도3070 판결)

VI 선관위 직원 등에 대한 폭행

○ 주   체 : 누구든지
○ 금 지 기 간 : 언제든지
○ 금지행위
   - 위탁선거와 관련하여 선관위 위원·직원, 공정선거지원단원,
     그 밖에 위탁선거 사무에 종사하는 사람을 폭행·협박·유인
     또는 불법으로 체포·감금하는 행위
   - 폭행하거나 협박하여 투표소·개표소 또는 선관위 사무소를
     소요·교란하는 행위
   - 투표용지·투표지·투표보조용구·전산조직 등 선거관리 및 단속
     사무와 관련한 시설·설비·장비·서류·인장 또는 선거인명부를
     은닉·파손·훼손 또는 탈취하는 행위
○ 벌   칙 : 1년 이상 7년 이하의 징역 또는 1천만원 이상 7천만원
           이하의 벌금

TIP!

• '선거사무에 종사하는 사람'이라는 점에 대한 인식
선거관리위원회의 위원·직원, 공정선거지원단 등의 직위나 직책까지
정확하게 인식하고 있을 필요는 없고, 다만 선거사무에 종사하는 자라
는 것으로 인식하고 있었던 이상, 공정선거지원단이라는 신분을 정확
히 알지는 못하였다 하더라도 죄는 성립함(대법원 2008. 9. 10. 선고
2008도8302 판결).

- '협박'의 의미

'협박'은 상대방에게 공포심을 일으킬 목적으로 해악을 고지하는 일체의 행위를 의미하는 것으로서, 고지하는 해악의 내용이 그 경위, 행위 당시의 주위 상황, 행위자의 성향, 행위자와 상대방의 친숙의 정도 등 여러 사정을 종합하여 객관적으로 상대방으로 하여금 공포심을 느끼게 하기에 족하면 되고, 상대방이 현실로 공포심을 일으킬 것까지 요구되는 것은 아님(대법원 2005. 3. 25. 선고 2004도8984 판결).

2 주요 위반행위 판례

○ 조합원이 투표소 입구에서 성명불상자들에게 "투표를 하였는지, 기호 몇 번을 뽑을 것인지" 등을 물어 선거관리위원회 직원으로부터 "투표소 100미터 안에서 투표를 권유하는 행위를 하여서는 안 된다."고 제지받았음에도 위반행위를 반복하고, 이를 제지하던 직원에게 욕설을 하며 직원의 목에 패용하고 있던 신분증을 잡아당긴 후 직원의 배를 밀치는 등 폭행(대전지방법원 홍성지원 2023. 8. 22. 선고 2023고합36 판결)

○ 투표소에서 선거인이 투표용지를 교부 받은 후 투표용지를 양손으로 잡고 2등분으로 찢어버려 투표용지 2장을 훼손(춘천지방법원 원주지원 2012. 7. 5. 선고 2012고합71 판결)

○ 후보자의 자원봉사자가 도로에서 후보자의 지지를 부탁하며 유권자들을 상대로 후보자의 명함을 교부하는 장면을 캠코더로 찍은 선거관리위원회 공정선거지원단으로부터 명함교부 권한이 있는지 문의받자 공정선거지원단이 들고 있던 캠코더를 손으로 잡아당겨 빼앗아 탈취(대전고등법원 2010. 11. 5. 선고 2010노431 판결)

○ 선관위 사무실에서 조사받은 문답서에 서명날인을 요구한다는 이유로 손으로 문답서를 찢어 선거관리위원회 직원의 선거관리 및 단속사무와 관련한 서류를 훼손(대법원 2008. 12. 11. 선고 2008도8859 판결)

제**3**장

위탁선거범죄조사권,
과태료, 포상금 등

| 1 | 위탁선거범죄조사권

1 법규요약(법 §37)

1. 주 체 : 선거관리위원회(읍·면·동위원회 제외) 위원·직원
2. 발동요건
○ 위탁선거 위반행위의 가능성이 있다고 인정되는 경우
○ 후보자가 제기한 위탁선거 위반행위의 가능성이 있다는 소명이 이유 있다고 인정되는 경우
○ 현행범의 신고를 받은 경우
3. 조사방법
○ 위 2. 발동요건에 해당하는 경우 그 장소에 출입하여 관계인에 대하여 질문·조사를 하거나 관련 서류 그 밖의 조사에 필요한 자료의 제출을 요구할 수 있음.
○ 위탁선거 위반행위 현장에서 위반행위에 사용된 증거물품으로서 증거인멸의 우려가 있다고 인정되는 때에는 조사에 필요한 범위 내에서 현장에서 수거할 수 있음.
○ 누구든지 위원·직원의 위반혐의가 있는 장소의 출입을 방해하여서는 아니되며, 질문·조사를 받거나 자료의 제출을 요구받은 자는 이에 응하여야 함.
○ 위반행위 조사와 관련하여 관계자에게 질문·조사하기 위하여 필요하다고 인정되는 경우에는 선거관리위원회에 동행 또는 출석을 요구할 수 있음. 다만, 선거기간 중 후보자에 대해서는 동행 또는 출석을 요구할 수 없음.

4. 벌 칙

- ○ 출입을 방해하거나 자료제출의 요구에 응하지 아니하거나 허위자료를 제출한 자
  ⇒ **임기만료일 전 1년부터 선거일(2027. 3. 3.)까지**

4. 벌 칙

- ○ 「형사소송법」제211조(현행범인과 준현행범인)에 규정된 현행범인 또는 준현행범인으로서 선거관리위원회의 동행요구에 응하지 아니한 자
  ⇒ **300만원 이하의 과태료**
- ○ 출석요구에 정당한 사유 없이 응하지 아니한 자
  ⇒ **100만원 이하의 과태료**

2 사례 예시

- ○ 선거관리위원회 직원으로부터 문자메시지를 조합원들에게 전송한 일시·대상·건수·비용 및 방법을 증빙할 수 있는 자료 등을 제출할 것을 요구받은 자가 정당한 이유 없이 자료제출을 거부하고 자료제출요구서 등 공문서수령증에 서명날인을 거부하여 선거관리위원회 직원의 자료제출 요구에 응하지 아니함(대법원 2020. 8. 27. 선고 2020도8438 판결).
- ○ 선거관리위원회 직원으로부터 설 명절 우수농가 사은품 제공 명단을 제출할 것을 요구받은 자가 총무과 직원으로 하여금 허위의 자료를 작성하도록 한 후 이를 선거관리위원회에 제출(대법원 2021. 5. 7. 선고 2021도1707 판결)
- ○ 선거관리위원회 직원으로부터 우편물 영수증 제출을 요구받은 자가 불상의 사람이 연하장을 발송한 사실이 기재된 영수증을 구하여

마치 자신이 발송한 연하장의 영수증인 것처럼 선거관리위원회에 제출(대법원 2021. 2. 2. 선고 2020도17313 판결)

○ 선거관리위원회 직원으로부터 후보자 비방 위반행위 조사를 위하여 ○○농협 조합장선거 입후보예정자 관련 진정서의 조합원 서명 내역 등에 대해 제출을 요구받은 자가 정당한 이유 없이 선거관리위원회를 신뢰할 수 없다고 생각하고 자료제출 요구에 응하지 아니함(대법원 2016. 10. 27. 선고 2016도9766 판결).

| 2 | 50배 이하 과태료 부과

 법규요약(법 §35③·§68)

1. 부과대상
- 기부행위 금지·제한 규정을 위반하여 금전·물품이나 그 밖의 재산상 이익을 제공받은 자(제공받은 금액 또는 물품의 가액이 100만원을 초과한 자는 제외)
- ※ 제공받은 금액 또는 물품의 가액이 100만원을 초과한 자는 형사 처벌

2. 부과금액
- 3,000만원 범위내에서 제공받은 금액이나 가액의 10배 이상 50배 이하에 상당하는 금액

3. 과태료 면제
제공받은 금액 또는 음식물·물품(제공받은 것을 반환할 수 없는 경우에는 그 가액에 상당하는 금액을 말함) 등을 선거관리위원회에 반환하고 자수한 자로서(법 §68③ 단서),

- 선거관리위원회와 수사기관이 금품·음식물 등의 제공사실을 알기 전에 선거관리위원회 또는 수사기관에 그 사실을 알려 위탁선거범죄에 관한 조사 또는 수사단서를 제공한 사람(규칙 §34⑤2.가.)
- 선거관리위원회와 수사기관이 금품·음식물 등의 제공사실을 알게 된 후에 자수한 사람으로서 금품·음식물 등을 제공한 사람과 제공받은 일시·장소·방법·상황 등을 선거관리위원회 또는 수사기관에 자세히 알린 사람(규칙 §34⑤2.나.)

3. 과태료 면제
금품·음식물 등을 제공받은 경위, 자수의 동기와 시기, 금품·음식물

등을 제공한 사람에 대한 조사의 협조 여부와 그 밖의 사항을 고려 감경(규칙 §34⑤1.)

2 과태료 부과사례

○ 조합장으로부터 총 151만원 상당의 떡을 제공받은 조합원 및 그 가족 65명(2024. 1. 16.)

　⇒ 총 1,596만원(1명당 16만원~67만원) 과태료 부과

○ 후보자가 되려는 사람으로부터 식사 등 총 28만원 상당의 음식물을 제공받은 조합원 2명(2023. 11. 8.)

　⇒ 총 338만원(1명당 169만원) 과태료 부과

○ 후보자가 되려는 사람으로부터 식사 등 총 37만원 상당의 음식물을 제공받은 조합원 13명(2023. 10. 30.)

　⇒ 총 651만원(1명당 40만원~85만원) 과태료 부과

○ 후보자로부터 총 93만원 상당의 곶감을 제공받은 조합원 및 그 가족 22명(2023. 10. 27.)

　⇒ 총 1,605만원(1명당 45만원~300만원) 과태료 부과

○ 조합원으로부터 식사 등 총 292만원 상당의 음식물을 제공받은 조합원 및 그 가족 44명(2023. 10. 24.)

　⇒ 총 1,407만원(1명당 9만원~36만원) 과태료 부과

○ 조합원으로부터 식사 등 총 9만원 상당의 음식물을 제공받은 조합원 3명(2023. 10. 11.)

　⇒ 총 207만원(1명당 69만원) 과태료 부과

○ 후보자로부터 현금 10만원 및 50만원을 각각 제공받은 조합원 2명(2023. 9. 11.)

　⇒ 총 900만원(각 150만원, 750만원) 과태료 부과

| 3 | 신고자 포상금 지급

 1 법규요약(법 §76)

1. 지급대상
위탁선거 위반행위에 대하여 선거관리위원회가 인지하기 전에 그 위반행위의 신고를 한 사람

> ⇒ 포상금 지급 후 담합 등 거짓의 방법으로 신고한 사실이 발견되거나 불송치결정 또는 불기소처분('혐의없음' 또는 '죄가 안됨'의 경우만 해당됨.)이 있는 경우와 무죄의 판결이 확정된 경우에는 포상금을 반환하여야 함.

2. 지급금액
포상금심사위원회의 의결을 거쳐 3억원 이내에서 지급(규칙 §37①)

2 포상금 지급사례

○ 후보자가 되려는 사람이 조합원 4명의 축산·농가 등을 방문하여, "자네가 안받으면 나 안 찍어 준다고 생각하겠네."라는 등의 지지 호소를 하며 현금 총 200만원을 제공한 행위 신고(2019. 1. 28.)
  ⇒ 포상금 1억원
○ 후보자 및 배우자, 조합원이 조합원 11명에게 현금 총 520만원을 제공한 행위 신고(2019. 2. 7.)
  ⇒ 포상금 9,900만원
○ 후보자가 되려는 사람이 조합원 13명의 자택을 호별방문하여 조합원 및 그 가족 7명에게 현금 총 210만원 및 9만원 상당의 두유

6상자를 제공한 행위 신고(2023. 3. 2.)

⇒ **포상금 6,00만원**

○ 후보자가 되려는 사람의 외삼촌이 조합원 3명을 호별방문하며 현금 총 250만원을 제공한 행위 신고(2023. 3. 3.)

⇒ **신고자 2인 포상금 각 5,000만원**

○ 기부행위 제한기간 중에 후보자가 되려는 사람이 조합원 및 그 가족 26명에게 117만원 상당의 전복선물세트를 제공한 행위 신고 (2023. 8. 23.)

⇒ **포상금 2,000만원**

○ 후보자가 되려는 사람이 조합원 또는 그 가족의 자택, 농장 등을 방문하여 조합원 232명에게 238만원 상당의 농산물 등을 제공하거나 제공의사를 표시한 행위 신고(2019. 2. 27.)

⇒ **포상금 2,000만원**

○ 후보자가 되려는 사람이 조합원 9명을 호별방문하여 총 350만원의 현금을 제공한 행위 신고(2023. 4. 11.)

⇒ **포상금 4,190만원**

○ 후보자가 되려는 사람이 조합직원 등을 통하여 조합원 46명에게 207만원 상당의 사과 44박스 및 굴비 2상자를 제공한 행위 신고 (2019. 2. 28.)

⇒ **포상금 1,910만원**

○ 축협 직원이 후보자의 선거운동을 위하여 조합원 2명을 대상으로 총 150만원의 현금을 제공한 행위 신고(2023. 4. 3.)

⇒ **포상금 1,500만원**

1. 적용대상

매수 및 이해유도죄(법 §58) 또는 기부행위의 금지·제한 등 위반죄 (법 §59)를 범한 사람 중 금전·물품이나 그 밖의 이익 등을 받거나 받 기로 승낙한 사람이 자수한 때에는 그 형을 감경 또는 면제

◆ **특례 대상자가 아닌 사람**
- 후보자 및 그 배우자
- 후보자 또는 그 배우자의 직계존비속 및 형제자매
- 후보자의 직계비속 및 형제자매의 배우자
- 후보자의 직계비속 및 형제자매의 배우자

2. 자수시기

선거관리위원회에 자신의 해당 범죄사실을 신고하여 선거관리위원 회가 관계 수사기관에 이를 통보한 때에는 선거관리위원회에 신고한 때를 자수한 때로 봄

| 5 | 신고자 등의 보호

1. 적용대상

이 법에 규정된 범죄에 관한 신고·진정·고소·고발 등 조사 또는 수사
단서의 제공, 진술 또는 증언, 그 밖의 자료제출행위 및 범인검거를
위한 제보 또는 검거활동을 한 사람이 그와 관련하여 피해를 입거나
입을 우려가 있다고 인정할 만한 상당한 이유가 있는 경우

2. 신원보호 범위

해당 범죄에 관한 형사절차 및 관할위원회의 조사과정에서「특정범
죄신고자 등 보호법」에 따라 불이익 처우 금지 및 인적사항의 기재
생략 등 조치

중앙선거관리위원회 질의회답 정리 제4장

중앙선거관리위원회 질의회답 정리

■ 여론조사 등에 관한 질의회답

👤 [문]

현(現) 조합장이 조합원을 대상으로 다음과 같은 '조합운영
및 직무평가'에 대한 여론조사가 가능한지에 대해 문의합니다.

다 음

① [AAA 현(現)조합장 직무평가]

조합원님께서는 AAA 현(現)조합장의 조합운영 및 직무수행에
대해 어떻게 생각하십니까?

　1번) 잘 하고 있다.　　2번) 보통이다.

　3번) 잘 못하고 있다.　　4번) 잘 모르겠다.

② [BBB 전(前)조합장 직무평가]

조합원님께서는 BBB 전(前)조합장의 조합운영 및 직무수행에
대해 어떻게 생각하십니까?

　1번) 잘 했다.　　　2번) 보통이었다.

　3번) 잘 못했다.　　　4번) 잘 모르겠다.

※ 전·현직 조합장은 제3회 전국동시조합장선거에서 후보자가 되고자 하는 자임.

※ 현(現)조합장이 여론조사기관에 의뢰하거나, 여론조사기관의 여론조사
시스템을 이용하여 여론조사를 실시하며(여론조사시 조합장의 명의를 밝히거나
추정되지는 않음), 여론조사결과를 보도·공표하지 않음

1. 현(現)조합장이 조합원을 대상으로 상기 ①, ② 같은 내용으로 직무평가 여론조사가 가능한지?

2. 현(現)조합장이 조합원을 대상으로 ② 문항은 제외하고 본인에 대한 직무 평가 내용인 ① 문항으로만 여론조사가 가능한지?

[답]

1. 문 1에 대하여

귀문과 같이 조합장이 선거권자인 조합원을 대상으로 후보자가 되고자 하는 전·현직 조합장의 직무평가 여론조사를 실시하는 것은 「공공단체등 위탁선거에 관한 법률」제31조 및 제66조에 위반될 것입니다.

2. 문 2에 대하여

조합장이 선거가 임박한 시기에 선거권자인 조합원을 대상으로 귀문과 같이 후보자가 되고자 하는 조합장의 직무평가 여론조사를 실시하는 것은「공공단체등 위탁선거에 관한 법률」제24조 및 제66조에 위반될 것입니다.

■ 조합장선거 인지도 여론조사 등에 관한 질의회답

👤 [문]

2019. 3. 13. 실시 예정인 제2회 동시조합장선거 여론조사에 대해 문의 드립니다. 「공공단체등 위탁선거에 관한 법률」제31조 제3호는 위탁단체의 임직원은 후보자(후보자가 되려는 사람 포함)에 대한 선거권자의 지지도를 조사하는 행위를 할 수 없다고 규정하고 있습니다. 이에 따를 때, 조합의 임직원이 조합장선거의 후보자가 되고자 하는 사람들에 대한 선거권자의 ① 조합장 적합도 여론조사, ② 인지도 여론조사를 할 수 있는지에 대해 알고 싶습니다.

인지도 여론조사 설문예시

• 다음은 OO조합 조합장선거에 출마하려는 인물들에 대한 인지도 질문입니다.

문1] 선생님께서는 OO교수를 지낸 A를 알고 계십니까?
　① 잘 알고 있다. ② 이름정도는 들어봤다. ③ 잘 모른다.

문2] 선생님께서는 OO대표를 지낸 B를 알고 계십니까?
　① 잘 알고 있다. ② 이름정도는 들어봤다. ③ 잘 모른다.
　(각 출마예정자들에 대한 같은 형식질문 계속)

※ 조합의 임직원이 여론조사기관에 의뢰하여 여론조사기관 명의로 실시하며, 후보자가 되고자 하는 사람 1인만을 대상으로 한 것이 아닌 다자간 여론조사 실시를 전제함.

📁 [답]

1.적합도 여론조사에 대하여 귀문의 경우 조합의 임직원이 조합장 선거의 후보자가 되고자 하는 사람들에 대한 선거권자의 적합도 여론조사를 실시하는 것은 「공공단체등 위탁선거에 관한 법률」 제31조 제3호 및 제66조 제8호에 위반될 것입니다.

2. 인지도 여론조사에 대하여 귀문의 경우 조합의 임직원이 공정한 방법과 내용으로 조합장선거의 후보자가 되고자 하는 사람들에 대한 선거권자의 **인지도 여론조사를 실시하는 것은 가능**합니다.
다만, 조합의 **임직원이 실시하는 인지도 여론조사**가 지위를 이용한 선거운동 또는 선거운동 기획에 참여하거나 그 실시에 관여하는 행위에 이르는 때에는 「공공단체등 위탁선거에 관한 법률」제31조 제1호·제2호 및 제66조 제8호에 **위반될 것입니다.**

(2019. 1. 11. 회답)

■ 인지도와 호감도 여론조사에 관한 질의회답

[문]

위탁단체의 임직원이 후보자(후보자가 되려는 사람 포함, 이하 같음)에 대한 선거권자의 지지도 조사가 아닌 다수 후보자의 인지도와 호감도 여론조사를 실시하는 것이 가능한지

설문예시

• 안녕하십니까? 저희는 내년(오는) 3월 8일에 있을 ○○조합장선거와 관련하여 여론조사를 하고 있습니다. ○○조합을 위해 바쁘시더라도 잠시만 시간을 내어 응답해주시면 감사하겠습니다.

문1] [조합원 여부] 선생님께서 ○○조합원이시면 1번, 조합원이 아니시면 2번을 눌러주세요

문2] [연령] 선생님께서는 연령이 어떻게 되십니까?
40대 이하이시면 1번, 50대이시면 2번, 60대이시면 3번, 70대 이상이시면 4번을 눌러주십시오

문3] [성별] 선생님께서 남성이면 1번, 여성이면 2번을 눌러 주십시오

• 다음은 출마가 예상되는 3명의 인물에 대한 인지도 및 호감도 조사 입니다. 문항의 순서는 성명의 가나다순입니다.

문4] 선생님께서는 이번 ○○조합장 선거에 출마예정인 김□□ 현)감사에 대해 얼마나 알고 계십니까?
1번) 잘 알고 있고 호감이 간다
2번) 잘 알지만 호감이 가지 않는다
3번) 잘 알지 못한다

문5] 선생님께서는 이번 ○○조합장 선거에 출마예정인
박△△ 현)전무에 대해 얼마나 알고 계십니까?
　　1번) 잘 알고 있고 호감이 간다
　　2번) 잘 알지만 호감이 가지 않는다
　　3번) 잘 알지 못한다

문5] 선생님께서는 이번 ○○조합장 선거에 출마예정인
한◇◇ 현)조합장에 대해 얼마나 알고 계십니까?
　　1번) 잘 알고 있고 호감이 간다
　　2번) 잘 알지만 호감이 가지 않는다
　　3번) 잘 알지 못한다

※ 후보자 1인만을 대상으로 하는 것이 아닌 다자간 여론조사 실시를 전제함.

[답]

1. 인지도 조사에 대하여

조합의 임직원이 실시하는 조합장선거의 후보자(후보자가 되려는 사람 포함, 이하 같음)에 대한 선거권자의 인지도 여론조사에 대하여 귀문의 경우 조합의 임직원이 공정한 방법과 내용으로 조합장선거의 후보자가 되고자 하는 사람들에 대한 선거권자의 **인지도 여론조사를 실시하는 것은 가능**합니다. 다만, 조합의 **임직원이 실시하는 인지도 여론조사**가 지위를 이용한 선거운동 또는 선거운동 기획에 참여하거나 그 실시에 관여하는 행위에 이르는 때에는 「공공단체등 위탁선거에 관한 법률」제31조 제1호·제2호 및 제66조 제8호에 **위반될 것입니다.**

2. 인지도 · 호감도 복합 조사에 대하여

조합의 임직원이 조합장선거의 후보자에 대한 선거권자의 인지도 여론조사의 범위를 넘어 귀문과 같이 후보자에 대한 호감도 등 지지의 속성이 포함된 내용의 여론조사를 실시하는 경우 「공공단체등 위탁선거에 관한 법률」 제31조(지위를 이용한 선거운동금지 등) 및 제66조(각종 제한규정 위반죄)에 위반될 것입니다.

(2022. 12. 19. 회답)

■ 조합장의 조합명의 생일선물 직접 전달 가능 여부 등에 관한 질의회답

[문]

「공공단체등 위탁선거에 관한 법률」 제33조(기부행위로 보지 아니하는 행위) 제1항 제1호 나목에 '위탁단체가 해당 법령이나 정관 등에 따른 사업계획 및 수지예산에 따라 집행하는 금전·물품을 그 위탁단체의 명의로 제공하는 행위'는 직무상의 행위로 보아 기부행위로 보지 아니하는 행위에 해당되어 상시 제공 가능하다고 봅니다. 이와 관련하여 아래와 같이 질의하오니 답변하여 주시기 바랍니다.

1] 농협이 정관 등에 따른 사업계획 및 수지예산에 따라 조합원의 생일날 생일선물로 미역 등을 당해 조합의 명의로 상시 제공하고 있습니다. 당해 농협은 연로한 조합원이 많은 특성을 감안하여 조합장이 선거와 무관하게 운전기사 또는 직원과 함께 조합원 집을 방문하여 위의 생일선물을 제공하는 것이 상시 가능한지 질의하오니 답변하여 주시기 바랍니다.

2] 농협 조합장이 운전기사 또는 직원과 함께 조합원 집을 방문하여 당해 조합의 출자 독려를 2020년도에 실시하다가 코로나로 인하여 중단하였습니다. 코로나가 감소함에 따라 금년도 10월부터 당해 사업을 재개하여 종전과 같이 조합장이 선거와 무관하게 운전기사 또는 직원과 함께 조합원 집을 방문하여 출자를 독려하고자 합니다. 조합장 선거를 앞두고 위의 출자 독려 활동이 가능한지에 대하여 질의하오니 답변하여 주시기 바랍니다.

※ 조합의 계획에 따라 출자금 5억을 목표로 조합원(992명) 중 출자 여력이 있는 500명 정도의 조합원 대상 1 ～ 2회 방문할 계획임.

 [답]

1. 문 1에 대하여

귀문의 경우 조합이 선거와 무관하게 직무상 행위 일환으로 해당 법령이나 정관 등에 따른 **사업계획 및 수지예산에 따라 조합 명의의 생일선물을 조합원에게 제공하면서 조합장이 직접 전달하는 것만으로는 「공공단체등 위탁선거에 관한 법률」(이하 '법'이라 함.)에 위반된다고 볼 수 없을 것입니다.** 다만, **조합장이 주는 것으로 인식하게 하는 등 금품제공의 효과를 조합장 개인에게 돌리려는 행위가 부가되는 때에는 법 제35조 및 제59조에 위반**될 것이며, 조합장이 선거운동을 위하여 조합원의 집을 방문하거나 선거운동에 이르는 행위를 하는 때에는 행위 시기 및 양태에 따라 같은 법 제24조, 제31조, 제38조, 제66조에도 위반될 것입니다.

2. 문 2에 대하여

귀문의 경우 조합장이 선거와 무관하게 직무상 행위 일환으로 **의례적인 범위의 출자 독려 활동을 하는 것은 법에 위반된다고 볼 수 없을 것입니다.** 다만, **선거운동을 위하여 조합원의 집을 방문하거나 선거운동에 이르는 행위를 하는 때에는 행위 시기 및 양태에 따라 법 제24조, 제31조, 제38조, 제66조에 위반될 것입니다.**

(2022. 10. 20. 회답)

■ 조합장의 사진이 게재된 연하장 발송에 관한 질의회답

[문]

문1] 지역 농협·수협·산림조합의 조합장이 연말연시를 맞이하여 조합원에게 보내는 의례적인 내용의 연하장에 조합장 직책, 이름 및 사진을 통상적인 방법으로 부각되지 않게 게재하여 발송할 수 있는지요?

문2] 위와 같은 연하장 발송이 가능할 경우 이를 조합의 경비로 발송할 수 있는지요?

[답]

귀문의 경우 조합장이 소속 조합원들에게 **조합장의 직·성명(사진 포함)이** 게재된 의례적인 내용의 연하장을 조합 또는 개인의 경비로 **발송하는 것은 「공공단체등 위탁선거에 관한 법률」에 위반되지 않습니다.** 다만, 조합장선거의 후보자인 조합장이 **선거기간 중 발송 하는 경우에는 같은 법 제24조(선거운동의 주체·기간·방법), 제66 조(각종 제한규정 위반죄)에 위반될 것입니다.**

(2020. 1. 20. 회답)

[문]

사단법인 농민신문사는 농협관계사로서 전국의 농·축협에 연하장을 판매하고 있습니다. 연하장 내용은 단순한 연말연시 인사말로 게재됩니다. 연하장에 조합장 이름을 포함하여 제작하며, 지인 또는 소속 조합원들에게 발송하는 경우「공직선거법」및「공공단체등 위탁선거에 관한 법률」위반 여부에 대하여 답변하여 주시기 바랍니다.

[답]

귀문의 경우 조합장이 자신의 직·성명이 게재된 의례적인 내용의 연하장을 지인 또는 소속 조합원들에게 발송하는 것은「공직선거법」및「공공단체 등 위탁선거에 관한 법률」에 위반되지 아니할 것임.

(2016.11.23. 회답)

■ 조합장선거에서의 ARS전화를 이용한 투표참여 권유에 관한 질의회답

[문]

입후보예정자, 후보자의 목소리로 녹음된 아래 예시와 같은 투표독려용 ARS메시지(음성) 전송이 가능한지요?

설문예시

- OO읍(면, 동) 농협(수협, 산림조합) 조합원님 안녕하십니까? OO읍 농협조합장 출마예정자(후보자) 기호O번, 홍길동 입니다.
  2019년 3월 13일은 조합장 선거 투표일입니다.

- 기타 선거운동 정보가 아닌 내용
  오전 7시부터 오후 5시까지 신분증을 가지고 OOO로 방문 하셔서 투표에 꼭~ 참여하여 주시기 바랍니다.
  감사합니다.

[답]

귀문의 경우「공공단체등 위탁선거에 관한 법률」제24조 및 제66 조에 위반될 것입니다.

(2019. 1. 7. 회답)

■ 조합장선거에서의 후보자가 되려는 사람의 퇴임 행사 개최 등에 관한 질의회답

[문]

2019년 제2회 전국동시 조합장 선거에 후보자로 등록하고자 하는 공무원으로서 2018년 11월 30일자로 명예퇴직을 하고자 합니다.

문1] 면장 퇴직에 따른 통상적인 퇴임식 개최가 가능한지?

※ 퇴임식은 개인적으로 개최할 계획이며, 초청장은 발송하지 않음.

문2] 퇴임식에 초대 가능한 범위와 인원수는?

※ 지역 이장, 기관·단체장, 동료 직원, 고향 선·후배, 친구 등 130명 정도 초대 예정이며, 조합장선거의 선거인이 포함됨.

문3] 퇴임식에서 선거와 무관한 내용으로 본인이 퇴임사를 말하거나, 참석하신 분들이 축사를 하는 것이 가능한지?

문4] 참석하신 분들에 대한 식사 및 답례품 제공이 가능한지? 1인당 제공 가능한 금액 범위는?

[답]

1. 문 1·2·3에 대하여

귀문의 경우 조합장선거의 후보자가 되려는 사람이 조합장선거와 무관하게 조합장선거의 선거인이 포함된 지인들이 참석하는 귀문의 퇴임 관련 행사를 개최하거나, 본인 또는 참석한 지인이 선거와 무관한 내용의 퇴임사나 축사를 하는 것만으로는「공공단체등 위탁선거에 관한 법률」에 위반되지 아니합니다. 다만, 행사의 준비 및 진행 과정에서 선거에서의 지지 호소 등 후보자가 되려는 사람의 **당선을 도모하는 행위임을 선거인이 명백히 인식할만한 객관적 사정이 부가되는 경우에는** 같은 법 제24조·제38조·제66조에 **위반됩니다.**

2. 문 4에 대하여

귀문의 경우 조합장선거의 후보자가 되려는 사람이「공공단체등 위탁선거에 관한 법률」제34조에 따른 기부행위제한기간 중에 개최하는 귀문의 행사에 참석한 선거인(선거인명부를 작성하기 전에는 그 선거인명부에 오를 자격이 있는 사람을 포함함)이나 그 가족(선거인의 배우자, 선거인 또는 그 배우자의 직계존비속과 형제자매, 선거인의 직계존비속 및 형제자매의 배우자를 말함)에게 음식물 또는 답례품을 제공하는 경우에는 행위 양태에 따라 같은 법 제35조 또는 제58조에 위반됩니다.

(2018. 11. 27. 회답)

■ 조합장의 법인카드사용에 관한 질의회답

[문]

현재 조합에서는 법과 정관 등 내부절차에 따라 수립된 사업 계획 및 수지예산에 의거 조합사업을 추진하고 업무를 집행하는 과정에서 발생된 비용을 적정하게 처리하고 있는 바, 위탁선거 법에 의거 선출된 임원이면서 동시에 조합사업을 추진하는 주체인 조합장이 조합 사업(예금, 보험, 농산물 출하 독려, 영농자재 이용촉진 등)을 추진하고 조합원의 다양한 의견을 듣고 이견을 조율하는 등 업무를 집행하는 과정에서 조합에서 지급된 법인

카드로 직접 비용을 결제하는 것이 가능한지 여부를 질의하오니 회신하여 주시기 바랍니다.

[답]

귀문의 경우 법령이나 정관 등에 따른 사업계획 및 수지예산에 따라 조합장이 당해 조합의 법인카드를 사용함에 있어 조합의 명의를 밝혀 금품을 제공하는 경우에는「공공단체 등 위탁선거에 관한 법률」제33조 제1항 제1호 나목에 따라 무방할 것임.

(2015.6.9. 회답)

■ 조합장 이·취임식에서의 식사제공 등에 관한 질의회답

[문]

문1] 선거일 후 내부 조직장 등(전직 조합장, 영농회장 등 조합원 자격이 있는 사람들)을 초청하여 조합 주관으로 전·현직 조합장 이·취임식 행사를 하는 것이 「공공단체 등 위탁 선거에 관한 법률」상 허용되는지 여부

문2] 조합장 이·취임식 행사가 가능하다면 행사시 다과나 음식 물 제공, 조합장 명의의 답례품 등의 제공이 가능한지 여부

[답]

문의 경우 조합이 정관 등에 따른 사업계획 및 수지예산에 따라 조합장의 이·취임식에서 통상적 범위의 다과·음식물 또는 답례품을 조합의 명의로 참석자에게 제공하는 행위는「공공단체 등 위탁선거에 관한 법률」상 무방할 것임.

(2015.3.13. 회답)

※ 조합장 명의의 답례품은 기부행위로 위법!

■ 전화홍보시스템을 이용한 조합장 선거운동에 관한 질의회답

🔒 [문]

당사는 이번 전국동시조합장선거의 선거운동기간 중에 컴퓨터를 이용한 자동 다이얼링 기술(CTI : Computer Telephone Integration)을 활용하여 아래와 같이 전화홍보시스템을 서비스하고자 합니다.

문1] 당사의 시스템은 서버 컴퓨터가 자동으로 사전에 입력된 조합원 전화번호로 전화를 걸고 조합원이 전화를 받으면, 제3자 혹은 후보자의 녹음된 음성으로 단순히 통화자의 계속 통화 여부를 물은 뒤, 승낙하는 조합원에 대하여 후보자가 직접 통화하는 방식으로 1:1로 지지를 호소하고,
　　예) ○○조합장선거 기호○번 ○○후보입니다. 저의 약력이나 선거공약과 같은 추가정보를 얻기 위해 직접 통화를 원하시면 0번을, 거부하시려면 9번을 눌러주십시오.

문2] 직접 통화하는 방식으로 지지를 호소한 후에 추가로 후보자의 공약사항을 청취할 것인지 직접 묻고 동의하는 유권자에 대하여 제3자 혹은 후보자가 미리 녹음한 음성으로 공약내용을 전달하는 것이「공공단체 등 위탁선거에 관한 법률」에 위반되는 것인지 답변 부탁드립니다.

[답]

1. 문1에 대하여

후보자가 귀문의 장비를 이용하여 선거인에게 전화를 걸어 자신 또는 누구인지 알 수 없는 제3자의 녹음된 음성을 이용하여 단순히 선거인의 통화의사를 물은 후 직접 통화를 하는 것은 무방할 것임. 다만, 녹음된 음성에 후보자의 성명을 밝히는 것을 넘어 후보자를 선전하는 내용이 있는 경우에는「공공단체 등 위탁선거에 관한법률」제 66조 제1호에 위반될 것임.

2. 문2에 대하여

귀문의 경우 후보자가 선거인과 직접 통화하는 방식으로   지지를 호소한 후에 상대방의 동의를 받고 녹음한 후보자의 육성메시지로 공약을 전달하는 것은 직접 통화에 부수되는 행위로 보아 무방할 것이나, 상대방의 동의를 받지 않거나 제3자의 음성으로 녹음된 메시지를 들려주는 경우에는「공공단체 등 위탁선거에 관한 법률」제 66조 제1호에 위반될 것임.

(2015.3.5. 회답)

■ 조합장선거 후보자의 문자메시지를 이용한 투표참여 권유행위 등에 관한 질의회답

🔒 [문]

조합장선거에서 후보자의 문자전송과 관련하여 질의합니다.

문1] 조합장선거의 후보자가 선거운동을 위한 선거문자 발송 시 가능기간과 횟수제한이 있는지 여부, 후보자가 문자 전송 대행업체에 위탁하여 선거운동을 위한 선거문자를 보낼 수 있는지 여부

문2] 조합장선거의 입후보예정자가 자신의 이름과 전화번호가 포함된 통상적인 새해인사 문자메시지를 보낼 수 있는지 여부

문3] 조합장선거의 후보자가 문자 전송대행업체에 위탁하여 선거당일 해당 후보자의 전화번호를 발신번호로 하여 단순 투표독려 문자(후보자의 성명 미포함, 예시 참조)를 보낼 수 있는지 여부

※ 예시 : 2015년 3월 11일은 ○○조합장선거의 투표일입니다.

문3] 조합장선거의 후보자가 문자 전송대행업체에 위탁하여 선거당일 해당 후보자의 전화번호를 발신번호로 하여 단순 투표독려 문자(후보자의 성명 미포함, 예시 참조)를 보낼 수 있는지 여부

※ 예시 : 2015년 3월 11일은 ○○조합장선거의 투표일입니다.
　홍길동 후보자

[답]

1. 문1에 대하여

귀문의 경우 조합장선거의 후보자가 선거운동기간 (후보자 등록 마감일의 다음날부터 선거일 전일까지)중에 선거운동을 위한 문자(문자외의음성·화상·동영상 등은 제외함)메시지를 작성하여 이를 문자전송 대행업체에 위탁·전송하는 것은「공공단체 등 위탁선거에 관한 법률」제28조에 따라 무방할 것임. 이 경우 같은 법 제28조 각호 외의 부분 단서에 따라 오후 10시부터 다음날 오전 7시까지는 선거운동을 위한 문자 메시지를 전송할 수 없을 것이나 문자 메시지 전송 횟수에 관하여는 같은 법상 제한하는 규정이 없음.

2. 문2에 대하여

귀문의 경우 조합장선거의 후보자가 되려는 사람이 연말연시를 맞아 평소 지면이나 친교가 있는 사람에게 의례적인 내용의 새해인사 문자 메시지를 전송하는 것은 무방할 것이나, 지면이나 친교가 없는 다수의 선거인에게 이를 전송하는 것은 선거운동기간이 아닌 때에 선거운동을 하는 행위에 해당될 것이므로「공공단체 등 위탁선거에 관한 법률」제66조 제1호에 위반될 것임.

3. 문2에 대하여

귀문의 경우 무방할 것임.

4. 문2에 대하여

문4에 대하여 귀문의 경우 조합장선거의 후보자가 선거일에 귀문과 같이 **자신의 성명을 나타내어 투표참여 문자메시지를 전송하는 것은 선거운동기간이 아닌 때에 선거운동을 하는 행위에 해당될 것이므로「공공단체 등 위탁선거에 관한 법률」제66조 제1호에 위반될 것임.**

(2015.1.30. 회답)

■ 단체의 조합장선거후보단일화 활동에 관한 질의회답

[문]

전국동시조합장선거와 관련하여 본 연합회 회원인 조합장 입후보예정자간의 후보자 단일화 등 조정 작업을 하는 것이 가능한지 여부에 대해 아래와 같이 질의 드리오니 회신하여 주시기 바랍니다.

• 사단법인 한국농업경영인중앙연합회(이하 본 연합회)는 1981년부터 선정되어 농촌 현장에서 영농에 종사하고 있는 13만여명의 후계농업경영인(구 농민후계자)이 회원이 되어 구성 운영되고 있는 사단법인으로서, 우리나라 최대의 핵심 농업인 단체입니다. 본 연합회는 중앙연합회 산하 17개 도 연합회 및 특별시광역시연합회, 181개의 시군구연합회, 1,500여개의 읍면동회로 구성되어 있으며, 전국적으로 4단계 조직체계를 갖추고 있습니다.

전국동시 조합장선거 시 본 연합회 회원인 복수의 조합장 입후보예정자가 각 농·축협마다 나올 것으로 예상되는 상황에서, 이들 후보자들에 대한 적절한 조정(후보단일화 등) 작업이 이뤄지지 않을 경우 본 연합회 지역 조직(읍면동회, 시군구연합회, 도연합회, 특별시광역시연합회)은 물론 농촌 사회 내에서 심각한 갈등분열로 인한 후유증마저 우려됩니다.

이러한 후유증을 예방 혹은 최소화하고자, 본 연합회 회원인 복수의 입후보예정자에 대하여 해당 조합장선거 단위로 본 연합회(중앙연합회 혹은 지역 조직)가 주관하고 해당 조합장선거에 선거권이 있는 연합회의 회원이 참여하는 다양한 방식의 조정(입후보예정자와 회원이 참여하는 회원 간담회, 입후보예정자 토론회, 회원 투표 등의 후보단일화를 위한 활동) 작업을 후보자 등록기간 이전에 실시할 경우, 현행 「농업협동조합법」 및 「공공단체 등 위탁선거 관리에 관한 법률」에 위반이 되는지 여부를 유권 해석해 주실 것을 요청 드립니다

[답]

1. 후보자 외에는 단체를 포함한 제3자의 선거운동이 일체 금지되는 조합장선거에서 입후보예정자가 소속한 단체가 귀문과 같이 입후보예정자와 회원이 참여하는 회원간담회, 입후보예정자 토론회, 회원 투표 등의 방법으로 후보 단일화를 위한 활동을 하는 것은 선거운동에 이르러 「공공단체 등 위탁선거에 관한 법률」 제66조 제1호에 위반될 것임.

(2015.2.3. 회답)

■ 조합장선거 정책선거 실천운동 등에 관한 질의회답

📁 [문]

문1] 선거운동기간 전 출마예정자를 대상으로 한 서약서 수령 가능 여부에 대한 질의

• 좋은 농협 만들기 정책선거실천 전국운동본부가 한국 매니페스토 실천본부와 공동으로 전국동시조합장선거에 농협공약 취지에 동의하는 출마예정자를 상대로 공약이행 서약서를 받을 수 있는지 여부, 또한 이를 공개하는 기자회견을 개최하거나 신문광고를 게재할 수 있는지 여부, 후보자와의 서약 결과를 운동본부 소속 회원구성원에게 기관지내부문서 등 통상적인 고지안내 방법에 따라 알리거나 인터넷 게시하는 것이 가능한지 여부에 대해 질의하오니 답변하여 주시기 바랍니다.

문2] 정책선거실천 의견광고에 대한 질의

• 현직 농협조합장 모임 「정명회」(전국운동본부 회원단체)가 전국동시선거는 농협개혁의 계기가 되어야 하고 금권선거가 아닌 공명한 정책선거의 장이 되어야 한다, 농협은 이렇게 바뀌어야 한다는 내용의 정책선거실천 의견광고를 농업전문지에 게재할 수 있는지 여부, 의견광고에 정명회 소속 조합장의 단체사진과 명단이 첨부될 수 있는지 여부에 대해 질의하오니 답변하여 주시기 바랍니다.

• 「정명회」소속 조합장 이외의 조합장 출마예정자들이 출마예정임을 밝히지 않고 전국운동본부 또는 농민단체 등과 공동으로 정책선거실천 의견광고를 농업전문지에 게재할 수 있는지 여부에 대해 질의하오니 답변하여 주시기 바랍니다.

문3] 출마예정자 교육에 대한 질의

• 전국운동본부 또는 농민단체가 출마예정자를 대상으로 참가자가 회비를 내고 옥내에서 농협개혁의 정책과 공약, 정책선거운동의 방법 등에 대한 교육을 실시할 수 있는지 여부, 또한 문자, 이메일, 홈페이지, 신문 등에 출마예정자 교육을 공개적으로 공고하여 교육생을 모집할 수 있는지 여부에 대해 질의하오니 답변하여 주시기 바랍니다.

문4] 농협교육용 교재 구입 및 보급 가능 여부에 대한 질의

• 지역조합에서 농협정책연구, 한국농협의 길을 묻다 등 출판된 농협교육용 교재를 지도사업비 등 조합예산으로 구매하여 지역조합의 이사, 감사, 대의원 등에 보급할 수 있는지 여부에 대해 질의하오니 답변하여 주시기 바랍니다.

[답]

1. 문1에 대하여

귀문의 단체들이 매니페스토 운동의 일환으로 특정 후보자를 지지·반대하려는 목적 없이 그 단체의 정책이나 주장에 동의하는 조합장선거후보(후보자가 되려는 사람포함. 이하 같음)를 대상으로 그 이행을 서약 받고 해당사실을 기자회견으로 알리거나 기관지·

내부문서 등 통상적인 고지ㆍ안내 방법에 따라 소속 회원에게 알리고 단체의 인터넷 홈페이지에 게시하는 것은 가능할 것임. 다만, 서약과 관련한 **신문광고에 특정 조합장선거 후보자의 공약에 해당하는 내용이나 후보자의 직ㆍ성명 또는 사진을 포함하는 경우에는「공공단체 등 위탁선거에 관한 법률」제24조에 위반될 것이며, 귀문의 단체의 여러 행위를 종합적으로 고려할 때 후보자를 위한 선거운동에 이르러서는 아니될 것임.**

2. 문2에 대하여
귀문의 경우 단체가 정책선거를 실천하겠다는 취지의 일반적인 정책선거 광고를 농업전문지에 게재하는 것은 무방할 것이나, 신문광고에 특정 조합장선거 **후보자의 공약에 해당하는 내용이나 후보자의 직ㆍ성명 또는 사진이 포함되는 경우에는「공공단체 등 위탁선거에 관한 법률」제24조에 위반될 것임.**

3. 문3에 대하여
귀문의 경우 단체가 조합장선거 후보자를 대상으로 강의나 프로그램을 공고하여 교육생을 모집하고 통상의 교육비를 받아 교육을 실시하는 것은 무방할 것임.

4. 문4에 대하여
귀문의 경우 조합이 해당법령이나 정관 등에 따른 사업계획 및 수지예산에 따라 교재를 구입하여 조합의 명의로 이사, 감사, 대의원 등에게 제공하는 것은 무방할 것이나, 조합장선거 **후보자가 저술한 책자를 해당 조합의 선거인에게 제공하는 것은「공공단체 등 위탁선거 에 관한 법률」제24조에 위반될 것임.**

(2015.1.19. 회답)

■ 어민신문의 조합장 초청 지상대담 실시에 관한 질의회답

🔒 [문]

문1] 우리 어민신문은 연안 어업인의 복리증진과 알권리 충족을 위하여 설립된 수산전문 주간지입니다.

문2] 어민신문은 매년 신년 특집호를 발행하며, 이때 일선 수협조합장 등을 초청하여 수산현안에 대하여 서면질문과 답변으로 지상대담을 실시하고 있습니다.

문3] 2015년은 전국조합장 동시선거가 시행되므로 혹시라도 이러한 대담에 초청된 조합장이 출마를 할 경우「공공단체 등 위탁선거에 관한 법률」에 저촉되는지 여부를 질의합니다.

질의내용

• 지상대담에 도별 1~2명 정도를 신문사가 임의로 선정한 후, 주요 수산현안이나 수산정책 등을 정하여 초청한 조합장에게 서면질문과 서면답변을 받는 형태로 지상대담을 실시하고 초청자의 사진과 함께 그 내용을 신년특집호에 게재하는 행위의 가능여부

🔒 [답]

1. 문1에 대하여
귀문의 경우 수협 조합장선거와 무관하게 수산업계의 현안이나

정책에 관하여 서면질문과 서면답변으로 구성된 대담 형태의 기사를 보도하는 것은 무방할 것임. 다만, 후보자가 되려는 조합장을 지지·선전하거나 공약 등 선거운동에 이르는 내용이 부가되거나, 금품 등을 매개로 후보자가 되려는 조합장의 당선에 유리한 기사를 보도하는 경우에는 「공공단체 등 위탁선거에 관한 법률」제66조 제1호에 위반될 것임.

(2014. 11. 28. 회답)

■ 특정 언론을 통한 후보자의 출마선언 등에 관한 질의회답

[문]

문1] 귀 위원회 노고에 대해 깊이 감사를 드립니다.

문2] 수산신문은 주간신문사로서 수산인과 어업인들에게 수산 관련 정보를 제공하는 전문신문사입니다.

문3] 본지는 매년 신년호에 92개 일선 수협으로부터 명함 크기의 신년축하광고를 협찬 받고 있습니다. 이 광고에는 일선 수협명칭과 조합장, 상임이사 이름과 얼굴사진이 게재됐습니다. 그러나 내년도에 전국동시조합장선거가 있어 이런 광고를 게재할 경우 선거법에 저촉이 되는지 유권해석을 부탁드립니다.

문4] 또 차기 조합장선거에 출마하겠다는 사람이 본지에 단독으로 출마선언을 할 경우 선거기간이 아닌데도 출마선언을 하는 것이 법 위반인지, 또 이를 기사화해도 되는지 되는지 등에 대해서도 법해석을 부탁드립니다.

- 일선수협 광고를 게재할 경우 어디까지 법 저촉을 받는지

- 어떤 경우에만 법에 저촉되지 않고 광고 게재가 가능한지

- 조합장 출마예정자가 선거기간이 아닌데도 출마기자회견을 할 경우 법에 저촉되는지, 또 언론사가 그 사람과 인터뷰를 해 대담기사를 내보낼 경우 법에 저촉이 되는지, 일정 지역 또는 조합의 출마예상자 모두를 같은 형식으로 기사화를 하는 경우는 괜찮은지

[답]

1. 귀문의 신년 축하광고에 관하여는 '(2014. 11. 28. 회답)'을 참조하기 바람.

2. 출마선언 관련 취재·보도에 관하여 귀문의 경우 조합장선거의 후보자(후보자가 되려는 사람 포함. 이하 같음)가 특정 언론사에 출마선언 사실을 알려 해당언론사가 취재·보도의 일환으로 해당 후보자의 출마의 지·공약에 관한 인터뷰기사를 보도하거나, 언론사가 일정 지역·조합의 모든 후보자를 대상으로 서면·전화· 방문 등의 방법으로 선거운동에 이르지 않는 범위에서 출마동기 ·업적·공약 등을 취재하여 공평하게 보도하는 것은 무방할 것임. 다만, 특정 후보자를 지지·선전하기 위하여 계속적·반복적으로 취재·보도하거나 선거운동에 이르는 내용을 게재하는 경우 또는 금품 등을 매개로 당선에 유·불리한 기사를 보도하는 경우에는「 공공단체 등 위탁선거에 관한 법률」제66조 제1호에 위반될 것임.

(2014.12.29. 회답)

■ 지구별·업종별 수협의 신년 인사 신문광고 등에 관한 질의회답

👤 [문]

우리 어민신문은 연안 어업인의 복리증진과 알 권리충족을 위하여 설립된 주간 수산전문지입니다.

문1] 우리 신문은 매년 신년특집과 창간특집 신문을 제작하고 있습니다. 이 특집신문에 전국의 회원조합이 어업인(조합원)에 대한 새해인사와 창간의 축하(창간일 5월 15일)를 겸하여 어업인의 안전조업을 기원하는 일명 명패광고를 아래의 광고내용과 같이 공동으로 게재하는 경우, 선거법의 저촉여부?

문2] 업종별 조합이 선거에 출마하고자 하는 해당 조합장의 이름·사진이 없이 신년인사 및 창간축하 계기 이미지광고를 게재하는 경우, 선거법에 저촉되는지 여부?

문3] 광고 게재가 선거법에 저촉되는 게재일은 어떻게 되는지요? 있어 이런 광고를 게재할 경우 선거법에 저촉이 되는지 유권해석을 부탁드립니다.

문4] 전국동시조합장선거를 실시하면 광고가 선거법에 저촉되는지의 여부를 알고자 하오니 업무가 바쁘시더라도 회신하여 주시면 고맙겠습니다. 본광고는 조합 단독이 아니고 동일한 방법과 동일한 방식으로 첨부된 광고안과 같이 공동으로 게재하고 있기 때문에 특정인이 자신의 홍보를 하기 위함이 아니므로 선거법의 위배가 아니라 사료되며, 이번의 선거는 전국 각지역의 조합이 동시선거를 실시하 실시하므로 지역별로 서로의 의견이 다를 수 있기에 공정하고 깨끗한 선거문화 정착을 위하여 중앙선거관리위원회의 정확한 유권해석을 받고자 합니다.

〈신년인사 광고〉, 〈창간축하 광고〉, 〈이미지 광고〉

[답]

1. 문1·3에 대하여

귀문의 경우 각지구별·업종별 수산업협동조합이 조합장선거기간 전에 후보자가 되고자하는 해당 조합의 장(이하"조합장"이라함)을 지지·선전하거나 조합장의 직명·성명을 부각시키지 아니하는 범위에서 어민신문에 다른 조합들과 공동으로 신년인사 광고 또는 신문창간 축하광고를 하는 것은 「공공단체 등 위탁선거에 관한 법률」에 위반되지 아니하나, 동 광고에 조합장의 사진을 게재하는 것은 후보자가 되려는 사람을 선전하는 행위가 되어 같은 법제66조에 위반될 것임.

2. 문2에 대하여

문2에 대하여 귀문의 경우 업종별 수산업협동조합이 어민신문에 조합장에 대한 지지·선전하는 내용 없이 해당 조합의 이미지광고를 하는 것은 「공공단체 등 위탁선거에 관한 법률」에 위반되지 아니함.

(2014.10.14. 회답)

■ 인터넷 홈페이지와 전자우편을 이용한 선거운동 등에 관한 질의회답

🔒 [문]

조합장선거에서 후보자등록을 마친 후보자가 선거운동기간에 할 수 있는 온라인상 선거운동 방법과 그 운동을 돕는 행위에 대해 질의하고자 합니다.

문1] 후보자는 위탁단체의 인터넷 홈페이지에 특정 후보자에 대한 지지반대를 표현한 글 또는 동영상 등을 올리거나 선거공보 선거운동용 명함을 스캔해 게시할 수 있다고 알고 있는데, 자신이 만든 후보자 홍보 관련 콘텐츠 즉 제작물을 직접 위탁단체 홈페이지 게시판에 업로드하여 알리는 방법이 가능한지 여부

문2] 후보자가 선거운동을 위하여 전자우편(SNS, 모바일메신저 포함)을 이용하여 전송 또는 전달(리트윗)하는 행위 역시 허용된다고 알고 있는데, 자신이 만든 후보자 홍보 관련 콘텐츠 제작물인 글, 이미지, 동영상 등의 데이터 원본 자체를 직접 PC/아이패드/스마트폰 등을 활용해 SNS(트위터, 페이스북, 카카오톡, 카카오스토리, 밴드, 블로그 등)로 조합원들에게 전송 공유할 수 있는지 여부

[답]

1. 문1에 대하여
귀문의 경우 선거운동 기간 중에는 무방할 것임.

2. 문2에 대하여
귀문의 경우 조합장선거의 후보자가 선거운동 기간 중에 SNS의
전자우편을 전송하는 기능을 이용하여 선거운동을 위한 정보를
조합원에게 전송하는 것은「공공단체 등 위탁선거에 관한 법률」제
29조 제1항 제2호에 따라 무방할 것임. 다만, 후보자가 아닌 자가
SNS 등을 이용하여 선거운동을 위한 정보를 선거인에게 전송
하는 것은 같은 법제66조에 위반될 것임.

(2014.12.8. 회답)

■ 조합장명의의 표창장 수여에 관한 질의회답

[문]

「공공단체 등 위탁선거에 관한 법률」중 기부행위와 관련하여
아래와 같이 유권해석을 요청하니 회신하여 주시기 바랍니다.

문1] 표창장이「공공단체 등 위탁선거에 관한 법률」
　　　제32조(기부행위의 정의)의 금전물품에 해당하는지 여부

문2] 금전물품에 해당될 경우, 농업협동조합이 법령이나 정관
　　　등에 따른 사업계획 및 수지예산에 따라 조합장 명의로
　　　선거인에게 표창장을 수여하는 것이 가능한지 여부

참고사항

• 표창장은 개별 단체의 장 명의로 하는 것이 일반적임.

• 표창장 수여는 조합 명의로만 가능하다고 할 경우, 조합장은 재임 중 조합장 명의의 표창장 수여가 불가하다는 불합리함이 발생함.

[답]

귀문의 경우 농업협동조합이 해당 법령이나 정관 등에 따른 사업계획 및 수지예산에 따라 조합장 명의의 상장(부상을 제외함)을 수여하는 것은「공공단체 등 위탁선거에 관한 법률」상 무방할 것임. 다만, 조합장의 상장 수여가 통상적인 범위를 넘어 종전의 실시 횟수·대상 등을 현저히 확대하는 등 선거운동에 이르는 경우에는 같은 법 제66조제1호에 위반될 것임.

(2014. 11. 14. 회답)

■ 조합장선거 입후보예정자의 출판기념회 개최 및 홍보에에 관한 질의회답

[문]

내년도 동시선거에 출마할 조합장선거 입후보예정자가

문1] 본인의 살아온 경력과 조합을 이끌 비전을 담아 책을 출판하여 출판기념회를 개최할 수 있는지?

문2] 홈페이지나 블로그, SNS(카카오스토리 · 페이스북 · 트위터 · 카카오톡 등), 문자메시지를 이용한 홍보가 가능한지, 홍보 내용에 어떠한 제한이 있는지?

[답]

귀문의 경우 서적의 내용, 출판기념회의 개최시기 · 초청방법 및 범위, 진행과정 등을 종합적으로 고려하여 그 출판기념회가 선거운동에 이르는 때에는「공공단체 등 위탁선거에 관한 법률」 제38조 또는 제66조에 위반될 것이며, 인터넷 홈페이지 · 블로그에 선거운동에 이르는 내용을 게시하거나 광범위한 선거인에게 SNS(카카오스토리 · 페이스북 · 트위터 · 카카오톡 등) · 문자메시지 등의 방법으로 출판기념회 개최일정 등 출판기념회 홍보내용을 전송하는 것은 선거운동에 이르러 같은 법 제38조 또는 제66조에 위반될 것임.

(2014. 9. 19. 회답)

제5장

주요 일정 및
주요 과태료 부과 기준

1. 제4회 전국동시조합장선거 주요사무일정

2. 금품·음식물 등을 제공받은 자에 대한 과태료 부과 기준

시행일정	요일	실 시 사 항	기 준 일	관계법규
'26. 9. 1.까지	화	해당 조합에 선거권자의 수 등 선거관리에 필요한 사항 통보요청	임기만료일전 200일까지	규칙§3②
9. 21.	월	관할위원회에 위탁 신청한 것으로 봄	임기만료일전 180일까지	법§8
3. 21.부터 '27. 3. 3.까지	토 수	**기부행위제한**	임기만료일 전 부터 선거일까지	법§34 법§35
9. 22.	화	관할위원회에 선거권자의 수 등 선거관리에 필요한 사항 제출	임기만료일전 80일의 다음날까지	규칙§3②
'27. 1. 13.까지	수	해당 조합 조합원명부 정비	선거인명부작성 개시일전 30일까지	법§15④
1. 19.부터	화	예비후보자등록 신청	선거기간개시일전 30일부터	법§24의2①
2. 12.부터 2. 16.까지	금 화	**선거인명부 작성**	선거일전 19일부터 5일 이내	법§15①
2. 15.까지	월	**입후보하는 임 · 직원 등 사직기한** 해당 조합의 임·직원, 다른 조합의 임·직원 및 대의원, 공무원의 사직기한 ※ 해당 조합의 조합장이 해당 조합장선거에 입후보하는 경우 사직대상 아님.	후보자등록신청 개시일 전일까지	법§15①

시행일정	요일	실 시 사 항	기 준 일	관계법규
2. 16.부터 2. 17.까지	화 수	후보자등록 신청 (매일 오전 9시부터 오후 6시까지)	선거기간개시일전 2일부터 2일간	법§18①
2. 17.부터 2. 19.까지	수 금	선거인명부 열람 (매일 오전 9시부터 오후 6시까지)	선거인명부작성기간 만료일의 다음날 부터 3일간	법§16①
2. 18.	목	**선거기간개시일**		법§13
2. 20.까지	토	선거공보, 선거벽보 제출	선거인명부확정일 전일까지	법§25①· §26①
2. 21.	일	**선거인명부 확정**	선거일전 10일	법§15①
2. 21.까지	일	투표소의 명칭과 소재지 공고	선거일전 10일	규칙§18①
2. 23.까지	화	**투표안내문 발송** (선거공보 또는 범죄 경력에 관한 서류 동봉)	선거인명부 확정일 후 2일까지	법§25③ 법§43
2. 26.까지	금	개표소 공고	선거일전 5일까지	규칙§25①·②
3. 1.까지	월	투표참관인 선정·신고	선거일전 2일까지	법§45①
3. 2.까지	화	개표참관인 선정·신고	선거일 전일까지	법§45①
3. 3.	수	**투·개표**	투표시간 : 오전 7시부터 오후 5시까지	법제8장
4. 2.까지	금	선거관리경비 잔액 반환	선거일후 30일까지	규칙§44②

1 법규요약(법 §68③)

○ 기부행위제한 규정을 위반하여 금전·물품이나 그 밖의 재산상 이
익을 제공받은 자에게는 그 제공받은 금액 또는 음식물·물품 가액
의 10배 이상 50배 이하에 상당하는 금액의 과태료(최고 3천만원)
가 부과됨.

위반행위 및 양태	부과기준액	부과기준액 가감기준
1. 기부행위 제한·금지 규정을 위반하여 금전·물품이나 그 밖의 재산상 이익을 제공받은 사람으로서 다음 각 목의 어느 하나에 해당하는 행위를 한 경우 가. 금전·물품 등의 제공을 알선·권유·요구하는 행위 나. 금전·물품 등이 제공된 각종 모임·집회 및 행사를 주관·주최하는 행위 다. 금전·물품 등이 제공된 각종 모임·집회 및 행사에 참석할 것을 연락하거나 독려하는 등 다른 사람에 앞장서서 행동하는 행위	제공받은 가액의 50배	해당 위반행위의 동기와 그 결과 및 위탁선거에 미치는 영향, 위반기간, 위반정도 및 조사에 협조한 정도 등을 고려하여 부과 기준액의 2분의 1의 범위에서 이를 감경하거나 가중할 수 있음. 이 경우 부과금액은 제공받은 가액의 10배 미만이거나 50배를 초과할 수 없음.
2. 제1호에 해당되지 아니하는 사람으로서 금전·물품 등을 제공받은 경우	제공받은 가액의 30배	
3. 제1호에 해당하지 아니하는 사람으로서 금전·물품 등을 우편·운송회사 등을 통하여 본인의 수령의사와 무관하게 제공받은 사람이 지체 없이 이를 반환하지 아니한 경우	제공받은 가액의 10배	

당선의 기술 : 이기는 조합장선거 노트

초판 1쇄 발행 ｜ 2025년 2월 17일
지은이 ｜ 서승하
디자인 ｜ 권성환
펴낸이 ｜ 박종인
펴낸곳 ｜ (사)한국소상공인마케팅협회
전　화 ｜ 02.6339.1670
팩　스 ｜ 0504.142.1670
전자우편 ｜ sbmabiz@naver.com

ISBN　979-11-990016-3-3